Alexander Maclean Sinclair

Clsach na Coille

A collection of Gaelic Poetry

Alexander Maclean Sinclair

Clsach na Coille
A collection of Gaelic Poetry

ISBN/EAN: 9783744757034

Printed in Europe, USA, Canada, Australia, Japan

Cover: Foto ©Thomas Meinert / pixelio.de

More available books at **www.hansebooks.com**

CLARSACH NA COILLE;

A

COLLECTION OF GAELIC POETRY,

BY THE

REV. A. MACLEAN SINCLAIR,

SPRINGVILLE, NOVA SCOTIA.

'Chlann nan Gàidheal, bithibh cuimhneach
Air 'ur cainnt a chur an cleachdadh ;
Cha 'n iarr i iasad air cànain
'S bheir i-féin do chàch am pailteas.
Gur mairg a leigeadh air diochuimhne
A' chainnt rioghail, bhrioghail, bhlasda ;
'S mòr an onair anns gach àm
Do dh' aon a labhras i le ceartas.

AM BARD MAC-GILLEAIN.

GLASGOW:

ARCHIBALD SINCLAIR, 62 ARGYLE STREET.
R. M'GREGOR & CO., 45 BRIDGE STREET.

MDCCCLXXXI.

PREFACE.

JOHN MACLEAN, the poet, left in writing the greater part of the poems which he composed. He left also two large manuscripts containing poems by other persons. All his manuscripts were carefully preserved by his family, and are now in my possession.

One of the two large manuscripts is a collection of poems made by a DOCTOR MACLEAN in Mull about the year 1768. John MacLean got it from the Doctor's daughter, MAIRI NIGHEAN AN DOTAIR. She was an old woman when she gave it to him. It is a work of great value. It is older than RONALD M'DONALD's Collection, the first collection of Gaelic Poems ever published. Ronald's collection was published in 1776. The greater part of the poems in Doctor M'Lean's Collection are not to be found anywhere else. Every line in it is worthy of publication. Even those poems in it which appear in other books should be published, as the Doctor's version is in all cases superior to the printed versions. It contains forty-eight poems of ordinary length, and several short pieces. There are poems in it by IAIN LOM, EACHUNN BACACH, IAIN MAC AILEIN, and other well-known Bards.

The other large manuscript left by John M'Lean is a collection of songs made by himself about the year 1815. It contains one hundred and ten songs. Of these only a few have been published.

I have prepared this work for the press, partly owing to a feeling of regard for the memory of John M'Lean, and partly owing to the deep interest which I take in Gaelic literature. I publish it wholly at my own expense.

Highlanders have reason to be proud of their poets and poetry. Their language contains thousands of the sweetest lyrics in the world. It must however be confessed that they do not take that interest in their poetry which they ought to take. Many are ready to borrow Gaelic books or to take them as gifts who are not ready to buy them. If books are to be published there must be purchasers.

It is generally supposed by unthinking people that the publisher of a book must necessarily make money by it. Such is not the case, especially with respect to Gaelic books. Instead of making money by this book, I expect to lose by it.

To prepare a collection of Gaelic poems for the press is by no means an easy work. The first difficulty is the fact that, with a very few exceptions, our Gaelic poets and song-makers were uneducated persons, and consequently frequently violated the rules of grammar and composition, and even the rules of prosody. The second difficulty is that in handing down songs from one person to another, words, lines and verses become lost. The third difficulty is that in the case of old poems one frequently meets with words which he does not understand, and which he cannot find in any dictionary.

I have given first of all John M'Lean's poems, then ten poems from Dr M'Lean's Collection, then thirty-four poems from John M'Lean's Collection, and lastly a few songs collected by myself. The first poem from Dr. M'Lean's Collection is, "'S ann Di-ciadaoin, a shàir." The first from John M'Lean's

Collection is " Gur h-e mise tha pràmhail," and the
first of the poems collected by myself is " Thogainn
fonn gun bhi trom."

I have tried to make this Collection a work which
may be read and sung by all persons, and in any
company. I would rather burn all the songs in my
possession than publish one which would have a
tendency to do harm, or contain indelicate expres-
sions.

Many Gaelic songs of great excellence have been
published to which readers in general have at
present no access. They lie buried in such old
works as Ronald M'Donald's Collection, Gillies'
Collection, A. and D. Stewart's Collection, Turner's
Collection, Donald M'Leod's Collection, and M'Far-
lane's Collection. It is to be hoped that some of
our Gaelic Societies will take an interest in them,
and have them re-published. They are too good to be
left in their present inaccessible state. In the
meantime let us be thankful for the Dean of Lis-
more's book, Campbell's "Leabhar na Féinne,"
Mackenzie's " Sàr-obair nam Bàrd," Macpherson's
"Duanaire," and Archibald Sinclair's "Oranaiche."

Gu ma fada beò a' Ghàidhlig.

A. MACLEAN SINCLAIR.

January 6, 1880.

AN CLAR-INNSE.

xii.

MEMOIR OF JOHN MACLEAN.

John Maclean, known in Scotland as Bàrd Thighearna Chola, but in this country as Am Bàrd Mac-Gilleain, was born at Caolas in the island of Tiree, Argyle-shire, January 8th, 1787. He was the third son of Allan Maclean and Margaret MacFadyen. He belonged to the Treisinnis branch of the Ardgour family. He readily traced himself back to Ewen 4th Maclean of Treisinnis, through him to Ewen, 2nd Maclean of Ardgour, and through Ewen of Ardgour to Lachlan Bronnach Maclean of Duart, son of Eachun Ruadh nan Cath who was killed at the battle of Harlaw. I have heard an old Tiree man speak of him as "Iain Mac Ailein mhic Iain mhic Thearlaich mhic Lachainn mhic Dhòmhnuill òig mhic Iain mhic Eobhain mhic Lachainn Fhinn." His forefathers lived in Heinish; they occupied that place for nearly two hundred years. His grandfather, John Maclean, was drowned near Mull. His father, Allan Maclean, was born in Hodh, but left it when quite young, and went to live with Maclean of Cornaig in Coll. As he was a distiller of whiskey for some time, he was generally called Ailean Grùdair. From Coll he returned to Tiree, and settled down upon a croft in Caolas where he lived in very comfortable circumstances. He was an industrious, honest, and kind-hearted man. Five of his children, Donald, Charles, John, Neil, and Mary arrived at maturity, were married and left children. Mary was married to Rory MacDonald in Caolas, who is still living.

In the Poet's younger days the people of Tiree led merry lives, they did not trouble themselves with hard work; they had however plenty to eat and drink. The island was full of Distilleries, and whiskey-drinking was carried on to a very great extent. There were capital dancers in the place, and certainly these men did not allow their legs to become stiff through want of exercise upon the floor. There were several poets and song-makers. Archibald MacPhail, Archibald MacLean and Donald MacDonald composed poems of much merit. There were many persons who could repeat old stories. It was a common thing for the people of a neighbourhood to meet and enjoy themselves in song-singing and story-telling. Dr. M'Leod in his "Highland Parish" gives a true account of life among the Highlanders.

The people of Tiree at the time of which we speak were moral, honest, hospitable, and kind to one-another; it must be confessed however that vital godliness was at a very low ebb among them.

In his boyhood, John Maclean, was very fond of the society of old men, and listened with the greatest attention to their conversations. In the sports and amusements which are often so attractive to young persons he took no delight. He could learn very easily; he read all the books that came in his way; and he remembered whatever he heard or read. He delighted especially in history and poetry. He went several years to school, learning to read and spell both English and Gaelic, to cipher, and to write. He was an excellent reader and a good pen-man.

At the age of sixteen he was bound as an apprentice to Neil Sinclair, a Shoemaker in Goirtein Dhomhnuill. Hugh MacFadyen, who in 1869 was an old man of 82, gave me the following account of him :—" John Maclean and I learned the shoemaking together, with

Neil Sinclair. We were three years learning, we slept together all that time. He used to compose verses frequently. He was not at all a good shoe-maker, he was a poor eater, a great walker, and a splendid reader, he was very much given to reading."

Having learned his trade he went to Glasgow, and worked there as a journeyman about a year. He then returned to Tiree and took a stock of leather with him. He was home only about a year when he resolved to get married. He went to Glasgow and was married there by the Rev. John MacLaurin, July 19, 1808, to Isabella Black. His wife was a daughter of Duncan Black, Lismore, who being an elder in the church, was commonly known as Donnachadh Foirbheach. She was about the same age with himself. Immediately after their marriage the youthful pair went to Tiree.

In 1810 the poet was drafted into the Militia. His father offered to procure a substitute ; he had however made up his mind to enter the King's service and would not listen to his father's proposal. In a short time he got tired of his new profession, and procuring a man to take his place for £40, he returned to Caolas. His discharge is dated, Glasgow, January 17, 1811, and is signed by Charles MacAlister, Major. It states that he had served six months in the Argyle-shire Regiment of British Militia, of which Lord John Campbell was Colonel, and in Captain Alexander Maclean's company.

In addition to shoemaking the poet carried on merchandising upon a small scale. A day-book which he used in the year 1815 is still extant.

In 1818 he published a collection of poems. It was printed by R. Menzies, Edinburgh, and was dedicated to Alexander Maclean, Esq., of Coll. It contained twenty-two poems by himself, and thirty-four by others. There are songs in it by Alexander M'Kinnon, the warrior bard, by Màiri nighean Alasdair Ruaidh, and Mairearad nighean Lachuinn, which are very excellent, and are not to be met with in any other book.

Nature gave the poet a mind of great capacity; but evidently it did not intend that he should become a wealthy man. He never attended regularly to his work; his mind was not upon it. Poetry occupied his thoughts when pegging sole-leather in Scotland, and cutting down trees in America; it took complete possession of him. He was a good poet; but a poor shoemaker, and a poor farmer. He was very fond of company. He would frequently be away from home. He was clannish, and took pleasure in visiting his friends and acquaintances.

Shortly after the publication of his collection of songs, the poet resolved to emigrate to America. All his friends resolutely opposed his purpose; they could not however prevail upon him to desist from it. He had formed a very high opinion of the new world; he expected to become in it, in a short time, if not as rich yet as independent as the Laird of Coll. In his vivid imagination he saw himself in America, not handling the last, but cultivating a farm which he could call his own; his children not going off to the fishing, but living around him in good circumstances. Maclean of Coll was not at home when the poet had made up his mind to leave Scotland. His daughter, Mrs. Macleod, of Tallisker wrote him respecting the intentions of his Bard. He immediately wrote the poet urging upon him not to go to America. The poet had sailed before the arrival of Coll's letter; but even if he had not, he would not have stayed. He was not a man that could easily be coaxed or advised; he was very stiff in his own opinions. When he had

once resolved to do a thing, it was almost useless to
try to persuade him not to do it.

The following is a copy of the agreement between
the poet and Simon Fraser, the person by whom he
was brought out to this country:—

"Tobermory, July 29, 1819.

It is agreed between John Maclean, Bard to Maclean,
of Coll, and S. Fraser of Picton as follows:—John Maclean
will with his wife and three children be accommodated with
a passage to North America, which amounts to Twenty-
seven pounds, Six shillings, and in addition S. Fraser will
endorse the said John Maclean's bill for Thirty-three
pounds, Six shillings due to Mr. Robert Menzies, Printer,
Edinburgh; for all which the said John Maclean will now
pay Twenty-three pounds, Twelve shillings in cash and
assign over to the said S. Fraser three hundred and
eighty Gaelic song books in security of the balance.

S. FRASER.
JOHN MACLEAN."

The poet with his wife and three children sailed
with Fraser from Tobermory early in August, 1819.

"Toiseach a' cheud mhios de'n Fhoghar
Sheòl sinn air adhart 'n ar cùrsa."

He arrived in Pictou, Nova Scotia, about the first
of October.

He stayed about a week in Pictou, and then went by
boat with his family to Merigomish. He lived a
week or two at Middle Barney's River in a small
house owned by Joseph M'Donald. Thence he
moved to a house on a farm adjoining a lot of wood-
land which he had purchased. This house belonged
to William Gordon, a native of Sutherlandshire.
He lived there all winter and attended to two or three
cows belonging to Gordon. The following spring he
cleared some of the woods off his own lot, and planted

potatoes. In the summer he built a small log-house.
To his farm he gave the name of *Baile-Chnoic.* In
the autumn, having dug his potatoes, and put them
into the cellar he went to live at Middle Barney's
River, in a house belonging to John Dewar, a native
of Breadalbane. From Dewar's place his children
were able to attend school during the winter.

Next spring, the spring of 1821, he returned with
his wife and children to Baile-Chnoic, and found his
potatoes all safe and sound. Sometime in the
summer he bought a heifer which was the beginning
of his stock. In the fall he got a neighbour. James
Robertson, tailor, a native of Athole, lived several
years in Piedmount valley, but having got into debt,
he was obliged to part with his farm. William
Gordon and himself exchanged places, Gordon allow-
ing him between the two farms what paid his debts.
Robertson was an honest man, and a good neighbour.
His son, Angus, now occupies the farm he got from
Gordon.

During his first years in Baile-Chnoic, the poet was
in very poor circumstances. He himself says in his
celebrated poem on America that he had nothing but
bare potatoes, that he had neither cows nor sheep,
that he was scarce of clothes, and that he had to haul
home his firewood on a hand-sled. In his expectations
of ease and comfort in the new world he was terribly
disappointed. In Scotland he knew nothing of hard
work or poverty, but now he had to work hard. He
had to cut down the tall trees, to cut them up into
junks about twelve feet long, to make piles of these
logs and burn them ; and to plant potatoes in his new
ground with the hoe. In Argyleshire he enjoyed the
society of several persons of distinction, but in
Pictou there was no Laird of Coll, or Glengarry to ask
him to sing his songs. In Tiree he saw the blue sea

every day, but in Barney's River he could see nothing but the huge mountains, the tall trees, and the blue sky. In Caolas there were scores of neighbours quite near him ; but in Baile-chnoic, his nearest neighbour, Kenneth Cameron, a native of Lochbroom, lived a distance of more than two miles from him.

During the years of his greatest hardships he experienced much kindness from Donald Maclean, Dòmhnull MacDhonnachaidh, on the Gulf. The Rev. Mr. Grant, Parish Priest, of Arisaig, was also very kind to him. Upon one occasion, Mr. Grant made him a present of a snuff-box, which contained together with the snuff five pounds in gold.

When the poet sent to Tiree his poem on America, his friends were greatly distressed about him. They offered to send money to him to bring him back. Maclean of Coll, his old friend, wrote him a kind letter asking him to return, and offering to give him a piece of land free of rent. A more truthful poem than his description of Ameaica was never penned; yet it is almost a pity that he sent it home. It was no doubt the means of keeping many persons from emigrating. Though the poet was disappointed the first few years he was in this country, he afterwards saw reasons for thankfulness that he had come. He was in comfortable enough circumstances in his latter days ; and his children and grandchildren are every way better off than they would be in Scotland. The writer of this memoir was born and brought up in Nova Scotia, but travelled in the Highlands of Scotland in the summer of 1869, spending three weeks in Tiree. He knows that the children of those who emigrated from Scotland are a great deal better off than the children of those who remained in that country of landlords and rents. It is a pity that all the crofters in the Highlands and Islands of Scotland could not be at once brought over to Manitoba.

In the spring of 1830, the poet left Baile-Chnoic. He settled on a new lot of land six miles to the east of it. In this place he lived during the remainder of his life. It is now occupied by his sons, Charles and John, and is known as Glenbàrd. It is in the county of Antigonish, and about three miles beyond the Marshy Hope Railway Station as one goes from Picton to Cape Breton.

The poet never worked much after moving to Glenbàrd. His children were now able to work. In fact he was never a good worker; he did not know how to work. He was naturally a healthy, strong and active man; he was one of the best walkers in the country. Shortly after coming to the country, through exposure whilst driving logs down the river, he was attacked by rheumatism. He was ever afterwards much troubled with it.

In the beginning of 1848 he was unwell for about three weeks. Having got better he thought he would go and see some of his acquaintances. On Tuesday evening, January the 25th he went to Hugh M'Donald's, Beaver Meadow, and stayed all night. He had with him the life of Joseph in Gaelic, and read aloud to Mr. M'Donald and his family the greater part of it. On the following day he went to see an old man, John Maclean, who lived about two miles below Addington Forks. On his way back in the evening he called to see Ranald Maclean, at Addington Forks. His son, Archibald, happened to be at Addington Forks at the same time. They both sat down to tea at 4 o'clock. The poet was talking about his age; suddenly he ceased talking, and fell backwards in his chair, his son taking hold of him. He never spoke; he died instantly; he had been struck with apoplexy. He was immediately taken home, the distance to his house being about four miles. He was buried on the following Friday; there was a large gathering of people at his funeral.

John Maclean was born a poet. Nature gave him the talents and aspirations necessary for pouring out his soul in song. He composed with the greatest ease. He never called the pen to his aid. It was not until after he had composed and sung his songs that he wrote them down. This is to be regretted, as some of them cannot be recovered. He began composing verses when quite young. An old man in Tiree told me that one day whilst returning from school he addressed one of his school-mates, Hector M'Fadyen, in the following lines:—

" Nach faic thu strothan nan spàg
'Tigh'nn ga mo chàineadh le 'shoc;
Crùbach, speireach, crotach, crom,
'S gur-a h-ann na chom 'tha 'n t-olc."

Turning round to another of his school-mates, Ewen M'Fadyen, he said

" Eobhain mur fan thu sàmhach
Bheir mi fasgadh air do chorp;
Cuiridh mi fàinne mu d' bhial,
'S cha leig mi riasladh le d' shoc."

He composed several short pieces, whilst learning his trade, but I have not heard any of them. He did not write them down. The first song which brought him into prominence as a poet was the one composed on Maclean of Coll upon his interfering in his behalf to get him out of the militia.

John Maclean wrote many spiritual poems. It was not till he had been several years in Barney's River that he turned his attention to this species of composition. His hard lot in this world no doubt tended to direct his attention to a better world. He had always led a good moral life. A more truthful, or a more honest man could not be found. He had always observed the worship of God regularly in his family. He was well-versed in the Scriptures. Boston's Four-fold State, Bunyan's Pilgrim's Progress, Alleine's Alarm, Baxter's Call, and Doddridge's Rise and Progress of Religion in the Soul, were books which he carefully studied. Boston's Fourfold State was a work in which he especially delighted. He read in it very frequently.

A small edition of his hymns was published in Glasgow in 1835 by Maurice Ogle. They were very inaccurately printed. In a letter from his brother Donald, dated March 28th, 1838 I find the following poetical reference to his hymns:—

> Mar aon de smeòraichibh coille
> 'S binn leam do ghuth as an doire;
> Dhùisg sud fonn an taobh a staigh dhiom
> Fuaim do chiùil air cliù nan Sgriobtair.
> Buaidh is soirbheachadh do d' bhàrdachd
> 'Chuir thu nall thugainn an Gàidhlig;
> Gu ma fada maireann, slàn, thu
> 'Cogadh fo bhrataich an t-Slànuigheir.
> Cha 'n 'eil ceòl nan eun mu'n chladach
> Chòir cho binn ri eòin a' bhadain;
> 'Samhuil sin mo chlàrsach mheirgeach s'
> An coimeas ri ceòl do sheirm-s'a.

The above was composed, and written in the letter, by Mr. D. M'Dougall, who was himself a writer of Gaelic hymns.

It seems that about the time of his death the poet contemplated publishing a second and larger edition of his hymns. The following letter to him on the subject of publishing, from Lachlan Maclean, Esq.

the distinguished author of the History of the Celtic Language, will be read with interest:—

Baile mòr Ghlascho,
Oi'che choinnle, 1847.

A Charaid,

Fhuair an Caimbeulach dubh 'ur dà litir;—'s duilich leam nach beò an diugh e. Theagamh nan deanadh sibh leabhar beag de 'ur Laoidhean Spioradail gu 'm pàigheadh e. Ma ni, geallaidh mise nach deach leabhar a chur a mach a bhios nis coilionta anns a Ghàelig. Thairg mi do 'n daorman nach mairean an leabhar mu dheireadh a chur ceart; ach thuirt e nach tainig airgiod gu leòir a nall air a shon sin, agus leig e 'n t-earball leis an t-seichidh. Tha leabhar ùr Gàelig a nis aguinn a tighinn a mach uair 'sa' mhìos; tha làmh agam s' ann, agus geallaidh mi gu 'n craobh-sgaoil mi biuthas 'ur leabhair ma thig e 'mach.

Tha mòran de mhuintir Chola agus Thirithe a falbh a null am bliadhna. Dh' fhalbh Iain mo bhràthairsa agus mòran leis an uraidh, agus tha iad fior-thoilichte ann am Melbourne 60 mile os ceann *Chuibec*. Tha 'n dùthaich so air dol a chum an uile;—na marsantan as mò a briseadh gach latha ; gort, 'us fiabhras, 'us plàigh, 'us saobh-chreidimh againn.

Mo bheannachd a chum nan uile.

'S mi an cafaig,
L. MAC ILLEAIN,
neo " Mactalla."

John Maclean was well-acquainted with the works of the other Highland Bards. "Birlinn Chloinn Raonuill," "Beinn Dorain," and many other Gaelic poems he had by heart. He had read Ronald M'Donald's Collection, Turner's Collection, A. & D. Stewart's Collection, Smith's Sean Dana, Mac-Mhaighstir Alastair's Poems, and Duncan Ban's Poems. Probably his acquaintance with English or Scottish poetry was extremely limited. He may have read

Allan Ramsay's Gentle Shepherd. At any rate I found a copy of that work among his books.

In 1856 a few of his poems were published in Antigonish, by John Boyd, Publisher of the *Antigonish Casket.* In 1863 an edition of about one thousand copies of Mackenzie's Sàr-Obair nam Bard was published by Norman M'Donald, a native of Moidart, and a School-master at Addington Forks, Antigonish. In this work a brief memoir of the poet was given, together with four or five of his poems. Mr. M'Donald did good work in the cause of Celtic Literature by circulating so many copies of M'Kenzie's work in Nova Scotia, P. E. Island, and Cape Breton.

John Maclean was a Presbyterian. He was a member of the Church of Scotland. At the Disruption in 1843, he joined the Free Church. He was at first a Conservative in politics; latterly his sympathies were wholly with Joseph Howe and the Liberal party.

The following account of the poet I copy from the memoir in Norman M'Donald's edition of Sàr-Obair nam Bard:—

" The poet had a strong and penetrating intellect, a lofty imagination, and a clear and comprehensive judgment. His poem on America has been greatly admired. The description which he gives of the country, the state of society, the long dreary winters, and the sultry summers is exceedingly graphic and true. His elegy on Mrs. Noble is perhaps unsurpassed by anything of the kind in the Gaelic language. It abounds with similies of the greatest beauty. The Bard had a resolute will, a tender and benevolent heart, and a brave and manly spirit. He was always of a quiet and imperturbable disposition. His manners were altogether pleasing and winning. His conversational powers were of the highest order ; the old and the young listened to him with delight. He was fond of society. Like the generality of bards he was also fond of a cheerful glass, and sang the praises of " Fear na Tòiseachd." His soul was free from malice and resentment ; a satirical venemous poem he never wrote. His whole life was exemplary. He was an affectionate husband, a kind parent, a true friend, and a sincere Christian. He was an enthusiastic Highlander, and never forgot the land of his birth. He was liked and esteemed by all who knew him, and he died without an enemy. The poet was about five feet and nine inches in height, stout and well-built. He had dark hair and grey eyes, and a broad and massive forehead. His voice was soft and musical, and he was a good singer."

All that I wish to add to the above account of the poet is that he had a very powerful memory, and that his stores of information connected with the Highland Clans and Highland Poets, were very great. He was a seanachie as well as a poet.

John Maclean had four sons and two daughters ; Christy, Charles, and Archibald born in Scotland, and John, Allan and Elizabeth born in this country.

The poet's wife, Isabella Black, died June 5th, 1877. She was ninety and one years of age. She retained the full possession of all her intellectual powers to the last. She was an active, healthy, and industrious woman. No woman could be better qualified to make a home for herself in the woods than she was. If she could not handle the lyre, she could handle the hoe, the sickle and the rake. She was kind and hospitable. Her house was ever open to the stranger. It would indeed be difficult to find a house which had freely lodged more travellers. She was devotedly attached to her husband. She was a good and pious woman. She is buried beside her husband.

A plain stone with the following inscription in Gaelic, marks the present resting-place of the mortal part of the bard and his faithful wife:—

A M   B A R D   M A C - G I L L E A I N,

1787-1848.

'Fhir 's a' chladh s' 'tha 'dol mu'n cuairt
Stad is éisd ri guth bho 'n uaigh s':—
Cum a' Ghàidhlig suas ri d' bheò,
'S a cuid bàrdachd 's àirde glòir ;
Do gach nì tha math thoir gràdh
'S bi 'tigh'nn beò do Dhia gach là.

B E A N   A'   B H A I R D,

1786-1877.

" Earb as an Tighearna le d' uile chridhe."

CLARSACH NA COILLE.

ORAN
DO DH' ALASTAIR MAC GILLEAIN,
TIGHEARNA CHOLA.

Thàirneadh am Bàrd leis a' chrann do 'n fheachd-dùthcha. Thairg athair pàigheadh air a shon, ach cha 'n aontaicheadh e ris a sin. Ann an ùine ghoirid dh' fhàs e sgìth de 'n t-saighdeireachd. Thug Tighearna Chola dha litir a dh' ionnsuidh Còirneal an fheachda, 's fhuair e a shaorsa le duine eile a chur 'n a àite.

FONN,—"*Mile marbhphaisg ort a shaoghail.*"

'S ann a cheud Di-luain de 'n ràidhe
    'Fhuair mi bhàrlinn 'bha dhomh searbh,
'S mise 'dh'fhaodadh sin a ràitinn ;
    Dh'fhag i 'n càs mi nach robh soirbh ;
Dh' iarr i ormsa dol do dh' Aros,
    'S dh' fheumainn pàigheadh air neo falbh,
'S iad 'gam chur do dh' arm Righ Deòrsa
    'Ghiùlan "Seònaid" 's còta dearg.

B

'N uair a fhuair mi fios an là sin
   Gu'n do thàirneadh mi fo 'n chrann,
Chaidh mi 'shealltainn air a' Bhàili
   'Dh'fheuch am b'fheàird' mi dol 'n a chainnt:
Thuirt e rium, " Cha ghabh mi bàigh riut,
   Cha 'n fhaigh thu fàbhar o 'm làimh ;
Cha 'n eil còir agam no càirdeas
   Dol 'n ad phàirt 's cha téid mi ann."

'S ann an sin bu mhath na càirdean,
   'N uair nach seasadh càch ar cùis :
Rinn mi 'n smaointinn so, gu'm faodainn
   A dhol thar a' chaol a null,
'Dhol a shealltainn an fhir ainmeil
   Nach cuir ri luchd-leanmhuinn cùl.—
'S chuir e litir ann am phòca
   'Dh' ionnsaidh 'Chòirneil os mo chionn.

'S ann da fhéin bu chòir a dheanamh,
   Cridhe fialaidh 'dh' fhàs gun ghruaim ;
Ceannard fearainn a dh' fhàs smearail,
   Làn de dh' fhearalachd le buaidh.
'S e cùl-taice 'mhuinntir uil' e,
   'S Righ nan gràs ga chumail 'suas,
Ar sgiath dhìdein gu 'dhol foidhe
   'N uair 'bhios oirnne fòirneart cruaidh.

Gu'm b' e m' éibhneas agus m' aighear
   An sàr-Leathanach gu chùl
Fhaicinn dhachaidh slàn aig aitreibh
   Far 'n do chleachd e 'bhi le mùirn.

'S aobhar sòlais e d'a sheòrsa
   Gu 'bheil còir aig fear le iùl
Air an oighreachd sin d'am buin e,
   Pàirt de Mhuile, Cola 's Rum.

C' àite 'n aithne dhomh ri 'ràitinn
   Anns a' Ghàidhealtachd mu 'n cuairt
Aon cho ainmeil ris an ceart-uair
   Airson ceartais 'thoirt do thuath ?
'S e nach sàraicheadh le màl iad
   Ged 'bhiodh càch 'ga thogail suas:—
'S ionnan sin 's mar 'dh' éireas dhasan,
   Gheibh e blàths an àite buan.

Tha e measail ann an Albainn;
   'S iomadh dearbhadh air a chliù;
'Nuair a théid e bh'uainn do Lunnainn
   Gheibh e urram bho gach Diùc.
'S lionmhor feum air an Dunéideann,
   Cuid d'a euchd a bhi 's a chùirt;
'S breitheamh ceart e nach dean eucoir,
   'S tric a réiticheadh leis cùis.

Pearsa chumadail, dheas, dhìreach;
   Aghaidh shìobhalta gun sgraing;
Beul na fìrinn 'labhras cinnteach,
   Bheir e 'nios gach neach le 'chainnt.
'N àm 'bhi cruinn anns an taigh-sgrìobhaidh
   Gheibh e cìs de na bhios ann;
Toiseach bruidhne ri uchd binne,
   'S leis gach nì 's an cuir e ceann.

Cha 'n 'eil buaidh a bh' air duin'-uasal
    Nach 'eil fuaighte ris gu dlùth;
Sgiobair fairge e ri la gailbheach,
    Gu 'm bu chalm' e aig an stiùir.
Thog e'n àrdrach a tha sàr-mhath,
    'M bàta 's àille 'chaidh fo shiùil;
Air a ceangal suas le airgiod
    Nach gabh meirg, 'sa dh' fhanas ùr.

'S ro-mhath 'n giomanach air gunn' e,
    Bheirear fuil leis air na féidh;
'S bidh an giadh gu luath gu talamh
    Ged is calamh e air sgéith.
Marcaich sunndach air each siùbhlach,
    Leis an dùblaichte gach réis;
Sàr-chomandair ann an camp e
    'Dh' iomain naimhdean air ratreut.

Tha e siobhalta r'a fhaicinn;
    Tha e tlachdmhor, fearail, suairc;
Tha e cruadalach gun ghealtachd;
    Tha e sgairteil a thoirt buaidh.
Tha e iochdmhor ris na càirdean
    Ma bhios iad an sàs no 'n cruas;
'S beag an t-ioghnadh mar-a tha e,
    'S e 'rinn fàs a freumh nam buadh.

Gur-a math 'thig air an càradh
    An lann stàilinn ann an truaill;
Gur neo-leanabail e fo àrmachd,
    'S curaidh calm' e mar bu dual.

'S mairg le greann air airson aimhreit'
  'Thigeadh teann air an fhear ruadh;
Bhiodh, gun dàil ann, fhuil na deann-ruith,
  Bheirte an ceann deth; b' e so 'dhuais.

Tha e ceannsgalach gun mhòrchuis,
  Tha e còrr 's a h-uile gnàth;
'S farsuing eòlas 's an Roinn-Eòrpa,
  'S bha e 'foghlum anns gach ceàrn.
Fhad 's a dh' thalbh e b' fhear co-ainm e
  Do na morairibh a b' àird'.
'S e an fhirinn 'tha mi 'g innse;
  'S dh'fhaodte ruibh gu leòir dhi ràdh.

Na stuic rioghail as na chinn e
  Cha robh diobarach no fuar;
Gur h-i 'n fhion-fhuil a bha prìseil
  A tha sìoladh anns gach gruaidh.
Lean e'n dùthchas a bha dùth dha,
  'S e mo dhurachd dha bhi buan:
'S gàradh dion' e do na ni ás,
  Gheibh iad dìleas e gach uair.

'S aobhar-misnich dhuinn gu léir
  An deadh-fhear treun a bhi ri 'r cùl;
Bheir e 'nios sinn anns gach éiginn,
  'S cha 'n fhaigh eucoir tigh'nn oirnn dlùth.
Tighearna Chola dha'n géill onair,
  'S àrd a sgoileireachd le iùl;
Fuasgailidh fhacal binn gach ceartais,
  'S geur a bheachdaicheas e cùis.

Fhuair e fhéin a ragha céile,
  'Bhaintighearn' éibhin a b' fheàrr dealbh;
Gnùis na féile làn de cheutaibh,
  Gruaidhean réidhe mar ròs dearg
Gu 'm bu reul i mar ghath gréine
  Bha gach treun-fhear air a lorg,
Coltas ban-righ'nn flathail àlainn;
  'S iomadh àit 's an robh oirr' ainm.

'S i a dhùthaich a bha deurach
  'N uair a leughadh sgeul a chràidh
Gu'n do dh' eug i, ceann na céille,
  'Gheug ùr cheutach 's i fo bhlàth.
Thug e riarachadh d'a inntinn,
  'Toirt do'n tìr 'an déigh a bàis.
Dhearbh e 'n gaol a bh' ac' araon,
  'S cha dean e caochladh ás gu bràth.

'Nam biodh m' fhiosrachadh gu m' dhùrachd
  Bhiodh a chliù a sios ni b' fheàrr;
Bu toilinntinn leam 'bhi 'g innse
  Sgeula cinnteach air 'an dàn.
Gu 'm bu mhiann leam, 's co nach iarradh,
  E bhi liath mu'n tig am bàs,
'S Eòbhan 'bhi na dhéigh gu buadhmhor
  Mar cheann sluaigh a seasamh àit'.

Alexander, the 14th MacLean of Coll was a
thorough Highlander. He was a man of a very
independent spirit. He was naturally benevolent,
and treated his tenants with great kindness. He
studied law for some time. He was Lieutenant-
Colonel of the Breadalbane Fencible Regiment.

His mother was a daughter of MacLeod of Talisker.
He was married to a daughter of Cameron of
Glendessary. She died February 10, 1802. She
was 46 years of age. He died himself in the
year 1835.

ORAN DO THIGHEARNA CHOLA.

Air do 'n Bhàrd litir-urrais fhaotuinn bhuaithe,
agus e a dol do Ghlaschu a dh' iarraidh stoc leath-
raich.

FONN.—"*A chomuin rìoghail rùnaich.*"

Gur neònach dhomh 'bhi diòmhanach
Gun inntreachadh air dàn
Mu chliù an uasail phrìseil ud
Tha 'm Breac-Achadh na fiachalachd ;
Am fear 'thug dhòmhsa 'n cuimhneachan
Nach diochuimhnich mi dha;
'S ann a ràinig mi dà uair e
A dh' fhuasgladh air mo chàs.

'Se féin an t-uachdran urramach,
Cha 'n urrainn duine 'ràdh
Gu 'n dìobair e na leanmhainich
A thagras ris is earbs ' ac' ás.
'Nuair dh' fhiosraich e le seanachas diom,
'Sa thug mi dearbhadh dha
Gu dé mo reusan dol na dhéigh,
Bu ghrad a cheum nam phàirt.

Cha 'n neònach leam ged 'rinn e sud,
Nan cuimhnicheadh e gnàths
Nan uaislean bho na ghineadh e,
'Bha fearail, daimheil, cinneadail,
Bha calma 'n àm na h-iomairte
'S neo-ghioragach gun sgàth :
'S e 'n cruadal fèin an àm na h-éigin
'Rinn dhaibh feum gu 'n geàrd,

Gur h-iomadh buaidh r'a h-innse
'Bh' air an t-sinnsearachd o 'n d' fhàs
Am fàillein maiseach fìnealta ;
Bu choille 'bha gun chrìouaich innt'
Na Leathanaich shean rìoghail ;
'S iad nach strìochdadh gun cheann-fàth':
Gun dad athaidh 'n aodann catha
Bhiodh ri sgàth na sàir.

Bu tric a dh' fheuch an gaisgeach ud,
Iain Garbh, a neart 's a chruas;
Bu sheobhag luath gu reubadh e,
Bu leoghann colgarr' creuchdach e,
An Grisiboll nan euchdan
Is e toirt le 'thréine buaidh :
Sheas e àite, ghleidh e 'n làrach,
'S ghabh Clann-Nèill an ruaig.

Gur h-iomadh curaidh neartmhor
A bha 'm Breac-Achadh le buaidh;
Gur lionmhor blàr 's na thaisbeanadh
Le Lachainn a' chruaidh-sgairtealachd,

An saighdear sin bu bheachdaile
De mhacaibh Eachainn Ruaidh ;
Bhiodh e dàna ri uchd nàmhaid
'S làn de bhàigh ri 'thuath.

'Se Tighearna Chola 'n diùlannach
Tha fiùghantach 'na ghnàths;
Tha fearalachd a còmhnuidh ann,
Tha onair ann is mòralachd,
Tha gliocas agus eòlas ann
'S tha 'm fòghlum aige 's feàrr.
Gnùis na fèile, com nam beusan,
Fear nach geur mu 'n mhàl.

Bu mheasail aig Braid-Albainn
Am fear ainmeil 'tha mi luaidh.
A dhaoine treuna, colgarra,
A bhuidheann chliùiteach, dh' earb e ris,
'Thoirt facail dhaibh gun chearbaiche,
Gu smachdail, calma, cruaidh :
'Se 'bhiodh dìleas leis a mhìle ud
Na'm biodh strì mu 'n cuairt.

'S lionmhor gniomh 'us gaisge
A tha 'n taice ris le cèill.
Gur nàmhaid féidh is earba e
Le 'ghunna caol neo-dhearmadach
A siubhal ghleann is gharbhlaichean
'S a choin a' falbh 'na dhéigh.
Spòrs neo-ainneamh aig' 's na beannaibh
Na chuid fearainn fhéin.

Gur sgiobair ri là gaillinn e
Nach aineolach mu stiùir.
Mar steud-each lùghar, astarach
'S an réis, 's e dian luath, tartarach
Bhiodh iùbhrach éibhinn, acfhuinneach
A marcachd thar gach sùgh.
Dh' fhàgadh Hobart bhàn gach bàta,
'S i 'bhi làn na siùil.

'Nuair choinnich Mac-Mhic-Eòbhain e
'S an Oban aig a' bhàl,
'S a dh' fhalbh iad leis na bain-tighearnan
A dh' fheuchainn bàta 'Chaimbeulaich,
Gu 'n d' mhaslaich e ga h-anntoil i
A' reubadh thonn gu dàn.
Fhuair e suas oirr' air an fhuaradh
'S chuir e cuairt gu sàil.

Slàn iomradh ré a làithean air,
Is a chliù a ghnàth 'dol suas.
Nam bithinn 'san taigh-thàirne
Mar-ri cuideachd shunndaich mhànranaich
Gu 'n òlainn a dheoch-slàinte
'S gu 'm biodh i làn mu 'n cuairt.
Am fiùbhaidh gasd aig' a bheil tlachd
's gach ni 'tha ceart 's bu dual.

ORAN DO THIGHEARNA CHOLA

'N UAIR A CHEANNAICH E EILEAN-NAM-MUC.

FONN.—"*'S i deoch-slàinte 'n rìgh is feàrr leinn.*"

Thàinig naigheachd á Dunéideann,
Thug an sgeula dhomh toilinntinn,
Gu'n deach Alastair air chuairt,
An diugh a chuala mi le cinnt' e.
'N uair a chaidh e'm measg nan uaislean
Fhuair e buaidh air na bha cruinn ann,
Thug e dhachaidh còir an àite
Ged a b' fhada càch a strì ris.

Bha gach tighearn' air son fhaotuinn
'S iad 'ga dhaoradh ann am prìs air.
Cha robh 'n gnothach dhaibh na shùgradh
Bho na ghlachd e 'chùis na inntinn:
Bhiodh e dimeasach ri 'bheò leis,
Bho na bha e 'n còir a shinnsir,
Gu 'n leigeadh e bhuaithe an t-àite
Ged a dh' àrdaicheadh e mile air.

Rinn e gniomh a bha neo-chearbach,
'S math gu 'n d' fhalbh e air an t-saothair;
Bha mòran cruinn de luchd-airgid,
Thug e tairgse 'chuir mu sgaoil iad.
Aige féin tha 'n t-eilean bòidheach,
'S fad o 'n bha e'n tòir air fhaotuinn;
'S iomadh aon aig an robh sùil ann
Nan leigte g'an ionnsaidh saor e.

Tha chuid tuatha uile air sòlas
Ris an dòigh 's a bheil e 'gluasad:
'N oidhche 'thàinig fios g' an ionnsaidh
Thaobh na h-ionndrainn a bha bhuatha
Chìte deàrrsadh ris na speuran
Teinntean éibhneis air gach cruachan,
'S iad ag òl air a dheoch-slàinte
De'n dibh làidir 'bha gun truailleadh.

Bu bheag ioghnadh mar a bha iad
'G òl deoch-slàinte an àrmuinn uasail;
An cùl-taic' ri uair am fàilinn
Nach faic càs orra gun fhuasgladh;
Tha e iochdmhor làn de cheartas,
Cha b' e chleachduinn a bhi cruaidh' orr'.
Uachdaran cho math 's a tha 'n Albainn,
'S aobhar farmaid, a chuid tuatha.

Gur-a h-ainmeil am measg sluaigh e,
'S aobhar uaill d'a chinneadh mòr e,
Clann Ghilleain a bha lìonmhor,
Na fir rioghail dha 'n robh mhòrchuis.
Cha do dh' ionnsaich iad, le giorag,
Ann an iomairt no 'n tùs còmhraig,
Gu 'n tàirneadh iad ceum an t-slinnein;
'S grad a thilleadh iad an tòrachd.

Bha iad misneachail le cruadal
'Dh' fhaotuinn buaidh 's a h-uile còmhdhail,
'S fad' a chluinnte fuaim an claidhean
'Gearradh chnàmh is fuil 'ga dòrtadh.

'S e fear aca 'bhuaill a bhuille
Fhuair an t-urram latha Lòchaidh.—
'S e na thuit diubh 'n Inbherchéitein
'Thug an dìth orra 's bu mhòr e.

Fhuair e 'nis a dh' ionnsaidh làimhe
Mar-a b' àill leis o Chlann-Dòmhnuill;
Bhuannaich e air ais le 'thapadh
Na thug Lachainn dhaibh le gòraich.
Leanar tuilleadh ris an àite,
'S ann a cheanglas an Tighearn òg e
Ris a chrùn gu daingeann làidir,
Gun dad fàilinn o Righ Deòrsa.

Ma bhios Eòbhan fearail, cliùiteach,
Mar bu dùthchas da o sheòrsa,
'S e a' leanachd an deadh-chleachduinn
'Tha e 'faicinn, mar bu chòir dha,
Bidh e 'meudachadh na h-oighreachd,
Gun a cur an cuingid òirleach.—
Ceum air adhart dha, mo dhùrachd,
Biodh gach cùis a dol ri bheò leis.

'S lionmhor caraid ann an Albainn
Aig fear ainmeil nan deadh-dhòighean,
Nam biodh uireasbhuidh no feum air
'Dheanadh éiridh leis gu chòmhnadh.—
Fineachan tha làidir treubhach,
'S iad nach géilleadh anns a' chòmhrag;
Bhiodh iad dian mar theine lasrach
Roimh ghaoith bhrais a' losgadh còmhlaich.

Tha ceann-feadhn' an Loch-a-Buidhe
Thigeadh uidheamach na chòmhdhail,
Le chuid daoine féin mu 'n cuairt da
Air an tarruing suas an òrdugh.
Dh' éireadh á dùthaich shil Eachuinn
Na fir bheachdail, neartmhor chròdha,
Daragan nach gabhadh lùbadh,
'S cha bu chùram daibh cion eòlais.

Gu 'm bu luath leat Mac Mhic Eòbhain
Le 'fhir theòma, ghuineach, dhàna,
'Dheanadh euchdan anns a' chaonnaig
'Gearradh smuais' le faobhar stàilinn;
Mac-Leòid Dhun-Bheagain 's a dhaoine
Nach bu tais ri aodann làmhaich;
'S Mac Dhòmhnuill Duibh le Clann-Chamshroin,
Buidheann cholgarra 's an àraich.

Gu ma slan do 'n àrmunn ainmeil
A dh' ùraich seanachas an drast dhomh;
Gu ma buan am fear a cheannaich
Bho Mhac 'Ic Ailein an t-àite.—
'S mi gu'n cosgadh i le sòlas,
Ged-a chuirinn òr ga pàigheadh,
Deoch-slàinte 'n Alastair euchdaich,
Mo chùll-taic' 'n uair 'thréigeadh càch mi.

The name Maclean is of ecclesiastical origin. Gille-ain means Gille Eòin, or servant of John. The person from whom the Clan take their name is Gilleain na Tuaighe, a brave warrior who lived in Mull about the beginning of the thirteenth century. His

son Gillise fought with his followers at the battle of
Largs in 1263. Gillise's son, Gillie Calum was with
Robert Bruce at the battle of Bannockburn in 1314.
Gillie Calum was succeeded in Duart by his son
Iain Dubh ; Iain Dubh had two sons Lachainn
Lubanach and Eachunn Reaganach, predecessor of
the Macleans of Lochbuy. Lachainn Lubanach was
married to Margaret daughter of John Lord of the
Isles by Margaret daughter of Robert II., King of
Scotland. Lachainn Lubanach's son Eachunn
Ruadh nan Cath was married to a daughter of the
Earl of Douglas, and had by her Lachainn Bronnach
his successor. Eachunn Ruadh nan Cath was killed
at the battle of Harlaw in 1411. Lachainn
Bronnach was married twice, and had four sons.
By his first wife, a daughter of the Earl of Mar he
had Lachainn Og, his successor in Duart; and by
his second wife, a daughter of Macleod of Harris he
had Neil, predecessor of the Macleans of Lehire
and Ross, Iain Garbh, the first Maclean of Coll,
and Donald, progenitor of the Macleans of Ardgour.
The possessions of the Macleans were Mull, Tiree,
Coll, Ardgour, Kingerloch, and Morvern.

BATA THIGHEARNA CHOLA.

Fonn.—" *Nam faighinn gille r'a cheannach.*"
Cha dean mise an diugh fàilte
Ris a' bhàta so 'tighinn,
'S gun i 'giùlan mo ghràidh oirre,
Fear àrd a' chùil bhuidhe.
Sin an tighearna dùthcha
'Chuireadh sunnd air mo chridhe ;
Gur-a flathail deas, suairc e,
'Cha 'n e gruaim air a chithear.

Cha 'n e gruaim air a chithear,
'S e na shuidhe na iùbhraich;—
B' e sin sgiobair a' bhàta,
'S i air bhàrr nan tonn dùbh-ghlas.
'S e a b' urrainn a seòladh
'Dh 'ionnsaidh còrsa na dùthcha,
'S math a ghleidheadh i 'm fuaradh,
'S i 'ruith 'suas air na sùghan.

A ruith suas air na sùghan
Gu 'm bu shunndach a h-astar,
S i gun chearb ann an òrdagh
Le deadh-chòrcaich mar acfhuinn,
Stadh is cupaill mhath làidir,
Agus càball is acair ;
'S air a bòrd na fir ghleusda
'Dheanamh feum air ceann slaite.

Dheante feum air ceann slaite
Leis na lasgairean aotrom
A bhiodh aighearach cridheil
'N àm cur rithe 'cuid aodaich.
'N uair a thogadh i 'sgiathan
Bhiodh a cliathach ri saothair ;
'S cha bhi 'n sgiobair fo chùram
Ged a lùb a croinn chaola.

'S tric a lub e croinn chaola,
'S bheirte aodach bho slatan.
Bu leis urram an stiùiridh
'Ghleidheadh cùrsa mar chaiptein.

'Nuair a théid e da cheabain
Is a thàirneas e chairt ann
Tha e eòlach 's gach àite
'S an tig bàta gu acair.

Cha 'n 'eil àit' an téid acair
Ann am fasgath nach léir dha.—
'S e a chleachdadh a bhàta
Dh' aindheoin ànnraidh 's cruaidh-éiginn,
'Thoirt gu h-eòlach làn-shàbhailte
Thar bhàrr nan tonn beucail.—
'Nuair a thig a' mhuir ghàbhaidh
Bidh a làmh 's a' chrann-céile.

Bidh a lamh 's a' chrann-céile,
'S gur math 'fheum anns an àm sin,—
'S grinn a dh' fhalbhadh an iùbhrach
'S an riof-chùil a bhi teann innt'.
Bho a guallainn gu 'sliasaid,
'Nuair a dh' iarras e 'n ceann i,
'S deas a thig i mu 'n cuairt dha
Anns na fuar-shruthaibh beanntach.

Anns na fuar-shruthaibh beanntach,
Ged bhiodh greann air gach linne,
Fhad 's a chumadh i 'dhaoine
Cha bhiodh smaoin aig' air tilleadh.
Ruith cuip air gach bòrd d' i,
'S e 'toirt òrdagh d'a ghillean,
'S i a' gluasad gu meanmnach
'S a cur fairge fo slinnein.

c

A' cur fairge fo slinnein
'S i 'bhiodh mireagach, bòidheach,
'N uair a gheibheadh i 'h-aoduch
Bhiodh i aotrom gun mhòrchuis.
Bhiodh a toiseach 's a guallann
A' sior-bhualadh nam bòc-thonn,
'S i 'gan sgoltadh bho chéile : -
'S tric a leum iad na còmhdhail.

'S tric a leum iad na còmhdhail,—
'S bidh i 'n connsachadh cruaidh riuth'.
'S i 'bhios àrdanach, eutrom
'N uair a dh' éireas i suas orr.
Gu 'm bu bhinn leis an crònan
Bhiodh mu bhòrdaibh a' fuaraidh
'S i a' gearradh nam beuc-thonn,
'S iad ag éiridh le nuallan.

Bhiodh ag èiridh le nuallan
Tonnan buaireasach, iargalt'
'N uair 'bhiodh gruaim air na speuran
Agus sèideadh cruaidh, dian ann.—
Tha i cumadail làidir
'Dhol a shnàmh a' chuain fhiadhaich ;
Gur a h-calamh a dh' fhàgas i
Gach bàt' 'théid ga feuchainn.

Cha 'n 'eil bàt' 'théid ga feuchainn
Air nach dean ise buidhinn,
'N uair a théid i le h-àlach
'Sa cuid àsuig fo uidhim.—

'Nuair a sgaoileadh i cleòc
'Sa bhiodh an sgòd ann an righeadh
'S i a dh' iarradh an seòladh,
'S gun i còmhnard 'na suidhe.

Gun i còmhnard 'na suidhe
'S a làn-ghuidhe de ghaoith aic'
Bhiodh i leum thar nan stuadhan
Mar each luath-chasach, aotrom. —
Aig ro-fheabhas a dlùthaidh
'S aobhar cliù do na saoir i,
'Rinn as ùr i cho ciatach
Is nach liathar le aois i.

Cha tig liathadh le aois oirre
Is cha chaochail i coltas :
Tha am fiodh innt' is feàrr
A bha 's an àrd-choille dhosraich.
'S math a leagadh na fiùbhaidh
'Tha na h-ùrlar cho socrach ;
Cha 'n 'eil sgar dhi gun sùdh air,
Chuireadh bùird thar a lotaibh.

Chuireadh bùird thar a lotaibh,
'S cha dean postadh i ao-dion
Anns na cuairteagan dùbh-ghlas
'Thig le bùirein mu 'h-aodann.
Ged a bhiodh i 'muigh ràithe
A gleachd ri àrd thuinn 's ri gaoithibh
Cha tig fàilinn an clàr dhi
'S cha tèid làmh 'na piob-thaosgaidh.

Cha téid làmh 'na piob-thaosgaidh
Bho 'n tha saorsainneachd ghasd' oirr':
Cha 'n 'eil calp innt' gun lann air,
'S e gu teann air a chalcadh;
Tha gach reang 'tha na cliathaich
Ris a bheul air a sgathadh ;
'S 'shnaidh an tàl i gu sàr-mhath
Ann an tàthadh a saidhean.

'S ro-mhath 'thàthadh a saidhean :-
'S cha 'n 'eil athadh do chuan aic'.
Tha deadh-ghreim air an t-sàil aic'
Eadar shàil agus ghuallann.—
Tha gach maide innt 'cho còmhnard
Is cho bòidheach mu 'n cuairt d'a
'S ged-a bhiodhte 'gan tionndadh
Greis de dh' ùine am beairt-tuairneir.

DO THIGHEARNA CHOLA.

Air do'n Bhàrd mòran de dh' òrain a chruinneach-
adh 'feadh na dùthcha chaidh e leotha do Dhun-
éideann, ann an dùil gu 'm faigheadh e cuideachadh
gu 'n cur a mach, bho 'n Chomunn Ghàidhealach.
Cha tug a chuideachd fheumail sin mòran misnich
dha. 'N uair adh' fhàg e 'n taigh bha dùil aige gu 'n
tachradh Tighearna Chola air an Dunéideann ;
'n uair a ràinig e, 's ann a bha esan an Sasunn.

Fonn.—*"Tha tasguidh bhuam an diomhaireachd."*

An ceanna-bhaile na rioghachd so
Tha uaislean suairce siobhalta
'Tha 'n tòir air cainnt an sinnsearachd
A chumail suas, 's nach diobair i.
Ged leigeadh treis air dichuimhn' i
Gu bheil i 'nis air cinntinn
Anns gach tir 'san robh a h-eòlas.
Gu bheil i nis &c.

Bha cuid de dhaoine 'g innse dhomh
Na'n cuirinn cruinn an sgriobhainnean
Na h-òrain bhlasda phrìseil sin
A dh' fhàg na bàird mar dhìleab dhuinn,
'S a gheibhear anns na crìochaibh so,
Gu 'n tugteadh duais is fiachan dhomh
Bho 'n Chomunn rìoghail, chòir ud.

Ged sgrìobh mi sios na h-ealaidhean
Bho 'n ràinig mi 's mi aineolach
'S nach robh fear-dainh no caraid ann
A ghabh mo phàirt, no 'shealladh orm,
Cha tug iad mòran geallaidh dhomh,
'S ann 'thuirt iad, "rinneadh mearachd oirnn
'G ar mealladh anns an t-seòl sin."

Gur h-ann an sin a dh' ionndraich mi
Am fear ruadh dha 'n dual 'bhi ceannsgalach
'S a sheasadh 'n àm na teanntachd mi

Am measg nan uaislean Gallda sin
'Bha 'g imeachd air na cabhsairean
Ged 'bha mi tric a' scalltainn orr,'
Cha 'n fhaicinn ann an Còirneal,

'S e sud an laoch a chliùthaichinn
'S an dàn le ìnntinn dhùrachdaich ;
An sàr dhuin' uasal ionnsaichte.
Gur caoimhneil, bàigheil, cùirteil e
'Na thalla fialaidh fiùghantach
'S gur pailt' gach nì fo 'stiùbhartaibh
'Chur rùn na cuirm an òrdagh.

'N uair bhiodh na h-uaislean cruinn aige
'Nan suidhe aig bòrd na dìnnearach
Bu shiùbhlach meòir nam pìobairean
A' cluich air feadainn liomharra
Gu fonnmhor' sunndach, ìnntinneach,
'S gach deoch bu bhlaisde brìoghalachd
A' dol an gnìomh nan òr-cheard.

Bhiodh òl mu 'n bhòrd gu toirbheairteach
Gun aire, gun seòrsa 'teirgsinn ann,
Gach aon bhiodh sunndach, seanachasach,
Gun leòn, gun bhròn, gun dearmail orr'.
Gach nì bhiodh mar-a b' iomchaidh dhaibh
'S an teaghlach ghreadhnach, shuilbhearra
'S an caithte 'chuirm le sòlas.

A theaghlach tha mar bhuineadh dhaibh,
Le 'n tlachd 's a bheus a chunnaic iad ;
Gur caoimhneil a toirt cuiridh iad,

Gur bàigheil a cur furain iad;
Gur h-ainmeil aig luchd-turais iad,
Gur tric daoin' uaisle urramach
Air chuairt a fuireach còmhl' ris.

Gach nì tha 'ghnàth gun uireasbhuidh
'S an tùr 'an lionmhor uinneagan :—
Dh' athnuadhaich e bho 'n uiridh e,
Gur bòidheach mar-a chumadh e,
Gu ceàrnach, stuadhach, turaideach :
Air àirde chuir e tuilleadh ris
'S gu 'n d' fhàg e 'mhulach còmhnard.

'N uair 'thilleas e do 'n rioghachd so
Gu aitribh a chur dìon oirre,
Gu àite-còmhnaidh ìnntinneach,
Théid mi a null is chì mi e,
Is gheibh mi caoimhneil dìleas e ;
Cha bhi mo shaothair dìomhanach
Théid i gu crìch le 'chòmhnadh.

DO THIGHEARNA CHOLA.

Air do Thighearna Chola 'bhi air chuairt anns an
eilein Sgiathanach, agus ag coiseachd ann air feadh
na h-oidhche, thuit e leis na creagan, agus bha e
ann an cunnart bàis.

Fonn.—" *Gur h-e mise 'th 'air mo chràdh.*"

Thàinig naigheachd do 'n tìr
Nach bu mhisd sinn 'g ar dìth,
Ged nach biodh i cho fìor

Bha i muladach dhuinn :
'S ann a chualas le cinnt
Gu bheil Alastair tinn fo éislein
Gu bheil' &c.

'S mor mo chùram an dràst
Gur h-e teachdair' o'n bhàs
Thàinig calamh 'na dhàil
'Us a leag e gu làr
Leis na stallachan àrd,
'Cur nan saighdean an sàs gu geur ann.
'Cur nan saighdean, &c.

Tha e cruadalach leam
A bhi 'smaointinn 's gach àm
Gu'n do bhuail iad 'na cheann
'Us na ghuallainn 's na làimh
'S gu'n do thuit e 's a' ghleann,
'S e gun chlaisteachd, gun chainnt, gun léirsinn.'
'S e gun chlaisteachd, &c.

Gur-a soilleir a' bheàrn
As ar cinneadh gu bràth
Mur-a h-éirich e slàn
Bho na h-acaidean craidh.—
Co a ghabhas ar pàirt
Ged-a chaithear gach là oirnn cucoir'.
Ged-a chaithear, &c.

Ma 's e so a cheann-crìch'
Bidh sinn tùrsach ga chaoidh ;
Ar cùl-taic bidh 'g ar dìth.

Cha robh duin' ann r'a linn.
'Dh' fhaòdadh tamailt 'thoirt duinn
Bho 'n 'bha esan na dhion mar sgéith dhuinn.
Bho 'n 'bha esan, &c

Gur h-e 'n turas gun bhuaidh
A thug Alastair bhuainn,
'N uair a chaidh e air chuairt
Leis a bhàta, mu Thuath :—
Cha 'n e cunnart nan stuadh
'Dh' fhàg a chinneadh cho truagh mu dhéibhinn
'Dh' fhàg a chinneadh &c.

'Struagh nach robh mi 'ga chòir
'S a bhi sgileil gu leòir,
Ann an ionnsachadh mòr
Mar na Muilich nach beò : *
Dheanainn leigheas d'a leòin.
'S bheirinn fuasgladh da dhòruinn chreuchdaich.
'S bheirinn fuasgladh, &c.

Tha mi smaointinn gun tàmh
Thu 'bhi d' shìneadh 's a' chàrn,
'Fhir a dh' fhuasgladh mo chàs.—
Craobh de 'n abhall a b'fheàrr
A rinn cinntinn fo bhlàth
Anns a' choille a b' àirde geugan.
Anns a' choille, &c.

---

* The Beatons of Mull were famous doctors.
They wrote on medicine in Gaelic and Latin.

Tha do thuath anns gach àit'
Fo throm mhulad an dràst ;
'S goirt an gearan gach là
'S cha bhi sunnd ac' air stà
Gus an téid thu ni's feàrr :—
'S beag an t-ioghnadh ged tha iad deurach.
'S beag an t-iognadh, &c.

Bu tu 'n t-uachdaran gasd,
'S mòr an uaisle bha 'd' bheachd :
Bha thu reusonta, ceart ;
Bha thu caoimhneil le tlachd ;
Ris gach aon 'bhiodh 'an airc ;
'S tu nach togadh na mairt an éirig.
'S tu nach togadh na, &c.

Tha mo dhuil anns an Tì
A tha riaghladh gach nì
Gu 'n tig ath-sgeul 'bhios binn
'Us gu 'm faic sinn a rìsd
Ann an spionnadh gun dìth,
Mar bu mhiann leinn 'n ad thìr féin thu.
Mar bu mhiann leinn, &c.

DO THIGHEARN' OG CHOLA,

Air do 'n Bhard a chluinntinn gu 'n do phòs e.

FONN.—" Ged a dh' fhàg thu ri port mi."

An diugh chuala mi sgeula.
A rinn m' ìnntinn a ghleusadh gu fonn,
Air an fhiùran òg chliùiteach
'Tha na oighre air an dùthaich ud thall.

Gur h-i naigheachd an éibhneis
'Thàinig uime á Dunéideann a nall
Gu'n do cheangladh e 'm pòsadh ann
Ri té ga bheil stòras neo-ghann.

Saoghal fada le buaidh dha
'S do na chéile sin 'fhuair e air làimh.
Gu 'n robh 'n t-Ard Rìgh mar dhìon da
'S a cur chomhairlean crionnta na cheann.
Tha e 'n dràst ann an Lunnainn
Is ma théid e gun fhuireach do 'n Fhraing
Gu ma sàbhailte 'thuras
Ann an àirde 's an urram gun taing.

B' i mo chomhairle gràidh dha
Ma 's-a duine e 'ni tàmh am measg Ghall
E bhi fuathach air dòighean
Cuid de dh' uachdarain òg 'tha 'dol ann.
Bidh iad amaideach gòrach,
A sior chluich an cuid òir 's a cur gheall,
'S furasd stòras a ghleidheadh
Seach a bhuannachd an deaghaidh a chall.

Fhir a dh' ùraich na facail so
Bi cuimhneach le beachd air mo rann,
'S air na daoine bha romhad
A rinn feum anns gach gnothach a bh' ann.
Chum iad aca 'n cuid fearainn,
'S rinn iad fhuasgladh an carraid nan lann. –
Biodh an sliochd ann gu buadhach
Fhàd's bhios duilleach a gluasad air crann.

Sin na h-uaislean bha beachdail,
Bha iad cruadalach, sgairteil, 's bu dual :
Bha iad iriosal bàigheil
'Chumail taic ri fear fàilinneach truagh,
'S bha iad smachdail ro-dhàna
'N uair a leumadh an t-àrdan riuth' suas ;
Gu 'n do dh' aithnich Mac-Nèill sin,
'N uair a thuit e 'san àraich le 'shluagh.

Chuala mise iad ag innse
'N uair bha saoitheach an fhìona gun *chriù,*
Gu 'n do dh' chruinnich gach bàili
Gus a gleidheadh gu sàbhailt' do 'n diùc.
Thàinig Eachunn na leum orr'
'Se air tigh'nn á Dunéideann ás ùr
Thug e gròcadh gu cruaidh orr'
'S dh' fheum iad tilleadh gun bhuannachd, gun
chliù.

'N uair thig Eòbhan bho thuras
Do an àite ga'm buin e a nall,
'Us a bhaintighearna mar ris
Mar is miann leis gach caraid a th 'ann,
Cluinnear losgadh nan canan
'S freagradh dlùth aig mactalla nam beann ;
'S bratach lurach a thaighe
Bidh a crathadh le aighear ri 'crann.

Ann am Breacachadh thall ud
Bidh na h-uaislean aig Alastair cruinn :
Bidh gach ni ann an òrdagh
Bidh gach uidheam a's coir air an cionn.

Bidh a bhranndaidh na galain
Aig a ghillean ga tarruing 's ga roin!.,
Cha bhi duine fo smalan,
'S chithear sùrd air luchd-ealaidh a' seinn.

Ann an talla na fialachd,
'S gu 'm bu chleachduinn d'i riamh a bhi ann,
Bidh gach ni tha r'a iarraidh,
Cha bhi sòradh air fiontan na Fraing'.
Gu 'm bi comunn na féille
Sunndach aighearach éibhinn neo-throm,
Chithear tuigs' agus géire,
'S iad a freagairt a chéil' air gach làimh.

Aig àm laidhe na gréine
Cluinnear fidhlean 'g an gleusad gu teann,
'S gu 'm b'i sunnd air an òigridh
'Chur nan car diubh le sòlas 'san damhs'.
Anns a' mhaduinn ag éiridh
Cluinnear pìob nan dos réidh air an lom,
'S a puirt ealanta, shiùbhlach
A' cur aighear air dhùsgadh 's gach com.

Gu ma h-éibhinn do 'n òigear
Air an éireadh an t-òran le fonn,
Ann ann labhairt mu 'dhéibhinn
Bha gach facal gu réidh a dol leam.
Gur-a sona 'n té fhuair e,
Aice féin tha 'n duin' uasal gun mheang,
Tha a bhuadhan cho lionmhor,
'Us nach urrainn mi 'n inns' ann an rann.

DO THIGHEARN' OG CHOLA,

'N uair a cheannaich e 'Bheinn Mhor ann am
Muile.

FONN.—" *Air tuiteam am chadal dhomh.*"

'N diugh chuala mi sgeul
Thug toilinntinn dhomh 's éibhneas
Bho chùirtear na féille
'Tha 'n Dunéideann an dràsta.
'S e 'n sgeul tha mi cluinntinn
Bho Thighearna Chuimhnis
Gu 'n d' mheudaich e oighreachd ;
Bho 'n roinn a bha làmh-ris
Gur h-eibhinn 'bhi 'faicinn
An fhiùrain ùir ghasda
A' gluasad 's gach cleachdadh
A's taitnich, gu h-àghmhor.
Mo ghuidhe 's mo dhùrachd
E dh 'fhaotuinn d'a ionnsaidh
De dh' fhearann an diùc
Na bha 'n tùs aig a chàirdean.

Bha uair ann 'us b' ainmeil
Na Leathanaich chalma
Le 'n eileanan gorma
Nan seilbh a' toirt màil daibh.
Bu laoich iad bha sgairteil
Mar 'dhearbhar bho eachdraidh :
Cha chualas riamh gealtachd

'Bhi 'n taic riuth' 'san àraich.
'S e 'thug orr 'n caochladh
An gòraiche sgaomach
'Us ìnnleachd na 'm feadhnach
Bha daonnan an sàs annt'.
Mo thruaigh' chaidh iad thairis
Do dhùchannaibh aineoil ;
'S tha 'n còir aig Mac-Cailean
Gun cheannach, gun phàigheadh.

'Nam faict' ar ceann-cinnidh
Am mòrachd 's an spionnadh
Gu buadhach air tilleadh
Do dh' innis nan àrd-bheann,
Gu Dubhairt a' chaisteil
'S an robh na fir ghasda
'Bha uasal nan cleachdadh
'Us sgairteil le 'n claidhean ;
A rùsgadh na brataich
Os ceann nam fear-feachda
Nach tionndadh le gealtachd
Am baiteal bho nàmhaid ;
Bu shùrdail a bhaile,
Gu 'm b' éibhinn a shealladh :—
Gu 'n ùraichteadh 'n t-sean-obair
Glan air an làraich.

Chìteadh mar dhealanaich
Boillsgeadh bho 'n ghearasdan :
'S chluinnte mac-talla
Nam beannaibh a b'àirde

A' freagairt nan canan
A' brùchdadh an analach
'Null thar na mara
Gu fearann Chinn-ghèarlaich.
Bhiodh téintean nan ceudan
A' dearrsadh bho shléibhtean ;
'S a shluagh bhiodh le éibhneas
Nan leum a' chur fàilt' air.
Gur h-iomadh duin'-uasal
'S gach àite mu 'n cuairt
Bhiodh a' guidhe dha buaidh
Agus suaimhneas 'us slàinte.

Do dh' Eòbhan mac Alastair
Buaidh air gach bealach,
An t-uachdaran fearail
A's ceanalte nàdar
'S e cridhe na féille
'Tha ìriseal, spéiseil
'Us cinneadal, ceutach ;
Cha tréig e a chàirdean.
Cùl-taice nam feumach,
'Gan dion anns gach éiginn.
Cha diobradh e 'n éis iad
Le ceum 's am biodh fàilinn,
Gur soilleir a léirsinn
Gu ceartas a réiteach ;
Cha 'n fhaigheadh fear-eucorach
Eisdeachd na 'lathair.

Is Leathanach gasd' e
'Tha sìobhalta tlachdmhor ;
De shiol nam fear smachdail
Bha 'n caisteal na tràghad,
A bhuannaich le 'n tapadh
An dùthaich fo 'm facal,
'S a ghleidh i gu sgairteil
Bho neart an luchd-àicheidh.
'Se féin an t-òg aoibheil
'Tha flathasach caoimhneil,
'S ro-smachdail mar shaighdear
Cha 'n fhaodteadh tigh'nn ceàrr air,
Lann thana, gheur, grinn air
De 'n stàilinn bu ruighne
'S neul fala gu 'roinn oirr'
N' am faoighneachdteadh làmhainn.

Sàr-mhac an fhir ainmeil
'Tha cruadalach calma,
Mar 'rinn e a dhearbhadh
'S na h-Earraghàidh'lich àghmhor ;
Gu 'n gheàrr e bho 'n taileabart
Fear dhiubhsan a dh 'fhalbh leis ;
'N uair dh' éirich a mheanmna
Cha 'n fharraideadh e fàbhar,
A labhairt le feirg, thuirt
Am maidsear Montgomri,
Ma's duin' thu mar d' ainm
Dean mo choinneachadh-sa 'màireach.

D

Gu 'n sheas e mar dh' earbainn
Le 'chlaidheimh chinn-airgid
'S le cùram á canchainn
Air falbh theich am màidsear.

Tha mòrachd nach misde e ann
Meanmnachd 'us misneach
'Us tuigse agus gliocas
'S tha meas air 's gach àite.
Thug siubhal 'us fòghlum
Dha fiosrachadh 's eòlas,
'S tha géir' ann gu h-òirdheirc
Mar lòchran a deàrrsadh.
'S fear ionnsaichte deas e,
'Thoirt òrdaigh d'a fhleasgaich,
A's bòidhche 'ni seasamh
Fo 'n deiseachan sgàrlaid' ;
Thar fairge nan sirte iad
Gu h-àrmaichte, crioslaicht',
Gur h-earbsach tha mise
Nach clisgeadh bu ghnàths daibh.

'S iad féin na fir ghasda
Tha leòghanta sgairteil ;
'S gu 'm b' fheàrr iad na 'n coltas
Na 'n cuirte do 'n Spàinn iad.
Bu chliùiteach an cosnadh,
Le 'n ceannardan rompa ;—
Cha diùltadh iad nochdadh
Air cnocaibh ri nàmhaid.

Do 'n t-saoghal bhiodh dearbhte
Gu 'n robh na fìr chalma
De threubhan na h-Alba,
Dha 'n seanachas a' Ghàidhlig;
Gu'n robh iad dheth 'n t-sluagh sin,
A's tric a thug buaidh
Air na Ròmanaich uaibhreach
Le 'n cruadal 's le 'n dànachd.

Sliochd rìoghail nan Garbh-chrioch,
'S gach linn bha fior-ainmeil:
Fo 'm brataichean balla-bhreac
Bu doirbh anns na blàir iad.
Gur saigdearan cruadalach,
Acfhuinneach, fuasgailteach,
Deas-fhaclach, luath-làmhach,
Uasal gun sgàth iad.
Tha neart annta 's tréine
Tha spiorad nach géill annt';
Gur guineach am beuman
Bho 'n geur-lannan stàilinn,
Ge tric iad a gluasad
A null thar nan cuantan
Aon tàmailt cha d'fhuair iad,
Bidh buaidh leo 's an àraich.

'S beag ioghnadh an òg-bhean
A fhuair e r 'a phòsadh
'Bhi inntinneach sòlasach
'S bòichead an àrmuinn.

Tha ghruaidh mar an caorann
'S a chneas mar an fhaoilinn,
Sùil ghorm, choirach, aobhach,
'S an aodann a's àille.
Sàr-cheannard na tuatha
Nach teannaich gu cruaidh iad
Nach toir an cuid bhuatha,
'S a dh' fhuasgladh nan càs orr';
'S e 'm fasan bu dual dha,
'S e chunnaic 's a chual e,
Bho 'n fhear a thog suas e
Bhi truacanta bàigheil.

Hugh, 15th Maclean of Coll, was born in the
year 1782. He served for some time in the Guards.
He was married twice, first to Jennet Dennistoun
of Colgrain, and secondly to a Miss Robertson of
Edinburgh. He was a kind-hearted man. He left
a large family of sons and daughters. He got
deeply into debt. He was the last Maclean of
Coll.

The reference in the 7th verse is to the following
incident :—John M'Donald, of Hogh in Tiree, was
in the Laird of Coll's regiment. He neglected the
performance of some duty at a bridge, and Major
Montgomery ordered him to be whipped. Maclean
of Coll went twice to the Major, and humbly pled
with him to forgive MacDonald, but the Major was
inexorable. When the flogging was to begin
Maclean went, and with his sword cut the cords
with which MacDonald was tied to the whipping-
post. Montgomery challenged Maclean : the chal-
lenge was at once accepted. As Maclean was quite
young there was some fear among the soldiers that

he might possibly be killed ; so they sent word to
Montgomery that if he killed Maclean he would be
shot. The duel was not fought.

DO RAONULL DOMHNULLACH TIGHEARNA STAFFA,

'N uair a bha e 'n lagh ris an Robastanach, airson
eucoir a dheanamh air daoine bochda a bha e 'toirt
do dh' America.

FONN.—"*Gur mise tha gu fastalach.*"

Gu 'n robh mi treis a fuireach
　　Dh' fheuch an cluinninn dad bho chàch,
Ach bho nach d' rinn iad ullamh e
　　Cha dean mi tuilleadh tàimh.
Bidh mi a nis a tòiseachadh
　　Gu seòl a chur air dàn.—
'S ann 'shaoileadh neach gu 'n d 'fhalbh
　　Na bha de sheanachas aig na bàird.

Is cinnteach mi nach d 'fhalbh e
　　Ged thug dearmad orra 'n dràst
Gun Raonull òg a chuimhneachadh
　　Dha 'bheil an inntinn àrd ;
Am fear a tha cho saothrachail
　　Airson nan daoin' 'tha 'n càs
Ri toirt a mach a cheartais daibh,
　　'S tha sin na bheachd a ghnàth.

'S e féin am fior dhuin' uasal
  Air nach faodar gluasad ceàrr,
De Dhòmhnullaich a chruadail
  'S tric a bhuannaich anns na blàir;
Gur h-ann air Staffa 'staoillear e
  Ma dh' fhaighneachdas sibh e,
'S tha 'n oighreachd sin am bann aig
  Fhad 's a bhuaileas tonn ri tràigh.

'S fear-lagha fiosrach ionnsaicht' e
  'Fhuair cliù 's bu dù sin da:
Tha gliocas tuigse is riasantachd
  'Na chridhe fialaidh blàth.
Gur glan a dhearbh e 'fhiachalachd
  'N uair 'sheas e dìleas, dàn,
Air taobh nan daoine 'chiosnaicheadh
  'S iad air an luing an sàs,

Bha 'n Robastanach eucorach
  'G an éigneachadh air bòrd;
Chuir e gu mòr an teanntachd iad,
  Gur gann a dh 'fhan iad beò.
B' i sin an naigheachd uamhasach,
  Bha 'n tuagh aige 'na dhòrn,
'Se maoidheadh air a' cheann 'thoirt diubh
  Mar tionndadh iad 'gan deòin.

B' e òrdagh do an stiùramaiche
  An cùrsa 'chur mu 'n cuairt;
'Us b' éiginn daibh a sgrìobhadh dha
  Gu 'n thill iad ri an-uair.

Gu dalma bhrist e 'chumhnantan,
   'S an cuid ga spùinneadh bhuap'.—
Cha tric a chunnacas aintighearna
   Cho gionach, aingidh, fuar.

'N uair chuala Raonull Dòmhnullach
   Mu olc 's mu sheòl na béist',
'S mu fhulangas nan Gàidheal
   Gu 'n do rinn a nàdar leum,
Gu dian na aghaidh thòisich e
   Ri cònnsachadh gu geur,
'S cha sguir e dheth 's am fògrar e
   Gu còrsa Bhot'ney Bay.

Nam biodh na h-uaislean eile
   Ann an eireachdas d'a réir,
Bhiodh meas ac' air an ìochdarain,
   'Us dh' iobradh iad an spréidh.
Na'm biodh iad mar bu chòir dhaibh
   Ann an tròcair, iochd, is eud,
Cha leigeadh iad an t-uallach so
   Mu 'ghuaillibh-san leis féin.

A dh' aindheòin eucoir 's aingidheachd
   Thig e ri àm an àird :
Tha beannachdan nam mìltean leis
   'S e toirt do 'n fhìrinn gràidh
Na bochdan tha gu dùrachdach
   Ag ùrnaigh leis gach là ;
'S tha ainm am beul gach dilleachdain
   Mar charaid dìleas, blàth.

DUANAG

Do Mhaighstir Iain Mac-Gilleain, ministear Chola.

FONN.—"*S iad mo rùn na fir gheala.*"

Thoir mo shoraidh le dùrachd
Thar an aiseig a null
Gu maighstir Iain tha 'n tùr Airileòid.
Thoir mo shoiridh &c.

'Sin an t-òganach siòbhalt
'Tha gun mhòrchuis 'na ìnntinn ;
Tha e eireachdail, grinn air gach seòl.
Tha e eireachdail, &c.

Tha e uasal 'na thighinn
Agus suairce 'na bhruidhinn,
'S tha e fiùghantach, cridheil gu leòir.
'S tha e fiùghantach, &c.

'S furasd' aithneachadh bho 'nàdar
Gur a h-ann de 'n fhuil àird e
'Thug do dh 'Alb' iomadh sàr bu mhòr glòir.
'Thug do dh 'Alb' &c.

Clann-Ghilleain a shinnsreadh,
Cinneadh àrdanach, rìoghail,
Dha 'm biodh brataichean riomhach de 'n t-sròl.
Dha 'm biodh &c.

Sin an dream a bha cliùiteach,
'S nach bu tais gu toirt cùis diubh :
Gu 'n robh Dubhairt car ùin' ac' an còir.
Gu 'n robh Dubhairt &c.

Tha e dùbailt' 'an càirdeas
Ris na fir tha mi 'g ràitinn,
A bhiodh cruadalach, dàna 's an tòir.
A bhiodh cruadalach, &c.

'S tha e dìleas r 'a sheanachas
Do Loch-Iall 's do Chlann-Chamshroin
Buidheann Abrach tha calm' air gach dòigh.
Buidheann Abrach, &c.

'S gu 'n do rinn iad sinn fhiachainn
'N uair 'bha 'n rioghachd s' ga riasladh ;
Sheas iad Eòbhan trì bliadhn' agus còrr.
Sheas iad Eòbhan, &c.

Tha e ionnsaichte, fiosrach,
Tha e caoimhneil, làn misnich ;
Cha 'n 'eil aon dad a's misd e ga chòir.
Cha 'n 'eil aon &c.

Cha 'n 'eil gainne no crine ann,
Cha do chleachd e 'bhi miodhair
An àm suidhe no dìolaidh mu 'n bhòrd.
An àm suidhe, &c.

'S e sin cridhe na féille ;
Bha mi tacan an dé leis ;
'S gur-a math leam deadh-sgeul air r'a bheò.
'S gur-a math, &c.

Sgeula b' aite leam a chluinntinn
E bhi socrach 's an tìr so
Gus an rachadh a stìpinn ni's mò.
Gus an rachadh, &c.

'S gu 'm bu mhath leam an déigh sin
E bhi pòsda ri céile,
'N té bu mhiannach leis fhéin ge b'i òigh.
'N té bu mhiannach, &c.

DUANAG DO CHAILEIG BHIG.

Rinneadh an duanag so do Mhòir Nic-Gilleain, nighean Dhòmhnuill chùbair, bràthair a' Bhàird.

Cha robh innte ach caileag mu dheich bliadhna'dh' aois.   Bha i 'fuireach an àite seanar, athair a' Bhàird.

Gur h-e mise tha fo phràmh,
Tha mi muladach gach là,
'S Ailean, mac a' chlachair bhàin
    An dràsd a tigh 'n ga d' phòsadh.

Gur h-i Mòr a' mhaighdean ghrinn ;
Cas a's deise 'theid troimh 'n ruidhl';
'S lionmhor fear a th 'ort an tì
    Bho 'n rinn mi fhìn dhuit brògan,

'N uair théid Ailean ann ad dhàil
Cha bhi easbhuidh ort, a ghràidh,
Gheibh sibh craoit anns a' Phort-Bhàn,
    No àit ann an cùil-Bhòtai.

'N uair a rèiticheas tu, 'rùin
Théid do sheanair leat do'n bhùth,
'S cha bhi caomhn' aig air na crùin,
    Bheir e gùn 'us còt' dhuit.

Mor.—A cheud uair 'chunnaic mi e
'S ann a bha sinn aig a bhàl ;
'S mòr a thug mi dha de ghràdh,
   'S cha chluinneadh càch ar còmhradh.

Ailean.—Thug mi 'Mhòir an gaol tha buan,
'S mi nach caochail rithe 'n gruaim ;
'S binn r'a éisdeachd guth mo luaidh
   'N uair bhios i 'lu'adh nan clòithean.

AN GAIDHEAL AM MEASG NAN GALL.

Rinneadh an t-òran so do dh' Aonghas Mac-Néill, gille 'mhuinntir Bharra. Bha e 'na sgalag aig Ailean Mac-Gilleain athair' a' Bhàird ré dha no trì de bhliadhnaichean. Dh 'fhàg e Ailean is chaidh e do 'n Ghalltachd a dh'ionnsaidh na buana. 'N uair a thill e air ais do Thireadh thòisich e air iarraidh air a' Bhàrd òran a sgrìobhadh dha air leannan a bh' aige ann an Cana. Chaidh an t-òran a dheanamh, ach cha do phòs Aonghas Catriona NicLeòid. Thréig e i airson seann mhaighdinn leis an d' fhuair e beagan airgid.

L u i n n e a g .

Och, o, a rùin gur-a tu th 'air m' aire,
Och, o, a ghaoil gur-a tu th 'aire m' aire
Gur tu mo rùn 's gur-a tu th 'air m' aire,
'S gur h-e do shùgradh tha tigh 'nn fainear
   dhomh.

Cha togar fonn leam ach trom air m 'aineoil,
Cha dean mi òran 's an dòigh bu mhath leam ;
Gur mi bha gòrach 'n uair 'thug mi 'n gealladh
Do 'n nionaig òig a tha 'chòmhnuidh 'n Cana.

Gur h-ann le àilgheas a dh' fhàg mi 'm fearann
'S an deachaidh m'àrach 'n uair 'bha mi 'm
    leanabh,
'S mi 'n dùil gu 'n deanainn am bliadhna 'dh
    'earras,
Na cheannaicheadh lìon dhomh gu iasgach Ear-
    raich.

Gur mi 'bha stàtail m' an d 'fhàg mi Ailean
A togail ghàradh 's a càradh bhealach,
Ach b' fheàrr 'bhi ann airneo 's meallt' mo
    bharail.
Na 'bhi 's an àm s' ann an taing nan Gallaibh.

Cha ghabhainn tuarasdal bhuaithe 'm sgalag
Ach tigh 'nn do 'n Ghalltachd a shealltainn chail-
    eag.
'N uair ni gach té dhiubh am Beurla m' fharraid
Their mis' an Gàidhlig gu 'n d' fhàg mi Barra.

Cha 'n 'eil e còrdadh rium seòl an arain,
'Bhi falbh Di-dòmhnaich 's a giùlan eallaich ;
'S nach faighinn fàrdach no àite 'm fanainn
Ach sabhal fàs air neo stàbull ghearran.

'N uair 'ni sinn gluasad Di-luain do 'n bhaile,
Bidh bodaich Ghallt' ann an geall ar mealladh ;
Cha tuig mi 'n nàdar le 'n cànain Ghallaich ;
Tha mise dall 's gun an cainnt am theangaidh.

Thoir soraidh bhuamsa thar cuan gu m' leannan
'Us innsibh fhéin dh' i gu bheil mi fallain ;
Gu bheil mi 'n drast ann an *Ca'der parish*,
'S gu 'n deachaidh 'Ghàidhlig á àite seallaidh.

Is tu, Chatriona, 'tha tigh 'nn air m 'aire,
'S cha 'n e do stòras a rinn mo mhealladh ;
Ach thu 'bhi bòidheach gun bhòsd gun bhar-
    rachd,
De 'n fhine mhòr, o Mhac-Leòid na h-Earadh.

IAIN 'SA BHANA-MHAIGHSTIR.

Chaidh am Bàrd uair a cheannach leathraich bho
Iain Mac-Fàidein, fear-cartaidh-leathraich, an Tir-
ithe, ach cha robh iad a còrdadh mu 'n phrìs le
deanadas bean Iain.   Bhiodh i sparradh a teanga
far nach bu chòir d' i.

Luinneag.

O seinnibh gu h-eutrom, gu h-aighearach, éibhinn,
Air cliù an fhir fhéille a's ceutaiche gnàths ;
'S na fàgaibh a chéile gun innse mu déibhinn ;
'S i féin a bhean bheusach, 's gur feumail i dha.

Chaidh mise o 'n bhaile a shealltainn mo charaid,
'S gu leathar a cheannach o 'n fhear tha mi 'g
  ràdh.
'N uair 'chaidh mi 'na sheanachas a dheanamh ris
  bargain
A mach thug mi 'n t-airgiod 'us thairg mi e dha.

A bhean thuirt le greann oirr', ged gheibheadh
  tu bonn air
Cha phàigh e an call 'th'agad ann mar-a tha.
Sin craicionn a' ghamhna 'fhuair bàs anns an t-
  sàmhradh
'S a chairt thu le eubhuin* mu 'n d' thionndadh
  am blàths.

Nach biodh e dhuit neònach a sheachnadh le
  gòraich
'S do phiuthar gun bhrògan air reòtachd an làir,
Na toir e dha 'm bliadhna gun ochd-sgillin-diag
  air ;
Bheir esan as riaghailt, 's gu 'n dean e dha stà.

Ged 's tusa 'bhios daonnan a' cartadh 's ag aoladh
Gach craicinn is laoicinn 'bheir daoine do 'n àit,
Is mis' tha 'nam chlèireach a sgrìobhadh 's a
  leughadh
'S a chunntadh ri chéile, 's gur feumail mi
  'ghnàth

---

* Eubhuin is a root found on Kennavarra Hill in Tiree,
growing in long strings above ground, with a blue flower.
It is used for tanning fishing nets and lines, when oak
bark cannot be obtained.

'N uair fhuair e bho 'chéile, an t-ordagh 'bha feu-
    mail
Thuirt Iain, cha bhreugan a dh' éisd thu bho 'm
    ghràdh,
Ged 's ainmeil a bhuannachd cha 'n 'eil i ach
    suarach,
Tha mòran 'dol bhuam di an tuarasdal chàich.

Cha 'n urrainn mi innse gach nì 'tha cur prìs air,
Bu tric 'bha mi sgìth mu 'n do mhìnich mi e.
Bu ghoirt bha mo dhriom deth ga cheangal le
    siomain
'S ga tharruing le dìchioll, a dìgibh dubh,
    grannd.

Bu draghail an ni dhomh 'bhi 'siubhal tràigh
    Chrionaig
'Toirt shligean a nios aisd, le ìnean mo làmh
'S bu chosdail gu cinnteach an losgadh gu grìos-
    aich
'S an toirt gu aol brìoghmhor, geal, mìn air an
    làr.

A mhòin' anns an fhearann cha 'n fhaigh mi r'a
    ceannach,
Tha againn ri tarruing, 's tha 'm faradh fior-àrd,
'S a' chairt, tha i prìseil ge pailt i 'san rioghachd,
'S tha cusbunn an rìgh oirre 'mhiodachadh màil.

Cha b' ann le bhi diomhain a dh' fhàg mi cho
    mìn e :
Ga spionadh 's ga sgrìobadh bu sgìth bha mo
    làmh.
Nis chì thu le fìrinn gur fiach na tha dhìth ort
Gach bonn a chaidh innse le m' mhnaoi mar-a
    tha.

Bho 'n bha mi nam éiginn gu 'm b' fheudar
    dhomh géilleadh
Do dh' Iain 's da chléireach, bean bheusach an
    àidh;
Cha cheannaich mi 'n còrr bhuap, cha bhi mi
    cho gòrach,
'S ann théid mi do 'n Oban, 's e moran a's feàrr.

O Iain 's tu 'n truaghan ; air thaod tha thu
    'gluasad
An déigh na té buaireanta 'fhuair thu air làimh :
Do thriubhas mhath chlòtha thoir dh' ise mar
    chòmhdach
'S cuir umad a còta-s' mar 's còir dhuit gun dàil.

AIRIDH A' CHAOLAIS.

Rinneadh an t-òrain so do cheathrar bhuachaill-
ean anns a' Chaolas, an Tirithe a bha 'togail àiridh
agus a deanamh dearmaid air an obair.

Luinneag.—Balach na h-aimhreite, ho ró,
Mac an fhir Ghallta, ho ro éile
'Thàinig le anntlachd, hu ru bhi ó
'S 'chuireadh na glinn o riaghailt
oirnn.

Le sunnd chuir an t-àrmunn
A thàinig do 'n bhaile
A suas àite sùgraidh
Air chùlthaobh a' bharra,
'S cha 'n fhaicear air cùram
'S a chùl ris an stalla:
Bidh poit agus bùl aig'
'S gur dlùth 'ni e 'gharadh.

'N uair 'shuidhich e 'm bonn
Aig taigh fonnmhor na caithreim
Gu 'n ghlaodh e a nuas
Air a bhuachail' aig Ailean,
'N uair thàinig e làmh-ris
Gu blàth thuirt e, "'Charaid,
Ma gheibh thu na lànain
Gur pàirt iad mu 'n talla."

A nuas thàinig Bloinigean
Gu stoirmeil 'nan caramh,
Is thubhairt e, 's àlainn
An àiridh 'bhios agaibh.

Gu dearbh bidh i bonn
Bidh i trom air 'ur sporain
Mu 'n cuir sibh air dòigh i
'S i stòiri fo 'n talamh.

Na dhéigh thàinig Iain,
'S bu chridheil am fear e,
'S thubhairt e, "'S ceutach
Tha 'n stéidh air a' gearradh:
Bheir mise dhuibh còmhnadh,
B 'e 'n sòlas 'bhi mar-ribh ;
'S bidh againn an àiridh
A's feàrr tha 's an fhearann."

'S na craoitean so shuas
Tha na buachaillean ro-mhath :
'S ann aca tha 'n àiridh
Tha 'n àite math seallaidh;
Tha chlachaireachd làidir
'S gur h-àlainn a tarruing,
Rinn Donnachadh an càrbhadh
'S Iain Camshron an spalladh.

'S ann aca tha 'n eàrnais,
Ni 's feàrr tha gle-ainneamh !
Tha còrn airson càis' aca
'Bhlàiteachadh baine ;
Tha gloine mar sgàthan
An càramh 's a' bhalla,
'S tha cairteal a ghàraidh
Gu h-àrd air na sparraibh.

'S iad féin na fir éibhinn,
Gun éislean, gun ghalair;
Tha sgil aca air eublach
Air leum 's air cur char dhiubh,
Gur tric a bhios uaislean
Air chuairt leis na gallain,
'S gur h-iomadh té bhòidheach
'Tha 'n tòir air gach fear dhiubh.

Na creidibh gach nì
A théid ìnnse 's a' bhaile
Mu dhéibhinn nam buachaillean
Luath-chasach, meara,
A pheasair cha spion iad
A nios ás an talamh,
'S cha leig iad an fheudail
Aon cheum as an sealladh.

MOLADH DHOMHNUILL MHIC-UAL-RAIG.

Bha Dòmhnull Mac-Ualraig na thàillear agus na
fhìdhleir. Bha e cruaidh agus mòr ás féin. Thach-
air e air a' Bhàrd latha 'san taigh-òsda, agus thòisich
e air iarraidh air òran molaidh a dheanamh dha, a
gealltainn duais dha air a shon. B' ann a mhuinn-
tir Chola an tàillear. Cha robh e aon chuid cho
beairteach no cho bochd 's a tha 'n t-òran ag ràdh.

B' ann a mhuinntir Thireadh Teàrlach Mac-
Ceòraidh. Cha robh ann ach fìdhleir bochd.
Chaochail e bho cheann cóig bliadhna, an siorra-
machd Bhruce, an Ontario.

FONN.—" *Mo rùn geal, og.*"

Thoir mo shoraidh le dùrachd
A null thar an t-sàile
'S dean a h-aiseag le cùram
A dh' ionnsaidh an tàillear.
Gur h-e Dòmhnull Mac-Ualraig
Am fleasgach suairc 'tha mi 'g ràitinn
'S mòr de cheanal 's de dh' uaisle
Am fear do ghluasad 's do nàdair.
            Mo rùn geal, og.

Gu 'n do dh' aithnich mi-fhin sud
Mu 'n do thill mi Di-màirt bhuait ;
Le làn-dearbhadh 's le fìrinn
Dh' fhaodainn inns' air fear d' àbhuist
Nach bu sgrubaire crion thu
Ri dhol sgriob do 'n taigh-thàirne
Ach gu fiughantach cosgail,
'S cha bu bhrosgal dhomh 'ghràitinn

Mur-a h-abair mi breugan
B' e do bheus anns gach àite,
'N uair a bhiodh tu 's taigh-òsda
'S tu ri òl nan deoch-slàinte
Nach bu ni leat an stòpan
Air a' bhòrd a bhi' d' làthair
Ach na botail air sgòrnan,
'S dheantadh mòran diubh 'thràghadh.

Air a mheud 's ga 'm biodh comhl' riut
De luchd-eòlais 's de chàirdean
'S tu nach rachadh a dh 'fheòraich,
An àm còrdaidh, mu 'n phàigheadh :
Rachadh làmh ann ad phòca
'S chuirte an t-òr air a' chlàr leat,
Cha do dh' iarr thu riamh mùthadh,
'S ann a chunntadh tu slàn e.

'S beag an t-ioghnadh a' mhòr-chuis
A bhi 'd phòraibh a' gluasad ;
Tha thu 'shliochd nam fear cliùiteach
'Bheireadh cùis de 'n luchd-fuatha:
Bha iad cruadalach sgairteil
'N àm nan glas-lann a bhualadh,
'S cha bu tais iad le 'n dòrnaibh
'N uair a thòisicheadh tuasaid.

Tha thu 'shliochd nam fear mòra
Ri àm feòraich nach suarach ;
'Bheireadh creach as na cròithean,
'S chuireadh tòir air na buailtean;
Tha do shloinneadh r'a inns' leinn
De dh' fhior chlann Mhic-Ualraig :
Bho Ghleann Garaidh 's bho Lòchaidh
Thigeadh connspuinn a' chruadail.

C' àite 'bheil e r'a innse,
Fear do ghnìomh ann an Albainn ;
Tha thu teòm' air gach oilean,
'S mòr do chomasan eanchainn:

'S iomadh nì 'tha 'toirt meas ort
Nach bi mise toirt ainm air
Mu 'n saoil cuid de m' luchd-éisdeachd
Gur h-e breugan tha 'm sheanachas.

Tha thu d' dhamhsair air ùrlar
'Choisinn cliù am measg Ghàidheal,
'N uair a chaidh thu 'Dhunéideann,
Bha luchd-Beurla fo thàmailt.
Thàinig fios ort am bliadhna
Dhol ga d' fhiachainn do 'n bhàl ann;
Thug sin onair do 'n Diùchda
Is do 'n dùthaich a dh' fhàg thu.

Bu leat urram a rithist
Air an fhiodhuill a ghleusadh.
'N uair a ghlacadh tu d' làimh i
Cha bhiodh càch ach mar bheus dhuit;
Cha do dh' amais aon riamh ort
A rinn d' fheuchainn 's a' cheum sin
Ach Mac-Ceòraidh a' ghrinneis,
'S e bu bhinne ceòl-éisdeachd.

Thuirt na h-uaislean 'bha làthàir
Aig a bhàl ruibh ag éisdeachd,
'S mòr am meas iad do 'n àite
'N deach an àrach le chéile;
Cha 'n 'eil coimeas do Theàrlach
Fhad 's a bha sinn no théid sinn,
Thug e barrachd air Hòmer
Ged bu bhòsdail 's a' Ghréig e.

Ged fhuair Teàrlach an t-urram
Thar gach duin' air ceòl éisdeachd
Cha bu choimeas e 'Dhòmhnull
Ann am fòghlum 'na dhéigh sin;
Tha gach grinneas ad inntinn,
Tha thu finealta gleusda :
Gur mi fhéin 'bha ort eòlach
Bho na b' òg sinn le chéile.

Bu tu tàillear nan uaislean ;
Gur tu dh' fhuaidheadh gu finealt',
Is gu fasanta spòrsail,
'S cha bu chlòithean bu nì leat;
Gur h-e deiseachan Gallta,
'S tu cur tholl leis an t-sioda
A bhios agad fo d' mheuran ;
'S bidh iad deante gu rìomhach.

Gu 'n robh tighearn na h-àirde
Dhomh gu h-àraidh ag ìnnse
Gur tu 'dheanadh dha 'n còta,
'S ro-mhath 'chòrdadh r'a inntinn,
Gun bhi cumhann no farsuinn
Ach a phearsa ga lionadh ;
'S 'mur a ruigeadh e'n cruachan,
Rachadh cuairt ris gu h-iosal.

Bu tu sgiobair na mara
Ri là greannach, 'g a fuairead !
'S tu nach leughadh an giorag
Is nach tilleadh gun fhuathas.

Cha do 'sheasamh e'm bàta
'Bheireadh bàrr air a' chuan ort ;
Eadar Eirinn is Albainn
'S tric a dhearbh thu do chruadal.

'S tric a sheòl thu á Lunnain,
Bhiodh long ghunnach o'n rìgh leat :
'S lionmhor turas air bhuannachd
'Thug thu bhuainn do na h-Innsean.
Bu tu 'm marsanta cliùiteach
Gheibhteadh cùnnradh 's gach nì bhuait ⁚
'S ann ad bhùthaibh le chéile
Bhiodh na cléirich a' sgrìobhadh.

Bu tu 'n giomanach gunna
'Bheireadh fuil air an ruadh-bhoc,
'S iomadh fiadh fo do bhuille
'Thuit air uilinn nam fuar-bheann.
Bu tu nàmhaid a' choilich
'S moch a ghoireadh 's na bruachan ;
Is na cearcaige duinne
'Bheireadh gur as an luachair.

Bu tu dròbhair nam mart
A dheanadh ceartas is pàigheadh,
'N uair a thigeadh tu 'n dùthaich
Bheirteadh cunnradh is dàil dhuit.
'S iomadh uan 'thug thu 'Dhùini,
'S iomadh crùn 'thug thu 'n àit' so :—
'S ann air monadh Dhun-Breatuinn
'Fhuair thu 'm bristeadh nach b' fheàird thu.

Gur-a mis' tha fo mhulad,
'S mi nach urrainn sin àicheadh,
'S iad ag innse mar sgial dhomh
Gu 'n do liath thu, 's cha nàr dhuit,
Bho na striochd thu aig baile
'Dheanamh arain le d' shnàthaid :—
Tha nis crioch air gach gnothach
A bha roimhe so 'd làmhan.

'S beag a shaoil leam gu 'm faicinn
Fear cho beairteach 'sa bha thu
Falbh le pochd' air a shlinnein
Beagan mine is càis ann
'Dol a dh' ionnsaidh na buana,
Och mo thruaighe do chàradh.—
Gu 'm bu trom ort bhi laidhe
Ann an sabhall no 'n stàbull.

Tha mi cinnteach, a dhaoine
Gu 'm bi 'n t-saothair so pàighte
'N uair a chi mi na h-uaislean
Dòmhnull Mac-Ualraig is Teàrlach,
Gheibh mi gloin' air muin gloine
De dhibh shoilleir nan Gàidheal.—
'S gu bheil fios aig na h-eòlaich
Nach h-e sgleò 'bha mi 'g ràitinn.

CALL NA CAILIN.

Chaidh Niall Mac-Gilleain, "am maor Bàn;" Lachainn Dòmhnullach, mac Dhòmhnuill mhic Chaluim; agus Niall Dòmhnullach, mac Sheumais mhic Chaluim, triùir dhaoine a mhuinntir Thirithe, air ghnothach do dh' Ile. 'N uair a bha iad a tighinn dachaidh chaidh an call aig na Suacain an Tirithe. B'e *A' Chailin* ainm a' bhàta aca.

'S ann Di-Sathairne 'chualas
Sgeul bu chruaidh a bhi fior,
Gu 'n do chailleadh na daoine
Dh 'fhàg an Caolas bhuainn fhìn,
Dh 'fhalbh 's a' mhaduinn Di-dòmhnaich
Fo àrd-sheòl ás an tìr,—
Ged-a thill sibh gu còrsa
Gu 'm bu bhrònach sud dhuinn.

Ged-a thill sibh g' ar n-ionnsaidh
Ann an ùine ro-gheàrr,
Ann an àite toil-inntinn
Bha sinn lìonte le cràdh.
Chaidh 'ur call aig na Suacain
Anns na stuadhan gun bhàigh ;
'S cha b'e gainnead 'ur n-eòlais
'Chuir fo sheòl sibh do 'n àit'.

Gur h-e 'n oidhche 'bhi dorcha
Is an stoirm a bhi àrd
'Chuir ' a' Chailin ' 'g an ionnsaidh
Ann an tùs a' mhuir-tràigh',—

Gu 'm bu chruaidh leam 'ur glaodhaich
'N uair a sgaoil i 'na clàir,
'S nach robh duine 'g 'ur n-éisdeachd
Dheanadh feum dhuibh 'n 'ur càs.

Och, a Sheumais 's a Dhòmhnuill,
'S goirt leam dòruinn 'ur crìdh ;
Fhuair sibh greadan am bliadhna
'Rinn 'ur liathadh roimh 'n tìm.
Thugadh bhuaibh na fir chalma
Nach robh cearbach air gnìomh,
Bu deadh-sgiobairean fairg' iad
'S tric a dhearbh iad gu 'm b' fhìor.

Tha do mhàthair trom, tùrsach,
'S i 'g ad ionndrainn, a Nèill,
'S beag an t-ioghnadh dhi fhéin sin,
Chaill i h-éibhneas gu bràth.
Com na ciataibh gun bhruaillean
Anns gach gluasad a b' fheàrr.
Cha robh coire ort r 'a faotuinn
Ach do shaoghal 'bhi geàrr.

'S trom 'tha 'n sac s' oirre air drùghadh,
Tha i brùite gu leòir,
'S i ri smaointinn mar bha thu
Ann an sàs 's gun i d' chòir,
'S truagh leam d' athair 's do bhràithrean
A cur aisig air seòl
'Dhol g' ad iarraidh le sgriobain,
'S tu 'n ad shìneadh 'san ròd. *

---

* Ròd, sea-weed.

Tha do chéile na h-ònrachd,
'S tric na deòir air a gruaidh,
Gu 'm b' e 'm mi-fhortan mòr dhi
Nach robh 'm pòsadh ud buan.
Thug i gaol dhuit an toiseach
'S cha do choisinn thu fuath,
Na am faigheadh i h-òrdagh
Bhiodh i còmhl' riut 's a chuan.

Gu bheil Fionghal nighean Iain
Tric a snidheadh gu trom ;
Cha 'n i cheud chreach a leòn i,
Ged bu mhòr i 's an àm ;
Ach 'bhi cuimhneachadh Lachainn
'Bhi fo shlachdraich nan tonn,
'S i gun mhac aic' na d' àite,
'S bochd a làrach 's i lom.

Tha do pheathraichean deurach,
'S iad fo éislean gach là ;
Chaill iad ceannard na riaghailt,
Làmh a dheanadh dhaibh stàth.
Bho nach tàinig thu dhachaidh
Bidh an aitreabh gun àird ;
'S e do 'thàmh anns an fheamainn
Cùis an gearain 's an cràidh.

Bho na rinneadh do mhilleadh,
'S tu air iomain nan stuadh
'S bochd am moch-éiridh mhaduinn
Air a' chladach lom, fhuar,

’S iad ’g ad iarraidh gu d’ chàradh
Ann an sàmhchair na h-uaigh’.—
’S aobhar bròin iad r’ am faicinn,
’S an cùl-taic’ aca bhuap’.

Leam is duilich r’a innse
Nach do thill thu, ’Nèill Bhàin,
Mar-a dh’iarramaid d’ fhaicinn,
Bho Phort-Asgaig le d’ bhàt’.
Chaill an tuath am fear-comhairle
Anns gach gnothach a b’ fheàrr;
Fhuair iad clisgeadh gun fhios dhaibh
’Thug am misneach gu làr.

’S math a ghleidh thu do phosda
Cha do choisinn thu diumb;
Bha thu measail aig uaislean,
’S chuir an tuath annad ùidh,
Cha bhiodh d’ fhacal ’g an diteadh
No cur ’sios air an cùl,
Aig gach duine bha gaol ort,
Bu tu ’m maor a b’ fheàrr cliù.

Làmh bu ghrinn air an sgriobhadh,
Bhiodh e cinnteach bho d’ mheòir.
Cha bhiodh mearachd ad chunntas,
’S tu nach mùchadh a’ chòir.
Bha thu léirsinneach, fiosrach
Bha thu tuigseach, gun phròis.—
B’ aobhar mulaid do ’n àite
Thu bhi bàite ’s an ròd.

Bu tu cridhe na fèile
Nach tug spéis do bhi crìon,
'Fhir a b' àluinne cumachd
Bho do mhullach gu d' bhuinn,
'N uair a chruinnich do chàirdean
'Dhol ga d' chàradh 's a' chill,
'S iad a dh' fhaodadh a ghràitinn
Gu 'm bu bheàrn thu 'g an dìth.

Taing do 'n Tì sin tha cumail
Stiùir na cruinne 'na dhòrn,
'S a thug leis ás an t-saoghal so
Na daoine ud le còir,
Gu 'n do thilg e gu cladach
An cuirp gheal' as an ròd,—
'Sguir an càirdean 'g an iasgach,
Fhuair iad riarachadh mòr.

Neil M'Lean and those with him were drowned in
March, 1809. Mr. M'Lean had gone to Islay for
Macintosh, the receiver of wreck, a ship with a cargo
of linseed having been cast ashore in Tiree.

BARDACHD ALASTAIR MHIC-ION-MHUINN.

Goirid an déigh bàis Mhic-Ionmhuinne fhuair
am Bàrd sealladh bho 'bhantraich de na h-òrain a
dh' fhàg e sgrìobhte. Chòrd iad ris gu h-anabar-
rach math airson doimhneachd an cainnte, agus
airson an t-snas leis a bheil iad air an cur r'a chéile.

Co an neach aig am biodh tuigse do bhàrdachd
ris nach cordadh orain Mhic-Ionmhuinne? Tha e
duilich a leithid de bhàrdachd fhaighinn. 'S gann
gu bheil Oisean e féin air thoiseach air ann an toirt
iomraidh air blàr. Chaochail e 's a' bliadhna 1814.

Fonn.—"*Gur a muladach sgìth mi.*"

Fhuair mi sealladh Di-luain
A dhuisg mo spiorad gu gluasad ;—
Leugh mi dàin a' bhàird luachmhoir nach beò.
　　Fhuair mi sealladh &c.

Ged nach faca mi riamh thu
Tha mi 'g ionndrainn gu'n thriall thu,
Fhir bu chomasaich' briathran 'us glòir.

Ghabh mi beachd air do sheanachas
Mar a chinn e bho d' eanachainn ;
Dh 'fhàg thu sgrìobht 'e gun dearmad bho d'
　　mheòir.

Tha do shaothair mar dh' earbainn
Ann an òrdagh gun iomrall ;
Cha 'n fhaigh bàird oirre cearbaich no sgòd.

Thug a' cheòlraidh le spéis dhuit
Gach buaidh inntinn 'bha feumail
A chur calaidh gu ceutach air dòigh.

Thug iad gibht dhuit an uaigneas
Nach toir innleachd a nuas oirnn,
'S nach dean fòghlum a bhuannachd ni 's mò.

'S mòr an tlachd a bh' aig uaislean
Dhiot nan comunn air uairibh ;
'S lionmhor cuireadh a fhuair thu gu 'm bòrd.

Bhiodh na h-òrain bu ghrinne
Sunndach, fonnmhor, le binneas
'Tigh'nn gu pongail bho bhilibh do bheòil.

'S tric a thug thu dhaibh sgeula
Mu na blàir 'bha 's an Eiphit
'S cha bhiodh mearachd no breug ann no sgleò.

Bu tu saighdear a' chruadail
Ri uchd tein' agus luaidhe ;
'S iomadh cath anns na bhuannaich thu leòn.

C' àit' an cualas ach ainmig
Riamh 's na cearnaibh so dh' Albainn
Aon thug bàrr ort 'chur seanachais air dòigh.

'S mòr an dìleab a dh' fhàg thu
Na do dhéigh aig na Gàidheil,—
Dh' eug thu-féin ach do dhàin mairidh beò.

CUMHA

Do Dhonnachadh Mac-Aonghais, á Tireadh, a chaidh a mharbhadh anns an Olaint.

Tha 'n t-òran so air a dheanadh mar gu 'm b' ann le athair a' ghille.

FONN.—"*Gur h-e mise 'th 'air mo leónadh.*"

Gur h-e mise 'th 'air mo leònadh
Fhuair mi naigheachd 's bu bhrònach dhomh i,
Mar-a dh' éirich do'n òigear,
Chuir i saighdean le dòruinn 'am chrìdh'.
Thainig doille air mo lèirsinn
'N uair a chuala mi'n sgeula le cinnt,
Is cha dean mi car éibhinn,
Bidh am mulad 'gam theumadh leam fhìn.

'S beag an t-ioghnadh sin dhòmhsa
'Bhi fo mhulad an còmhnaidh 's mi sgìth.
Tha mi nis an am ònrachd
Mar bha Oisein, 's am bròn air mo chlaoidh;
'Caoidh an àilleagain bhòidhich
Dha 'n robh tuigse 'us eòlas le gniomh:—
Ge bochd mise ga d' àireamh
'S truaighe an té a rinn d' àrach air chìch.

Fhuair i reusan no dha
Air bhi éisleineach, fàilinneach, tinn
Cha 'n 'eil duine aice 'làthair
De 'cuid cloinne 'thoirt gàirdeachais d' i;

F

’Se so ’m buille bu chràitich’
’S i a’ smaointinn mar bha thu gun chlì
’Call na fala ’san àraich
’S tu cho fada bho d’ chàirdean ’s bho d’ thìr.

Mu ’n do thòisich am baiteal
’S tu a’ gluasad air astar bho ’n champ
’Dhol a dh’ ionnsaidh a’ chaisteil,
Cha robh smaointinnean gealtach ad cheann.
Bha thu ’gluasad neo-sgàthach,
Mar-a bhuineadh do Ghàidheal gun mheang,
A cur naimhdean fo shàiltean
Gus na thuit thu ’s a’ bhlàr ’s an robh ’n call.

’N uair a theann sibh ri séisdeadh
’Thoirt a’ bhaile gu géill d’ar comannd
Bha do spiorad ag éiridh,
Cha ni mhisneach a thréig no do lann.
’N uair a dhìrich thu ’m fàradh
Thàinig peileir bho d’ nàmhaid na dheann,
’Thug a dh’ ionnsaidh an làir thu,
’S gu ’m bu teachdaire bàis dhuit a bh’ ann.

’S bochd an leagadh a fhuair thu
Chuir e sinne ann an cruaidh-chas nach gann ;
’S truagh nach tàinig thu bhuaithe
Gun do ruighinn le luaidhe cho teann.
’S ann is coltach ri uain sinn
Bhiodh gun aodhair aig fuarain nam beann,
No ri dilleachdain shuarach
Aig am muime ’gam bualadh ’s iad fann.

Tha sinn uireasbhach cràiteach
Gun toilinntinn gun slàinte, gun neart ;
Cha tig feobhas gu bràth oirnn
Bho na bhuannaich am bàs ar cùl-taic'.
Bho Dhi-dòmhnaich na càisge
'S iomadh aon a tha cràiteach an aire ;
'S iomadh bean gun fhear-pòsda
'S iomadh màthair ri bròn mu 'cuid mac.

Chaidh sibh uile gu tapadh
Gus an nàmhaid a ghlacadh gun taing ;
Chuir sibh roimhibh, le 'r cruadal
Gu 'm biodh agaibh lan-bhuaidh air an Fhraing.
Sin an latha thug dìth oirbh,
Air dhuibh seasamh cho dìleas fo 'n chrann,
'Dh 'fhaotuinn onair do 'n rìoghachd ;
Gu 'n do rinneadh na mìltean a chall.

'S daor a phàigh sinn an onair
'Chaidh a bhuannachd 's a' choinneimh ud thall ;
'S e do bhàs 'bhi na comain
'Rinn ar fàgail mar choluinn gun cheann.
Feachd Righ Deòrsa fhuair urram
Mar-a b' àbhaist an cumasg nan lann,
Ach tha sinne gun sòlas
'S nach tig thusa bho 'n Olaint a nall.

Ged-a théid mi do 'n leaba
Cha tig buaireadh a' chadail am chòir
Ach a' smaointinn gu h-uaigneach
Air a' bhuille bho 'n d' fhuair thu do leòn ;

Bha d' fhuil chraobhach a' sileadh
'S i ri taosgadh air mhire 'feadh feòir,
Bha do spiorad gad dhìobradh
'S gun do leigheas an innleachd nam beò.

'N uair a chuala sinn iomradh
Gu 'n robh sith air a' gairm 's an Roinn-Eòrp',
Bha mi cinnteach gu 'n tilleadh
Tu g' ar-n ionnsaidh gun mhilleadh, gun leòn.
Nan do dh' fhuirich thu 'lathair,
'S tigh'nn gam shealltain, ged tha mi gun treòir,
Dh' fhàsainn aigeannach, aotrom,
Chuirinn cùl ris an aois 's bhithinn òg.

M' aobhar gearain is m' ionndrainn
Nach do thill thu gu d' dhùthaich a nall ;
'S ann an làraich na dunaich'
Bha thu d' shìneadh air d' uilinn gun chainnt.
'S e cho tric 's tha mi t' iargainn
'Chuir le cabhaig gu liathadh mo cheann,
'Chuir mo shùilean an doillead
'S a chuir m' astar am moillead gun fhonn.

So a' bhliadhna 'chuir às domh
Tha mi éisleineach airsneulach trom;
Dh' fhalbh mo shlàinte 's mo mhisneach,
Tha mo chridhe gu bristeadh am chom.
'S e 'bhi brònach a's dù dhomh
'S nach tig litir ga m' ionnsaidh o d' laimh.
Gur tric snighe le m' shùilean
'S tusa 'n leaba na h-ùrach gun srann.

CUMHA

Do Chailean Caimbeul, Tighearna Bhar-a'-mholaich agus Fear Bhaile-Phetris' an Tireadh.

Chaidh an duin' uasal so air ghnothach do dh' Inbhir-Aora. Anns a' bhaile sin bhuail galar a bhàis e, agus bha e marbh ann an ùine cheithir làithean.

FONN :—"*Chunnaic mise thu Ailein.*"

Thàinig naigheachd do 'n dùthaich
Nach bu shunndach r'a h-innse ;—
Tha mi smaointinn an còmhnaidh
Meud' a' bròin gun toilinntinn ;—
Sgeula bàis an duin' uasail
'Chaidh thar chuain bho cheann iniosa;
Leam is duilich e 'ghluasad
Air a' chuairt dheth nach till e.

'S iomadh aon a tha tùrsach
Bho na dhùineadh 's a' chill e,
Ann an ciste chaoil, chuimte,
Air a dlùthadh gu dionach.
Bho na chàradh 's an uaigh e
Ann an suain far nach cluinn e,
Gu bheil beàrn às na h-uaislean
'Tha mu 'n cuairt dhuinn 's an tìr so.

'S ann fo 'n fhòid ann am falach
Tha 'm fear ceanalta, cliùiteach,
Cridhe farsuinn na fialachd,
Làmh a riaraicheadh cùinneadh.

Bha e fiùghantach, cosgail,
Gun bhi gortach no cunntach,
Bha e measail gun mhòrchuis,
'S mòran eòlais 'na ghiùlan.

Cha do ghlac e 'na inntinn
'Bhi 'cur cruinn le bhi sanntach
'S gabhail brath air luchd-éiginn ;
Cha b' fhear geur-chuiseach teann e.
Bha e iochdmhor ri truaghain
'Thoirt dhoibh fuasglaidh à teanntachd
Bha e aoibheil ro-thaitneach
'S e nach altrumadh gamhlas.

Anns a' chùirt dheante gnìomh leis,
'S iomadh ni 'bha cur tlachd air,
Bha e faighidneach, eòlach,
Glic, 'us teom', agus smachdail.
Cha b' fhear fàbhair no fuath e
Ach a' gluasad 's a' cheartas,
Na fhìor-nàmhaid do 'n eucoir
'S e le céill a' cur casg oirr'.

'N Cill-a-Mhàrtuinn 'na laidhe
Tha fear an taigh' air a chòmhdach,
Aig an taoghaileadh luchd-rathaid,
'S dheanta am beatha le sòlas ;
'S aobhar mulaid d'a chàirdean
Gu 'n do chàireadh fo 'n fhòid e,
'S do na tighearnan Gàidhealach
Dha 'm b' àbhaist 'bhi còmhl' ris.

Bha mi leis anns a' bhàta
An là dh' fhàg e an tìr so,
'S gu 'm bu phailt bha gach seòrs'
Aig' air bòrd anns a ghnìomhaich.
Cha bhiodh duine 'bhiodh làmh-ris
Ann am fàilinn no 'n iotadh,
'S e toirt seachad gu saibhir
As an làimh bu ghlan sìneadh.

Gu 'm b' e sgiobair na mar' e,
'S a' ghaoth ghreannach a' sgìdeadh.
Cha bhiodh mearachd mu 'n stiùireadh
'S eithir shiùbhlach gu gleusta
Thar nan tonnan a' gluasad
Mar each luath 's e cur réise :
Bhiodh e furachail, cinnteach,
'S bhiodh gach nì mar a dh' fheumadh.

Bha e measail an Albainn
Agus ainmeil an Eirinn,
'S e cur casg air luchd-mi-rùn
Bha 's an tìr sin ag éiridh.
Gu 'm bu ghasda 'n ceann-armailt
An t-òg meanmnach nach géilleadh,—
Dha 'n robh pheursa dheas, dhealbhach,
Bhòidheach, chruinne-bhallach, eutrom.

Thigeadh culaidh a' Ghàidhcil
Air an àrmunn mar éideadh ;
Còta goirid de 'n sgàrlaid,
Osan geàrr agus féile.

Lann thana gheur stàilinn
Air cùl àlainn a shléisde.—
B'e sin coltas an t-saighdeir,
'Chuireadh sgaoim fo gach reubal.

'S ann toiseach an t-sàmhraidh,
'S be sin àm na toilinntinn,
'Thàinig fios gu 'n do phòs e
Ri mnaoi òig, mhaisich, fhìnealt',
Nighean fir Chill-a-Mhàrtuinn,
Bu cheum àrd e r'a dhìreadh :
Thagh e i 's cha bu chall da
As an dream a bha fiachail.

Aige féin bha bhean uasal,
'N uair a bhuannaich e Sìlis.
Tha i suairce na gluasad,
Tha i trucant' gun chrìne.
Gu 'm b'e 'mi-fhortan cruaidh dhi
Cho ro-luath 's a chaidh crìoch air.
Bho na chaidh e 'san anart
Thàinig smal air a h-inntinn.

Cha 'n 'eil éibhneas 'an còmhradh,
Cha 'n 'eil ceòl ann an teudan,
Cha 'n 'eil àilleachd am blàth dhi,
'S i gun mhànran a céile.
Gu 'm b'e 'n càs bhi 'ga fhaicinn,
'S e gun chlaisteachd gun léirsinn,
Air au eislinn na shìneadh
Agus cìs aig an eug air.

Bho na chaidh e 's an tulaich
Dh' fhàg am mulad i claoidhte,
'S nach robh aice de 'làithean
'Suas air ràidh' agus miosa,—
Nam biodh oighre na ionad
Bhiodh a chinneadh 's a dhìllsean
Taingeil, aighearach, éibhinn;
B'e sin sgeul na toilinntinn.

CUMHA DO DH' IAIN CAIMBEUL, AN SGAIRINNIS.

Bha 'n duine òg so na cheannaiche ann an Sgair-
innis an Tirithe.   Chaidh e le dròbh gu margadh
Dhùini.   As a sin chaidh e do Ghlaschu a cheannach
bathar.   Dh' fhàs e tinn ann an Grianaig 'se air an
t-slighe dhachaidh.   Bha e na chorp an ceann trì
làithean.

'S ann 's a' bhliadhna 1817 a chaochail Iain òg
Sgairinnis.

Fonn :—*" C'arson nach tòisichinn 'sa' champa"*

'S e 'n sgeul 'thàinig á Grianaig oirnn
Fàth m' iargainn 'us mo bhròin;
Gur tric a tighinn fo shnim dhomh e
Ga chuimhneachadh gach lò.
An t-òigear uasal sìobhalta
Bh' air chuairt 's an talamh ìosal so
Tha 'n diùgh gu ùir a' crìonadh
Ann an dìomhaireachd fo 'n fhòid.

Di-dòmhnaich dh' fhàg e Glaschu
Is e 'g astracadh gun leòn ;
Bha e gun bhròn, gun airsnealachd,
'S e làidir, bras 's gach dòigh.
Di-luain ghrad bhuail an acaid e,
Di-màirt bha 'm bàs an taice ris,
Di-ciadain chaidh a phasgadh
'S e gun chlaisteachd air a' bhòrd.

Is ann gun fhios dà chàirdean
A bha deuchainn ghàbhaidh 'n òig,
Cha robh a h-aon diubh làmh-ris
Gus a chàradh mar bu chòir,
Bha 'n t-eug a streup gu làidir ris,
Bha saighead gheur an sàs aig' ann,
'S aig crìch bha thìm 's an fhàsach so
Ri ùine gheàirr gu leòir.

Is muladach a mhàthair
Air a sàrachadh le bròn,
Is athair, cha 'n e 's feàrr tha dheth,
'S an cràdh an déigh a leòn,
A' smaointinn air an àilleagan
A dh' imich leis na bàtaichean
N uair 'ghluas e roimh Fhéill Màrtuinn
As a Ghàidhealtachd le 'dhròbh.

B'e so an geamhradh deurach
Thug sgrìob gheur orra bha lom,
A h-uile latha 'dh' éireas iad
Tha iad neo-éibhinn trom.

'Se dh' fhàg gun lùths gun léirsinn iad,
Gu 'n robh am fear nach tréigeadh iad
G'a phasgadh anns na léintean
Is gun aon diubh féin air teann.

'S ann fo na bùird 'na shìneadh
A tha 'm fear bu shìobhalt' cainnt,
An cridhe glan bha fìrinneach
Gun fhoill, gun ghiamh, gun mheang.
Tha 'phàrantan mar dhìlleachdain
'S am bròn an déigh an cìosnachadh
Tha 'n deòir a' ruith gu dian fhrasach,
Gach là nan cridh' tha toll.

Gur h-ann air tùs a' gheamhraidh
An déigh shamhna teann air mìos'
'Bha dùil aca 'bhi fàilteachadh
An àilleagain do 'n tìr.
Bu chruaidh am fios a ràinig iad
'S a' chiste chaoil gu'n d' chàradh e ;
Bha bròn an ionad gàirdeachais;
Bu chràiteach a bha 'n cridh.

Bidh cuimhn' ac' air a' bhliadhna so
'S iad iargainneach, gun fheum
Gu 'n d'fhuair iad mòran riasain
A bhi cianail ás a dhéigh.
Ged bhiodh iad òg gu'n liathadh iad
Ri caoidh an fhir a riaraich iad :
Gu 'n deach gach cùis bho riaghailt
Bho na thriall e gus an fhéill.

Tha 'bhùth an déigh a ghlasadh
Far 'm br chleachduinn leis a bhi,
'S a leabhraichean an tasgaidh ann
Bho làimh bu ghasda 'sgrìobh.
Bu ghrinn e-féin 'gan ceartachadh
'S bu shìobhalta r'a fhaicinn e :
Bu bhòidheach cuma pearsa
Do 'n fhear dheas bu sgairteil gnìomh.

Bu tùrail, eòlach, tapaidh e,
Bu bheachdail air gach nì ;
Bu chiallach, fialaidh, faicleach e
Le aoidh le 'tlachd 's le sìth
Nan deanadh daoine ceartas ris
Cha bhiodh e cruaidh nan airc orra
Bu mhath do thuath nam bailtean e,
Cha 'n fhaict' e 'gan cur sios.

Ach cha 'n 'eil stà bhi cuimhneachadh
'S a' caoidh na thugadh bhuainn ;
Cha 'n 'eil neach àrd no iosal ann
Nach téid ri tìm de 'n uaigh.
Dean deas, a Rìgh nan rìghrean sinn,
Gu dhol a stigh do 'n t-siorruidheachd,
Air sgàth na beatha phrìseil sin
Mar iobairt 'thugadh suas.

CUMHA

Do Mhr. Eamunn Mac-Cuinn, ministear Bharra.

FONN :—" *Caoir nam ban Muileach*,"

Thàinig sgeula bho Uibhist
'Mheudaich bròn do bhean chuibhir,
Chuir e 'sùilean gu snighe,
'S goirt a ràinig e 'cridhe ;
Bha a céile gun bhruidhinn
Air a' chàradh na uidhim ;
Ged nach b'ann airson tighinn 'na shlàinte.

Tha i muladach deurach
A sìor-chumha mu dhéibhinn :
Dh' fhalbh a h-aighear 's a h-éibhneas,
'S fear na misnich 's na céille
Air a phasgadh 's na léintean,
'S a làmh fhuar aig an eug air,
'S fir 'ga ghiùlan air spéicean gu 'bhàta.

Ann an ciste chaoil, chuimte,
'S i gu teann air a dlùthadh
Bha 'n duin' eireachdail, cliùiteach
'Dol 'na bhàta gu 'dhùthaich
'Chum a leigeal 's an tunga,
'Se an suain às nach dùisg e
Gus an gairmear gu cunntas sliochd Adhaimh.

B'e 'n cead muladach cianail
'Ghabh a bhean dheth Di-ciadainn.
Chaill i 'companach ciatach,
Am fear fiùghantach, fialaidh.
'S beag an t-ioghnadh i 'liathadh
'S i gu brònach 'ga iargainn
Bho na chuireadh 's an lion-eudach bhàis e.

Ann an leaba na h-ùrach
Fo na clàir air an dùnadh
Dh' fhàg i aobhar a h-ionndrainn,
'S i mar luing 'bhiodh gun chùrsa
Ruith air cladach gun *chrù* oirr',
Gun fhear-eòlais no stiùiridh,
'Chaill a combaist, a siùil 's a croinn àrda ;

No mar chraoibh air a rùsgadh
Bhiodh gun duilleach gun ùbhlan,
Ach gu glan air a spùineadh
'Us an stoc mar bu dù dha
A sior-chrionadh 'sa sùghadh
Ann an toiseach na dùbhlachd,
'S cha chuir Earrach no Lunasda! blàth oirr'.

'S ann mu thràthaibh na Bealltainn,
'N uair bha 'n saoghal a' sealltuinn
Maiseach, éibhinn neo-fhallsail,
Fhuair i 'n deuchainn 'bha teann oirr,
A dh' fhàg éisleanach fann i,
'Dh 'fhàg mar choluinn gun cheann i ;
Chaill gach lus agus crann dhi an àilleachd.

Tha i brònach ro-uaigneach,
Gun toilinntinn ri uaislean,
'S i gun chéile ri 'guallainn.
'Stric na deòir air a gruaidhean
'Caoidh an fhir nach robh gruamach.—
'S goirt an t-saighead a bhuail i
'N uair a thog iad air ghluasad bho thràigh e.

'S iomadh sùil a bha galach
'Se 'ga ghiùlan aig fearaibh
'Dhol 's a' chrùisle am falach.—
Be 'n duin' uasal r'a fharraid
Maighstir Eamunn á Barra,
Cha robh 'leithid ach ainneamh
Bho na dh' eug Maighstir Ailean a bhràthair.

Bha e taitneach 'na sheanachas,
Bha e measail ro-ainmeil,
Bha e foghainteach calma.—
'S gu 'm bu sgiobair air fairg e
Nach robh gealtach no leanabail
Mar is tric rinn e 'dhearbhadh,
'S e cho math 's a bha 'n Albainn mar shnàmh-
aich'.

Bha e misneachail meanmnach,
Bha e cumadail 'dealbhach,
Gu 'm bu churaidh gun chearb e
Dheanadh ceannard air armailt,
Ann an spionnadh 's an anfhadh,
Nan do chleachd e'n tùs aimsir
'Bhi ri sgathadh 'us marbhadh 's na blàraibh.

'S ann a shocraich e inntinn
'Dhol a leughadh a' Bhìobuill
'Us a liubhairt na fìrinn
Mar theachdaire cinnteach.—
'S iomadh comhairle dhìleas
'Thugadh seachad ri thìm leis
'Se ag innse mu 'n Tì sin 'thug gràdh dhuinn.

'S maith a dh' aithnich e'n saoghal
Fhad 's a bha e air faotuinn,
Bha e truacanta daonnach,
'Dheanamh feum 'bha e saoithreach,
Bha e iriosal aoidheil,
Aig gach duine bha gaol air
Gus na chuireadh 's a' chaol-leaba chlàr e.

Cha 'n 'eil stà dhuinn 'bhi tuireadh
'N fhir 'chaidh null air a thuras,
Thig am bàs air gach duine,
Cha dean fòghlum no urram
Neach a theàrnadh bho 'bhuille,—
Guidheam Teàrlach a dh' fhuireach
'Thoirt toilinntinn 'na mulad d'a mhàthair;

'Se bhi cruadalach, fearail,
Mar bu dual d'a o sheanair
'Choisinn buaidh air na Gallaibh,
A thug cùis dhiubh a dh' aindeoin,
'S a fhuair cliù do Mhac-Cailean
'N uair a thilg e chlach-challaich :—
Chuir e suas air an fhearann thar chàich i.

Faiceam àrd e an urram
Mar 'bha Còirneal na Sgurra
'Tha 'n diugh, aobhar mo mhulaid,
'Se na shìneadh air uilinn
Ann an seòmar nan uinneag,
'S ann a dh' fhalbh 'uainn gu buileach,
Sliochd Néill Bhàin a bha curanta dàicheil.

The Rev. Edmund MacQueen was married to Isabella, daughter of Charles Maclean of Scour, and sister of Gilleaspuig na Scurra. The Macleans of Scour were descended from Neil Bàn the founder of the house of Borreraig, the first branch of the family of Ardgour.

CUMHA

Do Ghilleasbuig Mac-Gilleain, Fear na Sgurra.

FONN:—*"Ged tha 'Cheapach na fàsach."*

'N diugh cha chluinnear ceòl-theudan
No gàire éibhinn 's an Sgùr ;
Laidh dubh-bhròn air na crìochan
A cheud mhìos de 'n bhliadhn' ùir.
Shéid an stoirm de na beannaibh ,
'S thuit an darag gun lùb ;
Tha 'n laoch ainmeil bu tlachdmhoire
'N déigh a thasgaidh 's an ùir.

'N uair a leagadh 's a chill e,
'S gun do dhion air ach bùird,
'S iomadh aon 'bha 'ga acain
Agus fras air an sùil.
Bha e measail 's gach àite,
Bha e àrd ann an cliù ;
Bha e uasal 'na nàdar,
Caoimhneil, bàigheil, gun tnù.

G

Tha na saighdearan calma
'S tric 'bha 'g earbsa na iùl
A sior-smaointinn mu chaoimhneas
'S iad gun aoibhneas, gun sùnnd.
Tha na bochdan am Muile
'S fiamh a' mhulaid 'nan gnùis ;
Tha na dìlleachdain duilich
'S Fear na Sgurra 's an ùir.

B'e sin curaidh cho ainmeil
'S a bha 'n Albainn r'a linn ;
'S òg a chaidh e thar fairge
'Dheanamh seirbhis do 'n Rìgh
Ged-a thill e gun mharbhadh
Dh' fhàgadh anmhunn e 's claoidht'
Le 'bhi daonnan an cunnart
'Bualadh bhuillean cho dian.

Ma thig cogadh as ùr oirnn
'S gu 'm bi 'n crùn ann an éis,
'S mòr an call e do 'n rìoghachd
Gu 'n do strìochd e do 'n eug.
Bha e ceannsgalach, smachdail,
Bha e sgairteil gu feum ;
Laoch gun tioma, gun athadh,
Ursann-chatha nan euchd.

C' àit' am fac' e air astar
Aon da 'm paisgeadh e 'lann ?
Co a sheasadh roimh 'n spionnadh
'Bha na shlinnein 's na làimh ?

Far am biodh e 's an iomairt
Cha 'n e mire 'bhiodh ann ;
Thigeadh trom-bhuillean basmhor
Bho na ghàirdean nach b' fhann.

Cha do dh' ionnsaich e gealtachd,
Cha bu chleachdadh d'a riamh
A bhi leughadh a ghioraig,
'S e nach tilleadh le fiamh.
A dol sios do na bhaiteal
Bhiodh a thaice deich ciad
De dh' fhir fhoghaintaech, ionnsaichte
De luchd-dùthcha, 's b' e 'mhiann.

An àm gluasad bho 'n champa
Bhiodh iad sauntach gu gniomh ;
Dhùisgeadh spiorad na h-Alb' annt'
'N uair a sheirmeadh a' phìob
Bhiodh an Còirneal air thoiseach
'S e 'g am brosnachadh 'sios ;
Ceum air adhart a b' ait leis
Ann an slachdraich na strì.

Chite deàrsadh an teine
'Cur am peileirean cian,
'S iad mar chuileanan òga,
No mar leòghainn gun bhiadh
Gus an cluinneadh iad facal
'Tigh'nn le spraic as a bhial
'Toirt dhaibh cead dol a shracadh
Leis na glas-lannan giar'.

Mar shruth doirbh leis na beannaibh
Do na gleannaibh a sios
Bhiodh an réis gu dlùth-chòmhrag,
Guineach, mòrail, gun fhiamh.
Chìte solus an stàilinn
'S iad a sàthadh gu dian ;
Bhiodh an nàimhdean air iomain,
Gun chead tilleadh, le 'n gnìomh.

Cha 'n 'eil beò air a chinneadh,
Ged tha iomad fear treun,
Leithid Coirneal na Sgurra
Ann an cumachd 's am meud ;
Bha e àrd ann an spiorad
'S ann an spionnadh d'a réir ;
Beachdail, misneachail, dàn,
'Us e 'toirt bàrr ann an céill.

Co ni 'n claidheamh a ghiùlan
Leis nach diùltadh e beum,
'Thoirt do dh' aon 'thigeadh dlùth air
Ann an cùisibh neo-réidh ?
Cha bhiodh cruadal air chall air
Ann an aimhreit no 'n streup
Cha do thachair gin thall ris
Air 'n do sheall e na dhéigh.

Co a b' urrainn làn-eachdraidh
'Thoirt mu thapadh an tréin,
Ach na fir a bha còmhl' ris
Anns na còmhragan geur ?

Dh' innseadh iadsan bho 'n eòlas
Nach 'eil sgleò ann am sgeul
Fear a choltais cha 'n fhac' iad
Air an astar gu léir.

Charles Maclean, a son of Maclean of Borcraig, a branch of the Ardgour family, settled in Tiree, and had several sons. Archibald became minister of Kilfinchan in Mull. Donald settled in Kilmoluaig. The Rev Archibald Maclean was married to a daughter of Campbell of Scamadale and had a large family. His eldest son, Charles, was married to Catherine, daughter of Maclean of Muck, and had by her the subject of the above elegy.

Gilleaspuig na Scurra was a mild and benevolent man. He was an officer of the most undaunted courage. He was noted for his immense strength. He was for some time in the 71st regiment. He was appointed Lieutenant Colonel of the 79th or Cameron Highlanders in 1801. He served in America, the West Indies, Holland, and Egypt. He retired from the army in 1807. He died in 1817. He was never married.

MARBH-RANN

Do Chòirneal Iain Camshron an Fhàsaidh Fhearna.

Latha dhomhs' air a' Chorpaich,
'S mi ri astar mu 'n cuairt ann,
Fhuair mi scalladh de sgrìobhadh
A chuir 'm inntinn gu gluasad ;
Cliù a' Chòirneleir phrìseil
'Tha na shìneadh fo 'n fhuar-lic,
B' aobhar uaill e do 'n rioghachd,
'S fhad 'bhios cuimhn' air a chruadal.

'S iomadh cridhe bha brònach
An strath-Lòchaidh 's mu 'n cuairt da
'N uair a chàireadh 's a' chill e
Anns an tìr bho 'n do ghluais e.
Ursann-chatha nam baiteal
'Fhuair a chleachdadh ri cruadal,
Fear na léirsinn 's an àraich
Bha fo 'n chlàr ann an uaigneas.

Anns na blàir cha do chleachd e
A bhi gealtach no luaineach,
'S e air ceann nam fear còdha,
Feachd a' Ghòrdanaich uasail.
Chìte fonn air ag éiridh
'S fuaim nan geur-lann mu 'n cuairt da
Fead nam peileirean millteach
Bhiodh mar bhinn-cheòl d'a chluasan.

Bha e àrdanach, beachdail,
Rioghail, reachdmhor, ro-mheanmnach.
'N aghaidh *Ney* us fhir bhrasa
Rinn e 'ghaisge a dhearbhadh.
Cha do dh' aom 's cha do lùb e,
Ged-a bhrùchd air an t-anabarr,
Sheas e daingeann, mar charraig
Roimh thuinn ghreannach na fairge.

Spiorad àrd an fhìor-Ghàidheil
Bha 's an àrmunn dheas fhearail.
Thàinig sin air mar dhìleib
Le còir chinntich gun cheannach.

Mar dhian-theine 'feadh asbhuain
Bhiodh e bras anns a' charraid,
'S tric a thugadh àrd-chliù dha
Leis an Diùchda mhòr, allail.

B'e an laoch e r'a fhaicinn
'Dol a ghleachd ris an nàmhaid
Air each aigeannach, fiadhaich
Roimh dheich ciad de na Gàidheil.—
Luchd nam féileachan cuaiche
Bho na fuar-bheannaibh àrda ;
Luchd nam brataichean buadhmhor
'S am biodh cluaran an fhàsaich.

'S iad a ghluaiseadh gu h-òrdail
'Sios do chòmhdhail nan sàr laoch ;
Bhiodh iad calma mar leòghainn,
'S iad làn fhòghluimt' ri làmhach.
Anns a' bhlàr bhiodh iad euchdach
Leis na geur-lannan sàthach ;
Bhiodh an nàimhdean a tuiteam,
Cha bhiodh furtachd o'n bhàs daibh

Ann am *Brussels* chaidh innseadh
Gu 'n robh 'n t-Iompaire mòrail
'Tigh'nn air aghaidh le miltean
'Chur fo chìs na Roinn-Eòrpa :
Leum an gaisgeach 'na éideadh
'Chur a threun-laoich an òrdagh,
'S anam uile na lasair
Gu bhi mach anns a' chòmhdhail.

'N uair a sgaoil e a shìoda
Gu 'dhol sìos mar-a b' àbhaist,
'S pìob nam feadannan siùbhlach
A' cur sunnd air a' phàirtidh,
Chuir e roimhe 'na inntinn
Gu 'm biodh sìth ac' an là sin ;
'S ged nach fac' e aig crìch i,
'S ann na ghnìomh nach robh fàilinn.

Bha na Frangaich na'n éigin,
'S iad a' géilleadh 's gach àite,
Bha na Gàidheil le iolach
'Dol 'g an iomain o'n àraich,
'N uair a thuit e o' dhìollaid,
'S a lann liobharra làmh-ris :
Bhrùchd a bheatha tròimh 'chreuchdan,
Chaidh a reubadh gu gàbhaidh.

Leughaibh eachdraidh nam Breat'nach,
Mar a ghleachd iad gun fhàilinn
Ann an Eiphit nan carragh,
'S thall am fearann nan Spàinneach,
'S gus na choisinn iad sìochaint,
'N uair a chiosnaich iad *Paris*,
'S chi 'ur sùil gur h-i 'n fhìrinn
Bha mi 'g innse nam dhàn dhuibh.

DEOCH-SLAINTE

Mhic 'Ic Alastair, Tighearna Ghlinne-Gairidh.

'N deoch s' air slàint' Alastair ghlinnich,
Sìol nan connspunn a bha fuileach,
Fuasgailteach, cruadalach, smiorail
'S nach gabhadh roimh nàmhaid iomain;
Chuireadh ruaig le buaidh 's a leanadh,
Cha b' e dhùthchas ceum an t-slinnein
'S lann thana na làimh an tarruing
D'a luchd-mi-rùin 'b aobhar gioraig
Ge b'e spionadh calg fo mhala,
Dhùisgeadh fhearg le meanmn na spiorad
'S bhiodh a cheann na dheann ri talamh
'S fhuil ga call mar allt a' sileadh.
'N uair a chàireas an laoch loinneil
'Suas am fraoch 's an t-aodach cuimir,
Cha 'n 'eil aogas dha no coimeas;
'S as gach taobh tha 'dhaoine 'tional.
Faodaidh mi ghràitinn 's cha bharail,
Gur h-e rìgh nan Gàidheal uil'
'N t-uasal sìobhalt' bho Ghleann-Gairidh,
Cliùiteach, rìoghail, lìonte 'dh' urram.
Na'n dùisgeadh e'n strì no 'n carraid
Bhiodhmaid dìleas dha gu h-uile,
Fo bhrataichean balla-bhreac soilleir,—
Gàidheal Alba bu shearbh buillean.
'Nis bho 'n tha ar ceannard smachdail
Reachdmhor, làidir,
Mar bu dualchas da bho shinnsreadh
'S mar a b' àbhaist,

Cha 'n 'eil coimeas do Ghleann-Gairidh
'S da chuid Ghàidheal,
Bho na chaochail Fionn Mac Cumhail,
'S a laoich àghmhor.

ORAN MOLAIDH

Do dh' Alastair Mac-Dhomhnuill, Tighearna
Ghlinne-Gairidh.

'S tìm dhomh dùsgadh à suain
Agus sealltainn mu 'n cuairt.
Tha mo dhi-chuimhne buan
Air na dhioladh dhomh 'n duais.—
'S e laoch cliùiteach nam buadh,
Gleanna-Gairidh bho Thuath,
Tha 'n diùgh 'g ùrachadh suas càilleachd dhomh.

N'am biodh m' inntinn air ghleus
Agus m' eòlas d'a réir,
Ann am briathran deas réidh
Bhiodh gu siùbhlach mo bheul
A' seinn cliù an fhir fhéil'
Dha 'n dùthchas mar bheus
A bhi ceannsgalach, treun, tàbhachdach.

'S iomadh ni 'tha 'cur tlachd
Air an uachdaran ghasd',
'S a bheil cruadal le smachd
'Thoirt gu ùmhlachd d'a reachd,
Tha e uasal 'na bheachd ;
Cha 'n 'eil crìneachd air faisg :
'S gur-a rioghail am mac Gàidheil e.

An t-òg uasal gun chearb,
Cha bu shùgradh a chalg,
Ge b'e 'dhùisgeadh dha fearg
Bhiodh a dhànachd dha searbh ;
Chuirte 'e'n cunntas nam marbh,—
'S iomadh àit' 's a bheil ainm
Air an laoch ghuineach chalm' àrdanach.

Gur-a sunndach a ghleus
'S e na dhiollaid le 'shréin,
Bhiodh each seang nan dlùth-cheum
Ealamh, fuaimear, 'na leum,
'S uile neart ann am feum
Mar chu luath a' ruith féidh :
'S e 'bhi 'buadhach 's an réis 's àbhaist da.

Leis bu mhiann a bhi sealg
Ann am frith nan damh dearg,
'N uair a chit' iad air falbh
Bhiodh a luaidhe nan calg,
Bhiodh a mhial-choin 'nan lorg,
'S bhiodh na stùchd-bheannan gorm
'Freagairt dlùth dha mar thoirm tàirneanaich.

'N uair a chruinnicheadh a dhaoine
Mu 'thuimchioll air raon,
B'e a shuaicheantas daor
Long, us leòghann, us fraoch,
Bradal tarrgheal us craobh,
'S an làmh-dhearg nach robh faoin
Leis an éireadh na laoich nàmhaideach.

Gur h-e 'n dùthchas bu dual
Do cheann-feadhna nam buadh
Gun 'bhi gamhlasach fuar
Ach àrd, mòralach, cruaidh,
'S a dhol sanntach 's an ruaig :—
'S mairg a dhùisgeadh dha gruaim
'S dusan mile de shluagh Gàidhealach leis.

B'iad sin gaisgich nan lann
Nach biodh gealtach no fann
'N uair a chluinneadh iad srann
Aig a bhrataich ri crann.
Mar ghaoith stoirmeil nam beann
Bhiodh an gluasad bho 'n champ,
'S iad nach tilleadh 'us call làraich air.

Sliochd nan garbh-chrìoch nach géill
Tha 'toirt dearbhaidh 's gach streup
A bhi 'shiol nam fear treun
A bha cliùiteach 's an Fhéinn,
Tha iad meanmnach gu feum
Mar fheachd leoghann a leum
Am measg chaorach air réidh fàsachail.

Ann am blàr *Waterloo*
Chaidh am feuchainn gu'n cùl.
'Dol an làthair air thùs
Cha robh gealtachd nan gnùis,
'S sheas iad dìleas an grunnd
Ann am bràithreachas dlùth ;
Na fìr-chogaidh nach lùb sàrachadh,

Cha robh fàilinn r'a chunntas
'S na h-àrmuinn nach diùlt
Air an cruadal 's an tùrn
Thugadh sgeul leis an Diùchd,*
Chuir iad Frangaich an cùil
'S ghléidh iad sìochaint do 'n chrùn :—
Thug sin urram 'us cliù 's càirdeas dhaibh.

Anns a' bhlàr dheante gnìomh
Leis an treun-laoch gun fhiamh.
Bhiodh e colgarra dian
Mar shean-tigeir o 'n t-sliabh.—
C'àit' am faicear measg chiad
Fear cho dìreach, deas, briagh'
'S e air éideadh mar thriath Gàidhealach.

Boineid dhùghorm air fhalt ;
Breacan guaille 's e paisgt'
Os ceann féileadh nam pleat
Nach téid sios air a bhac :
Osan geàrr nam ball-breac
Air a chalpannan gasd';
'S sporan fial as 'm bu phailt pàirteachadh.

———————

* In his letter giving an account of the battle of
Waterloo the Duke of Wellington says :—" I must
particularly mention the 28th, 42nd, 76th and 92nd
regiments, and the battalion of Hanoverians."
These are the only corps he notices by name.

Biodag gheur air a chrios
'Dheanadh reubadh 'us sgrios.
Claidheamh caol 'n a làimh dheis
'Se lan-fhòghluinte leis.—
Cha bu smaointinn ro-ghlic
Dol a chonnsachadh ris
Air an lom agus teas àrdain air.

Bidh Clann-Dòmhnuill gu lèir,
Cineal chuinn nam mor-euchd
Mar an triath 'toirt dha géill
'S iad am fasgath fo sgéith. --
Ann an connsachadh geur,
Le luchd-seanachais gu réidh
Rinn e 'mach gur e-féin 's àirde dhiubh.

'S ann gu greadhnach 'na chuirt
Chluinnteadh fuaim an luchd-ciùil
'Cur nan uaislean gu sunnd
'S deoch gun truailleadh 's 'na cùirn
'Dol mu 'n cuairt aig a bhùird ;
Chìteadh fonn air gach gnùis,—
Sud an taigh 's am bi mhùirn àbhachdach.

Chìt' aig Aonghas air ghleus
Mach aig dorus na féile
Piob mhòr nan dos réidh,
'S 'n uair a thàirneadh e ceum
Bhiodh a feadain d'a réir,
A guth sgalanta geur
'Thogadh inntinn gach treun Gàidhealach.

Bho na dh' fhalbh na fir ghleusda,
Nan dàin a thug sgeul,
Air na suinn 'bha 's an Fhéinn,
C'àit an d' imich e feur
Neach a chuireadh an céill
Uile-bhuadhan an tréin?—
Bidh mi sgur bho na ghéill pàirt diubh leam.

Lion gun sòradh a' chuach.
'S aisig còmhnard mu 'n cuairt
Slàinte Chòirneil a's uaisl'
Dha 'bheil Cnòideart an dual
'S Gleann-a-Gairidh an t-sluaigh
Ann còraichean cruaidh,—
Mac Mhic Alastair, buan shlàinte dha.

'S 'n uair a chaoch'leas e féin,—
Oir is dù dhuinn gu léir
Ann an cùrsa dol eug,—
Gu 'n robh oighre 'na dhéigh
Bhios mar cheann air an treud
'S e na dhion daibh ri 'm feum,
'N Inbher-Ghàiridh gun cheum fàilinneach

The Macdonalds are descended from Somhairle
Mor Mac Gille-Bride, a brave warrior who ruled
over the greater part of Argyle-shire, and the
Western Coast of Inverness-shire. The statement
that Somhairle was descended from Conn Ceud-
Chathach, a king of Ireland who is said to have
reigned about the year 125 is an unfounded fable.

He was slain in battle at Renfrew in the year 1164.
His eldest son, Dougall was the progenitor of the
Macdougalls of Lorn.   His fourth son, Ronald, had
a son named Donald, who became a very dis-
tinguished person, and from whom the surname of
Macdonald was adopted.   Donald's grandson, Angus
òg, fought under Bruce at the battle of Bannock-
burn in 1314.   Angus òg's successor, John, had four
sons :—Ranald, ancestor of the Clan-Ranald ;
Donald, ancestor of the Macdonalds of Sleat ; John
Mor, ancestor of the Macdonalds of Islay and of the
Earls of Antrim ; and Alexander, ancestor of the
Macdonnells of Keppoch.   Angus òg had an ille-
gitimate son, named John Fraoch, from whom the
Macdonalds of Glencoe are descended.   Ranald,
ancestor of the Clan-Ranald, was succeeded by his
eldest son, Allan.   His second son whose name was
Donald had two sons, and from Alexander, the
youngest, the Macdonnells of Glengarry are des-
cended.

A M   M E A L L A D H .

Fhuair mi rann no dhà de 'n duanaig so ann an
Tireadh 'sa' bhliadhna 1869.   Fhuair mi 'chuid eile
bho Dhonnachadh Camshron an Caledonia, an Nobha
Scotia.

FONN :—" *Hugaibh air nigh 'n donn nam meall-
shùl.*

L u i n n e a g .

O, gur mise 'th 'air mo mhealladh,
'S fad' o'n dh' fhàg mi gràdh gach caraid,
O, gur mise 'th 'air mo mhealladh.

Latha grianach, ciatach, àghmhor,
Chaidh mi mach a ghabhail sràide
'Dh 'fhaotuinn seallaidh air an àite,—
Tìr nan craobhan àrd, 's nan gleannan.

Cha b' fhada 'chaidh mi air m' eòlas
'N uair a thachair duine còir rium,
A thuirt rium, a fhleasgaich òig
Dean suidhe còmhl' rium us leig d'ànail.

Thuirt e rium us fiamh a ghàir' air
C' uin a thàinig thu do 'n àite ?
Am buin thu 'chuideachd a' Mhàidseir
A thàinig Di-màirt do 'n chala ?

Thug e leis gu cùlthaobh fàil * mi
'Shealltuinn coille nach robh geàrrta :
'S mise 'm fear nach dean a h-àiteach,
Cha tugadh an Fhéinn aisd' aran.

A cheud Di-dòmhnaìch a b' fhaisge
Chaidh mi do 'n t-searmon g'am faicinn :—
Bha na moccaisean gu pailt ann ;
Brògan cairte bha glé ainneamh.

Na mo chrìdh' thuirt mi gu cianail
'S bochd gu 'n d' fhàg mi tìr na ciatachd
'Thigh'nn a thàmh do 'n àird an Iar so,
Ged bu mhiadhail mi air fearann.

'S ann shaoil leamsa leis a' ghòraich'
'N uair a dh' fhalbh mi leis a' Chòirneal,
A bhi ann am spuir 's am bhòtuinn
'Trusadh òir air bhàrr gach meangain.

---

* Fàl, a hedge.

H

Fhuair mi mach nach 'eil na cluaintean
Tha 'fad' ás cho gorm 's a chualas.—
'Saoil sibh féin nach cùis ro-chruaidh
'Bhi call nan cluas le fuachd an Eatraich !

A' CHOILLE GHRUAMACH.

ORAN DO DH' AMERICA.

Cha robh am Bàrd ach air ùr thighinn do 'n dùth-
aich 'n uair a rinn e 'n t-òran so.   Tha e soilleir
nach robh e ro-thoilichte 'na inntinn   Tha e na òran
cho firinneach 's a rinneadh riamh.   Bha a' cheud
fheabhainn a thàinig do 'n dùthaich so glé bhochd
na'n crannchur, gidheadh bu mhath dhaibh féin agus
gu sònraichte dha 'n sliochd gu 'n tàinig iad.   'S math
'tha sluagh na tìre so dheth seach muinntir na
Gaidhealtachd.

FONN :—" *Coire Cheathaich.*"

Gu bheil mi 'm ònrachd 's a' choille ghruamaich,
Mo smaointinn luaineach, cha tog mi fonn :
Fhuair mi 'n t-àite so 'n aghaidh nàdair
Gu 'n thréig gach tàlanta 'bha nam cheann :
Cha dean mi òran a chur air dòigh ann,
'N uair 'ni mi tòiseachadh bidh mi trom :
Chaill mi 'Ghàidhlig seach mar-a b' àbhaist dhomh
'N uair a bha mi 's an dùthaich thall

Cha 'n fhaigh mi m' inntinn leam ann an òrdugh,
Ged bha mi còlach air deanamh rann ;
'S e 'mheudaich bròn dhomh 's a lùghdaich sòlas
Gun duine còmhl' rium a ni rium cainnt.

Gach latha 's oidhche 's gach car a ni mi
Gu 'm bi mi cuimhneachadh anns gach àm
An tìr a dh' fhàg mi tha 'n taic an t-sàile,
Ged tha mi 'n dràst ann am bràighe ghleann.

Cha 'n ioghnadh dhomhsa ged 'tha mi brònach,
'S ann tha mo chòmhnuidh air cùl nam beann,
Am meadhon fàsaich air Abhainn Bhàrnaidh
Gu 'n dad a's feàrr na buntàta lom.
Mu 'n dean mi àiteach 's mu 'n tog mi bàrr ann
'S a' choille ghàbhaidh 'chur ás a bonn
Le neart mo ghàirdein, gu 'm bi mi sàraichte
Is treis air fàilinn mu 'm fàs a' chlann.

'Si so an dùthaich 's a bheil an cruadal
Gun fhios do 'n t-sluagh a tha tigh 'nn a nall,
Gur h-olc a fhuaras oirnn luchd a bhuairidh
A rinn le 'n tuairisgeul ar toirt ann.
Ma ni iad buannachd cha mhair i buan dhaibh,
Cha dean i suas iad 's cha 'n ioghnadh leam,
'S gach mallachd truaghain a bhios 'g an ruagadh
Bho 'n chaidh am fuadach a chur fo 'n ceann.

Bidh gealladh làidir 'ga thoirt an tràth sin,
Bidh cliù an àite 'g a chur am meud ;
Bidh iad a gràitinn gu bheil 'ur càirdean
Gu sona saibhir gun dad a dh' éis :
Gach naigheachd mheallta 'g a toirt gu 'r n-ionn-
    saidh-se
Feuch an sanntaich sibh dol nan déigh ;
Ma thig sibh sàbhailt 'n uair 'chi sibh iadsan
Cha 'n fheàrr na stàtachan na sibh féin.

'N uair théid na dròbhairean 'sin 'gur n-iarraidh,
'S ann leis na briagan a ni iad feum,
Gun fhacal firinn a bhi 'g a innse
'S an cridhe 'dìteadh na their am beul :
Ri cur am fiachaibh gu bheil 's an tìr so
Gach ni a's prìseile tha fo 'n ghréin :
'N uair thig sibh innte gur beag a chi sibh
Ach coille dhìreach 'toirt dhibh an speur.

'N uair thig an geamhradh is àm na dùbhlachd
Bidh sneachda 'dlùthadh ri cùl nan geug,
'S gu domhain dùmhail dol thar na glùine,
'S ge maith an triùbhsair cha dean i feum,
Gun stocain dhùbhailt' 's a' mhocais chlùdaich
'Bhios air a dùnadh gu dlùth le éill ;
B'e 'm fasan ùr dhuinn a cosg le fionntach
Mar chaidh a rùsgadh de 'n bhrùid an dé.

Mur bi mi eòlach airson mo chòmhdaich
Gu 'm faigh mi reòta mo shròn 's mo bheul ;
Le gaoth a tuath a bhios neamhail fuaraidh
Gu 'm bi mo chluasan an cunnart geur.
Tha 'n reothadh fuath'sach, cha seas an tuagh ris,
Gu 'm mill e chruaidh ged a bha i geur ;
Mur toir mi blàths d'i gu 'm brist an stàilinn,
'S gun dol do 'n cheàrdaich cha gheàrr i beum.

'N uair thig an sàmhradh 's a miosa céitean
Bidh teas na gréine 'g am fhàgail fann ;
Gu 'n cuir i spéirid 's a h-uile creutair
A bhios fo éislean air feadh nan toll :

Na mathain bhéisteil gu 'n dean iad éiridh
'Dhol feadh an treud 's gur-a mòr an call ;
'S a' chuileag inneach gu socach, puinsionta'
'Gam lot gu lìonmhor le roinn a lainn.

Gu 'n dean i m' aodann gu h-olc a chaobadh,
Cha 'n fhaic mi 'n saoghal 's ann 'bhios mi dall ;
Gu 'n at mo shùilean le neart a cunngaidh,
Ro-ghuineach druidteach tha sùgh a teang',
Cha 'n fhaigh mi àireamh dhuibh ann an dànachd
Gach beathach gràineil a thogas ceann,
'S cho liugha plàigh ann 's a bh' air rìgh Phàraoh
Airson nan tràillean 'n uair 'bhàth e'n camp'.

Gur h-iomadh caochladh 'tigh 'nn air an t-saoghal
'S ro-bheag a shaoil mi 'n uair bha mi thall ;
Bu bheachd dhomh 'n uair sin mu 'n d'rinn mi
          gluasad
Gu 'm fàsainn uasal 'n uair 'thiginn ann.
An car a fhuair mi cha b' ann gu m' bhuannachd,
Tigh 'nn thar a' chuain air a' chuairt bha meallt'
Gu tir nan craobh anns nach 'eil an t-saorsainn
Gun mhart gun chaora 's mi dh' aodach gann.

Gur h-iomadh ceum anns am bi mi 'n déis làimh
Mu 'n dean mi saibhir mo theachd-an-tir ;
Bidh m' obair éigneach mu 'n toir mi feum aisd'
'S mu 'n dean mi réiteach airson a' chroinn :
Cur sgonn nan teintean air muin a chéile
Gu 'n d' lasaich féithean a bha nam dhruim,
'S a h-uile ball diom cho dubh a sealltainn,
Bidh mi 'gam shamhlachadh ris an t-suip

Ge mòr an seanachas a bh' aca 'n Albainn
Tha 'chùis a dearbhadh nach robh e fior:
Na dollair ghorma cha 'n fhaic mi falbh iad
Ged bha iad ainmeil a bhi 's an tir.
Ma nìtear bargain cha 'n fhaighear airgiod,
Ged 's éigin ainmneachadh anns a' phrìs,
Ma gheibhear cùnnradh air feadh nam bùithean
Gu 'm pàighear null e le flùr no im.

Cha 'n fhaic mi margadh no latha féille
No iomain feudalach ann an dròbh,
No nì 'ni feum dhuinn a measg a chéile,
Tha 'n sluagh nan éigin 's a h-uile dòigh,
Cha chulaidh fharmaid iad leis an ainbhfhiach
A reic na shealbhaicheas iad an còir ;
Bidh fear nam fiachan is cromadh cinn air
'Ga chur do 'n phrìosan mur diol e 'n stòr.

Mu 'n tig na cùisean á taigh na cùrtach
Gu 'n téid an dùbhlachadh aig a' mhòd,
Tha 'n lagh a giùlan o làimh na *jury*
Gu 'n téid a spùinneadh 's nach fiù e 'n còrr,
Bidh earraid siùbhlach air feadh na dùthcha
'G an ruith le cunntasaibh air an tòir ;
Gur mòr mo chùram gu 'n tig e 'm ionnsaidh,
Cha ghabh e diùltadh 's bidh diùbhail oirnn.

Cha 'n fhaigh mi innse dhuibh anns an dàn so
Cha dean mo nàdar a chur air dòigh
Gach fios a b' àill leam 'thoirt do na càirdean
'S an tir a dh' fhàg mi 'rinn m' àrach òg.

Gach aon a leughas e tuigibh reusan
'S na tugaibh éisdeachd do luchd a' bhòsd,
Na fàidhean bréige a bhios 'gur teumadh,
Gun aca 'spéis dhibh ach déigh 'ur n-òir.

Ged bhithinn dichiollach ann an sgrìobhadh
Gu 'n gabhainn miosa ris agus còrr
Mu 'n cuirinn crìoch air na bheil air m' inntinn
'S mu 'n tugainn dhuibh e le cainnt mo bheòil.
Tha mulad diomhair an déigh mo lionadh
Bho 'n 's éigin strìochdadh an so ri m' bheò,
Air bheag thoilinntinn 's a' choille chruinn so
Gun duine faighneachd an seinn mi ceòl.

Cha b'e sin m' àbhaist an tùs mo làithean
'S ann bhithinn ràbhartach aig gach bòrd,
Gu cridheil sunndach an comunn cùirteil
A ruith ar n-ùine gun chùram oirnn,
'N uair thug mi cùl ruibh bha mi 'gur n-ionn-
drainn
Gu 'n shil mo shùilean gu dlùth le deòir,
Air moch Diar-daoin a dol seach an ca las
'S an long fo h-aodach 's a' ghaoth o'n chòrs'.

SEANN ALBAINN AGUS ALBAINN UR.

Còmhradh eadar am Bàrd agus an Còirneal
Friseal.

FONN.—"*Miosa deireannach an Fhoghair.*"

AM BARD.

'S mòr mo mhulad 's cha lugh' m' éislean,
Cha 'n 'eil éibhneas a tigh'nn dlùth dhomh ;
Bho 'n a thàinig mi do 'n tìr so
Gu bheil m' inntinn air a mùchadh ;

Chaill mi mo shugradh 's mo sheanachas
Bho 'n a dh' fhalbh mi as mo dhùthaich :—
Toiseach a cheud mhios' de'n Fhoghar
Sheòl sinn air adhart 'n ar cùrsa.

Gur-a diombach mi de 'n Chòirneal
'Rinn mo threòrachadh do 'n dùthaich s'
Le mòran brosgail is bòilich
'S e 'cur sgleò dheth gu luath-shiùbhlach,
'G innse dhuinn gu 'n robh ar càirdean
Innt' na b' fheàrr na bh' air a chunntas,
'S nach biodh uireasbhuidh gu bràth oirnn
Nan tigeamaid sàbhailt aon uair.

Gu 'n do dh' aithnich mi o'n uair sin
Gu 'm bu chruadalach a chùis dhomh
Teannadh ri réiteach na coille
'S gun mi goireasach g'a ionnsaidh.
'M fear nach dean obair le tuaigh
Is nach urrainn an uaisle 'ghiùlan
B' fheàrr dha fuireach ann an Albainn;
'S gun an fhairge gharbh a stiùireadh.

AN COIRNEAL.

Ged tha uireasbhuidh an dràst ort
Gheibh thu ceann an àird ri tìm air,
'N uair a bhios an crodh 's na caoraich
Air na raointean dhuit a cinntinn ;
Bidh tu pailt am biadh 's an aodach,
'S théid leagadh nan craobh air dìochuimhn';
Bidh tu sona, saibhir, socrach,
Cha 'bhi bhochduinn 'cur ort mì-ghean.

Am Bard.

Chuala mi an tùs, mo làithean
Sean-fhacal tha làn de fhìrinn:—
'Chaora bhios 'dol bàs le gorta
'Réir gach coltais ni i crìonadh
Mu 'n tig am feur ùr 's an t-sàmhradh ;
Cuiridh an geamhradh gu crìch i :—
'S ann mar sin a dh' éireas dhomhsa,—
Na bi 'cur do sgleò dhomh 'm fiachaibh.

An Coirneal.

Cha sgleò a th' agam ga sheanachas
Ach cùis a dhearbhas mi fior dhuit ;
Na fir a chi thu 's an àite
B' aithne dhaibh do chàs 'n uair shìn iad.
'N uair a réitich iad am fearann
Thug iad aire dha le crìonnachd ;
Rinn iad beairteas air a thàileamh
Ged-a thàinig iad 's e dhith orr'.

Am Bard.

Cha 'n 'eil ach beagan diubh beairteach
Ged tha pailteas diubh fo fhiachan ;
Tha bhochduinn an déigh an leònadh,
'S tric iad fo chòmhlaidh a' phrìosain.
Bidh am siorram air an tòrachd,
'S 'n uair a ni e'm pòca 'sgriobadh,
Bheir e leis an cuid mar dhròbhair,
'S cha 'n fheòraich e ciod is pris dhaibh.

An Coirneal.

Tha cuid dhiu mar tha thu 'gràitinn,
Cha 'n fhaod mi àicheadh nach fìor e ;
Daoine 'bha tuilleadh a's spòrsail
'S a bha mòr-chuiseach nan inntinn,
'Thuit gun fhios dhaibh ann an ainbhfhiach,
'S cha 'n 'eil e cho soirbh dhaibh dìreadh
Bho na dh' atharraich an saoghal
'S thàinig caochladh air na prìsean.

Am Bard.

'S mòr a dh' atharraich an saoghal,
'S mise 'dh 'fhaodadh sinn a ràitinn ;
Thug e car dhomh nach do shaoil mi :
Chuir e 'n aois mi na bu tràithe
Tigh'nn do 'n choille fad o dhaoinibh
'Leagadh nan craobh as an làraich,
Ged a fhuair mi fearann saor
Is goirt a shaoithreachadh gu àiteach.

An Coirneal.

Cha chunnt mi gur obair chruaidh e
'S nach bi uachdaran gu bràth ort
A mhaoidheas do chur air fògradh
Mur-a dean thu 'n còrr 'thoirt dhasan :
Cha bhi 'n comas neach do dhaoradh,
Cha 'n fhaic thu 'm maor leis a' bhàirlinn,
Cu de 'nis a bhiodh tu 'g ionndrainn
Bho 'n thàinig thu 'n dùthaich àghmhoir.

Am Bard.

'S iomadh rud a tha mi 'g ionndrainn
Nach dean 's an àm so bonn stàth' dhomh
'N am bithinn ann an tìr mo dhùthchais,
Far an robh mi 'n tus mo làithean,
Gheibhinn meas am measg nan uaislean,
Bha mu 'n cuairt dhomh 'n Earraghàidheal.—
B'fheàrr gu'n d' fhuirich mi ri m' bheò innt,
'S nach tàinig mi chòmhnaidh 'n bhràighe s'.

An Coirneal.

Ged bu mhath 'bhi 'measg nan uaislean,
'S e-bhi fada bhuath' is feàrr dhuit ;
An luchd muinntir 'tha nan seirbhis,
Cha'n àird 'an ainm no na tràillean.
'S sleamhainn an leachd aig an dorsaibh
Dh'fheumadh tu 'coiseachd gu fàilidh ;
Nan tuiteadh tu uair gun fhios dhuit,
Rachadh bristeadh air a' chàirdeas.

Am Bard.

'S iomad fear stòrasach, stochdail,
Tha gle-shocrach a toirt màil daibh ;
'S iad inntinneach fad' an t-samhraidh
Le 'n cuid anns na gleanntan fàsaich.
'N uair a théid iad 'dh ionnsaidh 'mhargaidh,
Gheibh iad airgiod 's cha bhi dàil ann ;
'S nam faiceadh tus' iad air tilleadh
Chunntadh iad gini ri d'fhàirdein.

An Coirneal.

Ged tha toileachadh 's na glinn sin,
Tha cuspunn an rìgh r'a phàigheadh :
Cha 'n fhaod iad iasg thoirt a linne
No fiadh o'n fhireach a's àirde.
Ma mharbhas iad eun 's an doire
Théid an coireachadh mar mheirlich,
Is tàirnear a staigh gu binn iad,
Théid an dìteadh 's cuirear càin orr'.

Am Bard.

'S furasda dhaibh sin a phàigheadh,
Seach mar 'tha mi anns an tìr so ;
Cia liuth' latha bho Fheill-Màrtuinn
'Fhuair mi sàrachadh is mi-mhodh !
Gur tric a' chuing air mo mhuineal
'Tarruinn a' chonnaidh le dìchioll,
'S a sneachda dhomh mu na cruachain,
'S cuid de dh'uairean bidh mi 'n iosal.

An Coirneal.

Tog do mhisneach 's na biodh bròn ort,
Ged tha sin an còmhnaidh sgìth leat,
Bidh tu fhathast, ma 's a beò thu,
Cho dòigheil 's is math le d' inntinn.
Gu de dh' iarradh tu ach fhaotuinn,
Fearann saor is còir bho 'n rìgh air,
'Bhios an déigh do bhàis mar oighreachd
Aig do chloinn ma bhios iad crìonnta.

Am Bard.

'N uair a chunntas mi mo shaothair,
Bidh e ni 's daoire na fhiach domh,
'S tric nam fhallas mi 'ga réiteach,
'Cur mhaidean r'a chéil' nan teintean,
Gur coltaiche mi 's an uair sin
Ri fear á toll-guail a dìreadh ;
Bidh mi cho dubh ris na tràillean
'Tha aig stàtachan nan Innsean.

An Coirneal.

Ged-a shiùbhladh tu 'n Roinn-Eòrpa
'S a bhi feòraich anns gach rìoghachd
Cha 'n fhaiçeadh tu fear gun stòras
A tigh'nn beò innt' le 'bhi diomhain,
Tha e gòrach dhuit bhi càineadh
Tìr an àigh so is ga dìteadh ;
'S iomadh aon dha 'n d'rinn i fuasgladh
Bha na thruaghan a tigh'nn innte.

Am Bard.

Cia mar 'dh' fhaodas mi a moladh
'S gun mi toilicht' ann am inntinn,
Bho na thig toiseach na dùlachd
Bidh a' chùis na h-aobhar claoidh dhomh.
Ag éiridh 's na mad'nean reòta
Gu 'm bi crith air m' fheòil 's air m'fhiaclan.
'S gaoth a tuath le fuachd gam leònadh
Mar-a bi mo chòmhdach cinnteach.

An Coirneal.

Airson toileachadh do nàdair
Cha 'n 'eil stàth dhuit a bhi 'strìth ris;
Sin an ceum nach téid thu dh'àicheadh,
Bho na dh'fhàilinnich ar sinnsreadh.
Ged-a bha pailteas aig Adhamh,
Bha craobh 's a' ghàradh a dhìth air ;
Dh'fhàg am meas fo iochd a' bhàis e,
'N uair a ghabh e pàirt o'n mhnaoi dheth.

Am Bard.

'S e ni mi tuilleadh mar roghainn
Gun chur ad aghaidh na 's dìne,
Tha an duine ag iarraidh àilgheis
Eadar e 'bhi àrd is iosal :
Cluinnidh mi gearann o'n Diùca
Cho math riusan 'tha toirt cìs' dha,
'S o'n bhaigeir 'tha cosg na lùirich
'S bho 'n fhear a tha crùn an rìgh air.

Cha lean mi na's fhaide 'n seanachas
Mu 'n cinn iad searbh dheth le chluinntinn
Mu 'm faigh iad coire do m' Ghàidhlig,
Cha bhi mi 'gràitinn no 'g innse.
Olc air mhath 's mar bhios mo chàradh
'S an àite so, 's éigin striochdadh.—
Soraidh bhuam gu tìr nan Gàidheal
Nach leig mi gu bràth air diochuimhn.

The above poem was composed after the poet had
come to be somewhat satisfied with this country.
It does not contain a word of exaggeration.   The
first settlers in Nova Scotia endured much hard-
ship.

Simon Fraser, sometimes called Major Fraser and sometimes Colonel Fraser was a son of Captain John Fraser of the 82nd regiment. He was for sometime engaged in bringing out passengers to this country. It was with him the poet came.

———

O R A N

Do dh' Alastair Mac-Dhòmhnuill, Tighearna Ghlinne-Garaidh, an déigh a bhàis.

Fonn.— *"Oidhche dhomh 's an taigh-dhibhe."*

Ged is fada air chuairt mi,
An America Thuathaich
Chuir an naigheachd a fhuair mi
M' inntinn uile gu gluasad.—
'S iomadh aon tha fo ghruaman
Feadh gach dùthcha 's an cualas
Gu 'n robh 'n t-Alastair uasal gun deò.

Dh' fhalbh an Gàidheal bu ghloinne,
An sàr-Dhòmhnullach loinneil,
'Bha mar leòghann an coille
N'am biodh fòirneart dha goirid.—
'S goirt tha gàir do chuid cloinne.
Thàinig cràdh orr, tha soilleir
Bho 'n là 'smàladh an coinneal le bròn.

Tha do chéile fo mhulad,
'S trom a creuchdadh o'n bhuille
'Chuir thu 'd' shìneadh air d' uilinn :
Tha i éisleineach duilich
'S tric gu deurach i 'tuireadh
Bho 'n là chàirich i 'n ulaidh
An Cill-Ionain 's an tullaich fo 'n fhòid.

Tha do dhaoine gu tùrsach.
Bho 'n là 'dh' fhalaich an ùir thu :
Chaill iad taice ri 'n cùlthaobh,
Laoch gun athadh gun chùram ;
Cha bu ghealtair e 'lùbadh ;
Ceannard feachda nach diùltadh
Eiridh smachdail air thùs a chuid slòigh.

B'e do shuaicheantas taitneach
Mathain fhiadhaich a chasgraidh,
Saighead chinnteach nan achlais,
Iolair ìnneach an astair,
Fitheach fior-dhubh na h-ealtainn
Air creig dhionaich do chaisteil ;
An àm gluasaid fo bhrataich le d' sheòid

Leat a dh' éireadh na fearaibh
A bhiodh treun anns a' charraid
Bho dha thaobh uisge Gharaidh
'Us bho Chnòideart a' bharraich ;
Bha do chòir air na fearainn ;
B'e do staoileadh an Gleannach :
'S aig seachd-deug gu 'n robh ceannas de'n t-seòrs'.

Bu tu 'n Garranach prìseil :—
Gur-a h-iomadh fuil rìoghail
A bha d' chuislean a sioladh.
Bho Iarl' Rois agus Ile
'S ann a fhriamhaich do shinnsreabh :
Cha b' i choille 'n robh 'n crìonach
'S an d'rinn Alastair cinntinn an tòs.

Tha Clann-Dòmhnuill nam buillean
Air an lionadh le mulad ;
Chaidh an leònadh o'n uiridh,
Chaill iad leòghunn nan curaidh ;
Thuit am fiubhaidh deas, cuimir,
Bu mhòr fòghlum 'us urram :
Gu 'm b' e bheus a bhi duineil 's bu chòir.

Gàidheil Alba fhuair uile
Buille 'tha cràiteach r'a fhulang :
Bhiodh tu daimheil 'g an cuireadh
Air do shràidean le furan :
Fear do nàdair cha 'n urrainn
Tigh'nn 'na d' àite dhaibh tuilleadh
Mur lean Aonghas na chunnaic e 'd' sheòl.

Ma tha bàird no luchd-facail
Thall nam measg mar a chleachd iad
Aobhar dùsgaidh tha aca,
'S cha 'n ann sunndach le aiteas
Ach a chaoidh an t-sàr ghaisgich
'Chaidh a dhùnadh an tasgaidh
Ann an caol-chiste ghlaiste nam bòrd.

Tha mi cinnteach 's cha bharail
Ma tha beò ann an Ailean *
Gur h-e 'm bròn a th' air aire ;
Chaidh an ceòl as a charaibh,
Dh' fhalbh a shòlas ri mhaireann ;
Cha 'n 'eil sunnd air gu ealaidh
Bho na chaochail Gleann-Garaidh nan sròl.

Thuit gu làr an crann mullaich,
Craobh a b' àluinne duilleach ;
Fear neo-sgàthach 's a chunnart
'Sheasadh dàn anns gach cumasg ;
Bha thu làidir mar churaidh
'Chur na stàilinn gu 'fulang :
Bu tu 'n t-àrmunn d'am buineadh 'bhi mòr.

'S aobhar acain do cheudan
Gu 'n do bhuannaich an t-eug
An t-uasal Garanach euchdach
Dha 'n robh misneach nach tréigeadh,
'S a bha measail d'a réir sin.—
Cha b'e fasan luchd-Beurla
'Chuir thu 'n cleachdadh bho 'n dh'éirich thu òg.

Fhuair thu 'mach a Dun-éideann
Do na Gàidheil 'bha 'n déigh air
Cluich na pìob' air an réidhlean
'Bhi nan dùthchannan féin ac'
'S iad a feuchainn a chéile ;
'S ge b'e 'bhuidhneadh 's an deuchainn
Bheirte 'dhuais dha gun éis le làn-chòir.

---

* Ailean Dall. Rinn Ailean marbhrann do Mhac
'Ic Alastair. Chaochail e mu bhliadhna gu leth 'na
dhéigh.

Cha do dh' fhàg thu fear d' fhasain
Ann an Albainn no 'n Sasunn,
Bha thu d' Ghàidheal fior-reachdmhor;
Do chainnt dhùthchasach chleachd thu
Bha i agad gun mheasgadh ;
Air ceann dhaoine cha 'n fhaicht' thu,
'S tu a giùlan na casaig' no 'n cleòc.

B' fheàrr leat féileadh de 'n bhreacan
Osan geàrr agus gartan,
Còt' air fhiaradh de 'n tartan :
Sin an còmhdach a chleachd thu
Ghabh thu mòran de thlachd ann.—
Bu tu aogasg a' ghaisgich
'S claidheamh caol a' chinn-aisnich a'd' dhòrn.

Paidhear dhagachan gleusta ort
'S gu 'm bu ghasd thu gu feum leo ;
Biodag ghuineach gu reubadh
Anns an làimh a bha treubhach ;
Sporan iallach gun eur' * ort ;
Bu tu cridhe na féile
'S tric a riaraich na feumaich le d' òr.

Bu tu marcaich' na réise,
Sunndach, aigeannach, eutrom
Air each cruitheach a leumadh
Siùbhlach, astarach, gleusta :
Co a chasadh ort eucoir,
'S tu fo d' airm ann ad éideadh
Bha thu d' shaighdear nach géilleadh 's tu beò.

---

* Eura, refusal.

Bu tu 'n giomanach gunna ;
Cas a dhìreadh a mhunaidh ;
Cha bu sgìth leat do thuras
Ann am frìth nan damh donna ;
Làmh bu chinntiche buille thu
'N uair a chìte iad air mullach,
'S bhiodh do mhial-choin nam muineal ri spòrs.

Ann ad bhaile mòr éibhinn
Chìte mach air an réidhlean
Feadainn ghrinne gan gleusadh ;
'S leat bu mhiann 'bhi 'gan éisdeachd
'S iad a freagairt a chéile :
'S an àm cromadh na gréine
Chluinnte caithream nan teudan ri ceòl.

Bhiodh na bàird is na filean
Ann ad sheòmraichean grinne
'Gabhail òranan binne
'S tu ro-eòlach 'gan sireadh.--
'S iomadh uasal dheth d' chinneadh
Bhiodh an làthair 'n am iomairt :
Bha mi còmhl' ruibh aig tional bha mòr.

'N uair a chruinnicheadh na fearaibh
Ann an tùr Inbher-Gharaidh
Gu 'm biodh sùrd ann ad thalla ;
Cha bhiodh cùis ann ri 'gearan :
'S i do chùirt nach biodh falamh,
Ruma, 's branndaidh mhath, fhallain.
Agus fion bhiodh gun ghainne ri 'n òl.

Bu tu féin an ceann-uidhe
A bha fial :idh 'n àm suidhe :
Làmh a riarachadh dibhe
Ann an seòmar na h-uidhim :—
'N diugh is cianail am bruidhinn,
'N creagan grianach an fhithich ;
Tha, bho 'n thriall thu, gach cridhe fo bhròn.

Thàinig smal air an teaghlach
A bha aighearach, greadhnach ;
Thàinig aithgheàrr orr, caochladh,
Thuit ceann-taighe nach aomadh.—
Nam bu chlaidheamh le daoine
'Rinn do shnaidheadh bho 'n t-saoghal
Dhùisgeadh bras an ad aobhar gu leòir.

Dh' éireadh Dòmhnullach Shléite
Gus an togadh e t' éirig ;
Mac-'Ic-Ailein nan geur-lann,
Iarla Anntruim á Eirinn,
Triath nam Foirbeiseach gleusta
Bho 'n thug iadsan dhuit céile,
Agus iomadach treun fhear a chòr.

Bhiodh Strath-Ghlais le 'chuid daoine
'Tigh'nn ad thagar 's cha b' ioghnadh :
Na fir aigeannach aotrom
'Dheanadh fuil anns a' chaonnaig
'N uair a thàirneadh iad faobhar
'S mire-chatha nan aodann :
Bhiodh an nàimhdean 's na raointean gun deò.

'Nis o'n dh' fhalbh an ceann-fine,
'S aobhar sòlais do 'n chinneadh
Gu bheil oighre na ionad
'Tha na òganach innidh :
'S air tigh'nn dhasan gu spionadh
Cluinnear làmhach 's an fhireach,
'S b' ann do dh' àbhaist a' Ghlinnich nach beò.

Gu 'm bi sùrd orr' 'na bhaile
'S e tigh'nn dh' ionnsaidh 'chuid fearainn ;
Bidh 's a bhuirich na canain
'S freagradh dlùth aig mac-talla ;
Teinntean éibhneis mar dhealain
Bidh 'cur sunnd de na beannaibh :
Gheibh e' dhùthchannan thairis fo 'sgòd.

Ged-a tha mi 's an tìr so
Gu 'm bu mhaith leam a chluinntinn
Thu 'bhi macanta, cuimhneach
Air na cleachduinnean caoimhneil
'Bh 'aig an fhear bho na chinn thu,
'S tu mar thaice dha d' mhuinntir :
'S luchd nam breacan na diobair an còir.

Colonel Alexander Ranaldson Macdonnel of Glen-
garry was a genuine specimen of a Highland chief.
He claimed to be the chief of the whole Macdonald
clan. He was married to Rebecca, a daughter of
Sir William Forbes of Pitsligo. He was killed,
January 1828, in jumping from a steamer which had
gone ashore. He always treated the poet with great
kindness.

Colonel Macdonnel left the estate very much in debt, and his son, Angus was obliged to sell it. It was purchased by the Marquis of Huntly, who in 1840 sold it for £91,000.

General Sir James Macdonnell, G.C.B., was a brother to Glengarry. He distinguished himselt highly at Waterloo. He died in May, 1857.

ORAN

Do dh' Alastair Mac-Gilleain, Tighearna Chola, 'n uair a thàinig fios do dh' America a dh' ionnsaidh a' Bhàird gu 'n tug e 'chuid fearainn a suas do dh' Eòbhan a mhac.

FONN.—" *Cha 'n e cumha fear Ile a tha mi a sioracain.*

An nochd 's luaineach mo chadal
'S mi nam leabaidh a tionndadh ;
'S beag an t-ioghnadh sin dhòmhsa,
'S goirt 'tha 'm bròn orm air drùghadh
Fhuair mi litir á Albainn
'S naigheachd shearbh innt' 'gam ionnsaidh,
Rinn am mulad mo lionadh,
'S trom air m' inntinn a ghiùlan,

Tighearna Chola thug suas fhearann,
An triath ceanalta, cliùiteach,
Leag an aois a trom-làmh air,
'S thréig a shlàinte 'sa lùgh e.
Ged a tha mi thar fairge,
'S treis o'n dh' fhalbh mi á m' dhùthaich,
Bidh mi glacadh mo chlàrsaich
'Sa seinn dàin mu 'n t-sàr-dhiùmhlach.

Na am bithinn gun d' fhàgail,
Bu cheann-fàth dhomh 'bhi d' ionndrainn,
'S mi gu 'm faodadh 'bhi dàn ort,
'S cha b' e d' àbhaist mo dhiùltadh.
Fhir a sheasadh le càirdeas
Anns gach càs air mo chùlthaobh.
Leam is duilich r'a éisdeachd
Gu 'n do thréig thu do dhùthaich.

Gu 'm bu bhochd do chuid daoine
'Nàm an glaodhaich gu d' fhaicinn,
'N uair a bha thu ri falbh bh'uap,
Ged-a dh' earb thu ri d' mhac iad,
Ghabh sibh beannachd le chéile,
Cha sgeul éibhneach a bh' aca ;
Cha bu shubhach an fhéisde
Bha mu réidhleanaibh t' aitreibh.

'S math do mhac a bhi 'làthair,
Roimh 'luchd-daimh mar chùl-taice
Ann an ionad an àrmuinn
Nach do ghnàthaich ach ceartas.
Gur-a h-ainbhfhiach r'a bheò air
'Dhol fo d' chleòc-sa na ghlacaibh,
B' fheàrr gu 'n seasadh e d' àite
Ann an nàdar 's an cleachdadh.

B' e do chleachdadh 's do ghluasad,
A bhi cruadalach, smachdail,
A bhi misneachail dàna
Gun 'bhi sgàthach no gealtach.

Bha thu iriosal, uasal,
Bha gach buaidh agus tlachd ort ;
Far an tionndadh tu d' aghaidh,
Bu tu roghainn a' ghaisgich.

Bu tu ceannard na tuatha,
Nach bhiodh cruaidh gu cur as daibh ;
'S tu nach dìobradh gu bràth iad
Ged bhiodh fàilinn no airc orr'.
An àm togail a' mhàil diubh
Ghabhte 'phàirt a bhiodh aca ;
'S a chuid eile bhiodh dàil ac'
Gus am fàsadh iad beairteach.

'N uair a chruinnicheadh do dhaoine
An àm sgaoileadh do bhrataich
'S piob gu fonnmhor 'g a gleusadh
Aig a céile fo achlais,
Bhiodh tu eòlach gu 'n stiùireadh,
'S tu gun chùram roimh lasair ;
Mar ghaoith ghuinich air fairge
Bhiodh tu 'garg anns a' bhaiteal.

Bha do shuaicheantas cliùiteach
'G innse biùthais do sheòrsa :—
Craobh, long, bradan is mial-chu
'S an t-ian fiadhaich bu bhòidhche.
An làmh-dhearg 's an tuagh Abrach
Air an tarruing le sgòltachd ;
Agus " Ceannsaich no bàsaich "
Sgrìobht' gu dàn' ann an òrdagh.

Lean thu dùthchas do shinnsre,
'S gu 'm bu rìoghail an seòrs' iad :
Cha b' i choille 'n robh 'n crìonach
As na fhriamhaicheadh òg thu,
Ach na daragan àrda
'Bhiodh air nàmhaid nam bòcain ;
Clann-Ghilleain nan geur lann
'Bhuaileadh beum anns a' chòmhdhail.

Bu tu 'n t-Alastair cliùiteach
Riamh nach lùbadh le gòraich
Is nach leigeadh le cearbaich
Aon ni 'shealbhaich thu 'n còir bhuait.
Bha thu sìobhalta, caoimhneil,
'S tu gun fhoill, gun fhiamh fòtuis
Bha thu smachdail mar shaighdear,
'S tu nach fulaingeadh fear bòsdail.

'N uair a bha thu 's a' champa
'S tu 's an àm sin ad chòirneal
Thug an Seanailear Gallda
A bha scalltuinn do chòmhlainn
Mòran urraim do d' dhaoine
Ann an aogasg 's am fòghlum ;
'S math a b' airidh iad fhaotuinn
'S tu 'bhi daonnan 'g an seòladh.

'N uair a chruinnich iad còmhlath
Is a thoisich an iomairt
'S ann a theann e ri tàmailt
'Thoirt do Ghàidheil 's gach fine ;

Dh' éirich fearg ann ad aodann
Cha do dh' aom thu le giorag ;
Chuir thu comharradh claon air
'S bha fhuil chraobhach a' sileadh.

Co bho 'n gabhadh tu tàmailt ?
Bha thu àrd ann an spiorad ;
'N uair a ghlacadh tu 'n stàilinn
Bhiodh do nàmhaid air iomain ;
'S tu gu 'n cluicheadh gu sàr-mhath
Leis a' ghàirdean 'n robh spionnadh ;
Laoch thu sheasadh do làrach
Is nach tàirneadh gu d' shlinnean.

'S iomadh gaisgeach a dh' éireadh,
Nam biodh feum orr, ga d' chòmhnadh ;
Bhiodh do chinneadh mòr féin leat
Builleach, beumannach, stròiceadh,
Neartmhor cruadalach, gleusda,
Beachdail, treun anns an tòrachd;—
Chìte mar dhealan an t-sléibhe
'N lannan geur anns a' chòmhrag.

Bhiodh Mac-Coinnich á Tuath leat,
Sin an dualchas bu chòir dha ;
'S gu 'm bu dìleas ri d' ghualainn
'Thigeadh uaislean nan Leòdach.
Bu leat càirdeas chloinn-Chamshroin,
Na fir mheanmnach o Lòchaidh,
Is a' Mhorair á Sléibhte
Leis an éibhte Clann-Dòmhnuill.

'N uair a bhiodh tu 'n Dun-éideann
Cha bu bheus leat 'bhi d' ònrachd :
Gu 'm biodh tathaich nan uaislean
Tric mu 'n cuairt air do bhòrdaibh.
Gheibhte ceòl 'us òl fion'
Ad theaghlach phrìseil gun sòradh ;
'S tu a chaitheadh 's a dhìoladh
Fhir a b' fhialaidh le d' stòras.

Bu tu 'n t-uachdaran fearainn
Dha 'n robh ceannas is fòghlum
Bha thu d' dhuine cho ainmeil
'S a bha 'n Albainn fad m' eòlais
De dh' fhear urrad ri d' oighreachd,
'S gu 'n robh roinn ni bu leòir ann ;
Rinn thu tuilleadh a bhuannachd
Chuir thu suas na bu mhò i.

'N àm bhi tarruing a dh' ionnsaidh
Ionad dùthchais do chòmhnaidh
Bhiodh do bhàta na h-uidhim
Troimh na sruthaibh a'd' chòmhdhail
'S 'n uair a chìt' i air sàile
A tigh'nn an àird ri ceann Shòaidh
Chluinnte losgadh nan canan
Ann ad bhaile le sòlas.

'N uair a ghlacteadh an stiùir leat
Chìteadh d' iùbhrach ghrinn bhòidheach
Mar an eala gheal cheutàch,
'Dol gu réidh thar nam bochd-thonn,

Bu tu marcaich nan steud-each
Le d' spuir gheur air do bhòtuinn,
'S bu tu 'n giomanach scalbhach
'Dhol a shealg nan damh cròcach.

Dhomhsa ghabhadh e aimsir
'Chur mo sheanachais an òrdagh
Mu an labhrainn gu h-iomlan
Air gach fear-ghleus bu nòs duit.—
A nis sguiream gan iomradh,
Is cha 'n ainmich mi 'n còrr diubh
Gus an seinn mi do mharbh-rann
'N déigh dhuit falbh ma 's-a beò mi.

MARBHRANN

Do dh' ALASTAIR MAC-GILLEAIN, Tighearna Chola.

Until the night of January 1st, 1880, I did not
know that there was one line of this poem in
existence. On that night, Archibald M'Lean, one
of the Poet's sons told me that his father sent the
poem by him, over forty years ago, to Hugh M'Lean,
Eobhan Og, in Cape Breton. He also gave me a
verse of it which he remembered, the sixth verse.
I wrote to Mr Stephen M'Lean, Eobhan Og's son,
about the poem. He replied that the manuscript
was lost but that his aunt, Mary M'Lean, and his
niece, Catherine M'Lean, knew the poem by heart.
Mr M'Lean took the poem down and sent it to me.
To him, and especially to the ladies who preserved
it from oblivion, I am greatly obliged.

Thàinig sgeul thar nan cuantan,
Mheudaich mulad is gruaim domh le bron,
Chuir e m' inntinn gu gluasad ;
'S iomadh aon dha 'n do dh' fhuasgail e deòir ;
Gu 'n robh 'n t-Alastair prìseil
Air a chàradh gu h-iosal fo 'n fhòid,
Ann an leaba na h-ùrach ;
Ann an suain às nach dùisg e le ceòl.

'N t-ochd ceud deug so 'rinn imeachd.
'S an còig deug thar a fichead na dèigh ;
Ann an toiseach an t-samhraidh,
Chaill do dhùthchannan ceannard 'bha treun ;
Dha 'n robh misneach is cruadal,
Agus eòlas is suairceas da 'n rèir.
Bha thu iochdmhor ri truaghain ,
Gun 'bhi tais ann an cruaidh-chas no 'n streup.

'N uair a chunnacas do bhàta
'Tigh'nn gu rudha na h-àirde fo sheòl,
'S iomadh aon a bha cràiteach
Thu 'bhi d' shìneadh fo chlàraibh air bòrd.
Cha bu shunndach an fhàilte
'Bh' aig do mhuinntir a' fàsgadh nan dòrn :
'S iomadh cuimhneachan càirdeil
'Bh' aca 'n oidhch' ud mu 'n àrmunn nach beò.

Chaill iad ceannard na tuatha ;
'S tu nach teannaicheadh cruaidh iad mu 'n mhàl.
Cha do dh' fhògair thu bhuait iad ;
Cha do chuir thu air cuan iad thar sàil.

B' e toilinntinn an uasail
A chuid daoine 'thigh'nn suas air a sgàth
Ann an cothrom, gun ghluasad ;
'S nam biodh éis orr' 's ann 'dh' fhuasgladh tu 'n
càs.

'N uair a dh' iarrte gu feachd iad,
Bhiodh do chòmhlan am Breac-Achadh tràth.
Bhiodh do phiob a' toirt caismeachd ;
'S fir a cruinneachadh mu chaisteal na tràgh'.
'N uair a rùisgte do bhratach,
Dha 'm bu dùchasach tapachd 's na blàir,
Gu 'm biodh geur-lann 'chinn aisnich
Air do chruachan gu casgairt do nàmh.

B' e do shuaicheantas cliùiteach,
'S e air thoiseach os ceann do chuid sluaigh,
An làmh dhearg mar bu dùthchas,
'S an tuagh Abrach 'thoirt cùis dhe d' luchd-fuath';
Craobh, long, bradan is mial-chu
'Chuireadh stad air an fhiadh aig a luaths ;
'S an t-ian iteagach fiadhaich,
Nach robh leithid 's an ianlaith 'dol suas.

Dhuit bu dual a bhi beachdail,
'S gu 'n do chinn thu bho ghaisgich nach b' fhann :
Clann-Ghilleain nan caisteal,
Nach biodh iosal fo mhasladh do chainnt ;
Fir a dh' fheuchadh an stàilinn.
Faobhar fulangach, làidir, gun mheang,
An déigh fhadhairt, bho 'n cheàrdaich ;—
'S cha bu lapach do làmhsa na cheann.

Do shliochd mhìlidh na féile,
'Dheanamh gniomh anns na teugbhailean garg';
Is Ghatheluis, an treun-fhear,
'Bu mhòr urram 's an Eiphit is sealbh ;
Bha na curaidhnean gleusda,
Mar-a b' eòl do luchd-sgeula gun chearb, —
'S gur h-e 'ghniomharan euchdach
'Choisinn Muile do 'n cheud fhear de 'n ainm.

Gu 'm bu rioghail do shloinneadh ;
Bha iad dìleas an-fhoilleil do 'n chrùn.
Cha do mhùth iad an cleòca ;
'S cha d' rinn giorag no còmhrag 'thoirt diu.
Sheas iad là Sliabh-an-t-Siorra,
Ged chaidh iomadh sàr-chinneadh air chùl,
A toirt àir le 'n cruaidh-bhuillean
Air na laoich a bha 'n cuideachd an Diùc.

'S iomadh call daibh a dh' éirich,
Eadar cogadh is eucoir, ri 'n àm ;
Air tràigh Ghruinneirt an Ile
Thuit Sir Lachann, am mìlidh gun mheang ;
Ann am blàr Inbher-chéiteinn
Thuit Sir Eachunn le 'cheudan mu chrann ;
'S fhuair Mac-Cailean am fearann
Bho Rìgh Uilleam, gun cheannach, am bann.

'S math gu 'n d' chum na fir smearail
A bh' air Cola 'n cuid fearainn le buaidh,
Bho na choisinn Iain Garbh e
Cha d' rinn aon bha fo arm a thoirt bhuath'.

Thàinig Niallaich thar sàile
'Ghabhail seilbh air gu dàna nan uaill;
Ach chuir lannan nan sàr-laoch
Gu ceann-crìch' iad 's an àraich gun truas.

Gur-a mòr an luchd-leanmhuinn
A bh' aig Alastair ainmeil so dh' eug;
Tighearna Chola agus Chuimhnis;
'S e do bhàs 'chuir am chuimhne mo sgeul.
Bha thu smachdail mar shaighdear;
Bha thu macanta, caoimhneil am beus.
Cridhe soilleir gun fhoill thu,
Da 'n robh ceartas a' boillsgeadh mar ghréin.

'S iomadh buaidh bha riut sìnte
Nach téid agams' air innse 'n am rann.
Bha thu fòghluimte, fior-ghlic;
Bha thu daimheil, gun chrìne dhuit teann.
Cha robh beairteas 'g ad lionadh,
No 'cur eallaich air d' inntinn le sannt.
Bha thu cleachdadh na fìrinn,
Is bha d' fhacal cho cinnteach ri d' pheann,

Na 'm b 'e claidheamh le eu-ceart
'Chuir fo chumhachd an éig thu 's a' chill,
Bhiodh do chinneadh mòr fhéin
A dòrtadh fala ann ad éirig gu dian
Bhiodh Loch-Buidhe nan treun-fhear,
'S e air thoiseach nan ceud a dol sios;
'S Mac Mhic Eòbhainn bho 'n Airde,
'S e gun athadh do nàmhaid 's an strì.

K

Dh' éireadh cinneadh de mhàthar,
'S cha bhiodh cruadal mar chàs air na seòid.
Mu Dhun-Bheagain, mar b' àbhaist,
Bhiodh 'g an tional crois-tàra Mhic-Leòid.
Bratach shìth' nan trì sealladh
'N uair a chit' i air bealach roimh 'shlògh,
B' aobhar giorag do d' nàmhaid ;
Gu 'm biodh cuid diu 's an àraich gun deò.

Bhiodh Loch-Iall 'dol 'na éideadh
Le clann Chamshron bu treun anns an tòir,
Is cha b' ioghnadh dha féin sud,
'S gu 'm bu dìleas e 'n té 'bha riut pòsd'.
Leis na buillean 'bhiodh creuchdach
Le neart churaidh bhiodh reubadh air feòil.
Ge b'e bheireadh daibh riasan
Bhiodh an alachd * air sliabh aig na h-eóin.

Bhiodh Mac-Coinnich air ghluasad
Ann ad aobhar, 's bu dual d'a 'bhi ann ;
Is gu 'n robh sibh 'shliochd bhràithrean
A bha ainmeil ri 'n là anns a' champ.
'N uair a sgaoileadh e 'shioda
Ri cròic chabraich fear frithe nam beann,
Os ceann lasgairean Shi-Phort,
Biodh a nàimhdean nan sìneadh gun cheann.

Cia mar sguireas mi 'dh' innse
Cliu 'n fhir eireachdail fhior a chaidh bhuainn'.
Bha thu ceanalta, siobhalt',
Fhir a b' aille 's a b' fhìnealta snuadh :

---

* Alachd, a mangled carcass.

'S bha thu àrdanach, rìoghail,
Gus gach tàmailt a dhioladh le duais.—
'S tu nach tréigeadh na'm chàs mi,
Gheibhinn caoimhneas is bàigh bhuait gach uair.

Nis o'n dh' fhalbh an triath calma,
A bha cliùiteach an Albainn ri là ;
Guidheam buaidh leis an treun-fhear
"Tha mar dhion do luchd-feuma na àit :
Tha mo dhòchas 's an Fhreasdal
Nach tig fàilinn am feasda 'na dhàil.—
Eobhann òg, am fear fiachail
A tha cinneadail, dìleas, làn bàigh.

Fhuair thu baintighearna chliùiteach
Bho Chlann-Donnachaidh á Strùthan, fo d' sgéith;
D' am bheil creidimh le cùram,
Agus còlas is giùlan d'a réir
Bhiodh i sgaoileadh a' Bhiobuil
Air na bochdan a chitheadh i na fheum,
Mar a dh' fhaodas mi innse ;
Gu bheil cuid diù 's na crìochan so fhéin.

'Nis bho 'n tha thu 'd cheann-uidhe,
Is gu'n d'fhuair thu 'bhi d' shuidh' air an stiùir,
Cum ad chuimhne gach latha
Beus an fhir 'tha na laidhe 's an ùir.—
'S 'n uair a ghlacas an t-eug thu,
Biodh do mhac ann ad dhéigh mar cheann iùil,
Na fhear foghainteach, smachdail,
Le toilinntinn an caisteal Druim-Fionn.

Mur bhiodh gainnead mo stòrais,
Phillinn fhathast air m' eòlas a null,
Gus an ruiginn an t-àite
Far 'n do shuidhich thu làrach as ùr.
Cha bhiodh eagal gu bràth dhomh,
Fhad 's a bhitheadh tu làidir ri m' chùl.
B' fheàrr gu 'n robh mi gun d' fhàgail ;
Gheibhinn fasgath fo sgàile do chùirt'.

John MacLean was the last of the family bards.
This poem may therefore be looked upon as the last
of its kind ; the last lamentation over a chieftain
by his bard. There is thus a peculiar feeling of
sadness connected with it. The poet was deeply
attached to the old laird. He felt it his duty to sing
his "marbhrann." He was thoroughly in earnest.
He speaks of the deceased as he knew him. He
ascribes no quality to him except what he believed
him to possess He lauds his ancestors and exhorts
his successor as he considered his bard should do.
That Alexander Maclean of Coll deserved the poet's
praise we have no reason to doubt. He really
possessed many qualities of the greatest excellence.

The poet had good reasons for regretting that he
left the old country. It is a blessing however for
his descendants that he left it. Better have a farm
which one can call his own and be independent, than
be under the best landlord.

According to the legendary history of Ireland, as
recorded in Dr Keating's interesting work, the Gael
are descended from Gathelus, or Gaidheal Glas, son
of Niul, son of Fenius Farsa, son of Baath, son of
Magog, son of Japhet, son of Noah ! Niul, who
was a man of great learning and wisdom, was married
to Scota, a daughter of Pharaoh. It was by her he

had Gathelus. Gathelus was intimately acquainted
with Moses. He was just in his eightieth year when
the children of Israel left Egypt. The descendants
of Gathelus, after various wanderings, arrived in
Spain, and in course of time obtained the mastery
of the greater part of that country. Milidh, the
most eminent of their kings in Spain distinguished
himself as a warrior in Scythia, and in Egypt in a
war against the Ethiopians. He was married first,
to Seng, a daughter of the king of Scythia, and next
to Scota, a daughter of Pharaoh, king of Egypt.
He had eight sons by his two wives. Milidh's sons
sailed to Ireland with a fleet of thirty vessels, in the
year 500 before Christ. They conquered the Tuatha
De Dannan, notwithstanding their knowledge of the
black art, and became masters of the whole country.
They divided Ireland into two parts Eber became
king of the southern part, and Eremon, King of the
northern part.

According to authentic history, the Celts are de-
scended from Gomer. They came from Western
Asia to Western Europe long before the time of
Christ. In the course of their migrations they be-
came divided into two great branches ; the Gael and
the Cymry. The Gael pressed on as far as Scotland
and Ireland. The Welsh represent the Cymry.
Authentic history knows nothing of Niul or Scota,
or Gaidheal Glas, or Milidh, or Eber, or Heremon,
or even of Conn Ceud-Chathach, or Aonghas Turm-
haidh Teamhrach. The Macleans cannot trace
themselves back futher than Gilleain na Tuaighe ;
nor the Macdonalds further than Somhairle Mor
Mac Gillebride Mhic Adomnain. But we are all,
whites, blacks, and Indians, descended from Noah
and Adam, men who owned the whole world.

AM BAL GAIDHEALACH.

Beagan bhliadhnaichean an déigh do 'n Bhàrd tighinn do dh' America bha bàl aig na Gàidheil a'n taigh Dhaibhidh Mhurraidh am Merigomish. Cha'n fhaodadh duine 'bhi aig a bhàl ach feadhainn a labhradh Gàidhlig. Thugadh cuireadh do 'n Bhàrd. Phàidh e a luchd cuiridh leis an òran so a sheinn aig a' bhàl.

Fhuair mi an t-òran so bho Ghilleaspuig Mac-Gilleain 's an Eilean Mhòr. 'Sann toiseach an Earraich 'sa' bhliadhna 1826 a bha 'm bàl ann.

Luinneag.

Bithibh aotrom 's togabh fonn,
Cridheil, sunndach gun bhi trom,
'G òl deoch-slàinte na bheil thall
Ann an tìr nam beann 's nan gleannaibh.

Fhuair mi sgeul a tha leam binn
'Dh' ùraich gleus air teud mo chinn,
'S bidh mi nis a dol 'g a sheinn
Ged tha mi 's a' choill am falach.
 Bithibh aotrom &c.

Gur h-e 'n sgeul a fhuair mi 'n dràst
'S a dhùisg m' inntinn 'suas gu dàn
'Bhi gam iarraidh 'dh' ionnsaidh 'bhàil
'Th' aig na Gàidheil tùs an Earraich.

'N uair a théid an comunn cruinn
Bidh iad siobhalta le loinn,
Cliùiteach, ciallach, fialaidh grinn,
'S bheir iad caoimhneas do dh 'fhear aineoil.

'N uair a shuidheas iad mu 'n bhòrd
Bheir iad tacan air an òl,
'S fiodhall théud bho 'n gleusar ceòl
'Cur nan òganach nan deannaibh.

Cha bhi sgrùbaireachd mu 'n chlàr
Ann an cuideachda mo ghràidh,
Aig a bheil an inntinn àrd
'S nach gabh tàmailt bho na Gallaibh.

'N uair a théid an fhiodh'l na tàmh
Bheir iad treis air cainnt nam bàrd,
'Dhùisgeas fonn neo-throm 'nan càil
Anns a' Ghàidhlig a's glan gearradh.

'Chànain ghasda, bhlasda, bhinn !
'Si bha 'n cleachdadh aig na suinn
'Dhearbh an gaisge 'm feachd an rìgh :
'S iomadh tìr 's an tug iad deannal.

Luchd nam breacan bha 's gach àm
Fuasgailteach an strì nan lann :
'N uair a ghluaiseadh iad bho 'n chàmp
Chuirte 'n ruaig 's bu teann an leanachd.

'S ann ac' féin 'tha 'n t-éideadh grinn !
Breacan guaille, féile cuim,
Osan geàrr mu 'n chalpa chruinn
'S boineid ghorm os ceann na mala.

Stàilinn ghlas, mar ealtuinn giar,
Chleachdadh anns na baiteil riamh
Leis na gaisgich nach tais fiamh
'S nach biodh riamalach a tarruing.

Bha iad fìrinneach gun fhoill
'Nàm dol sios 'us pìob 'ga seinn :
Rùisgte brataichean ri croinn
Aig na saighdeiribh nach mealladh.

'S bho na chinn sibh féin o'n dream
'Dh' àraicheadh fo sgéith nam beann,
'Bhuannaich anns an Eiphit geall
'S a chuir Frangaich as an t-sealladh ;

Ged tha sibh an tìr nan craobh
Cuimhnichibh air beus nan laoch !
Leòghainn bhorb bu ghairge fraoch ;
'S iad nach aomadh as a' charraid.

Ged tha sibh an Albainn Uir *
Caithibh an oidhche le sunnd :
'S an deoch-slàinte 'thig air tùs
Olaidh sinn gu grunnd, gach fear i.

Olaibh air na Gàidheil threun
'Rachadh acfhuinneach air ghleus,
'S a tha fuasgailteach gu feum ;
Sealgairean air féidh 's na beannaibh.

Soraidh bhuam do 'n t-sluagh a null
'Tha 's an tìr 's an robh mi 'n tùs.—
'S tric a dh' fheuch iad bàt' fo shiùil
'S iad 'g a stiùireadh 'dh' ionnsaidh cala.

Bho nach ruig sinn orra 'n dràst,
Lion a' chuach a suas fo stràic,
'S cuir mu 'n cuairt i nuas gun dàil
Ann an onair àrd nam fearaibh.

* Albainn Ur, Nova Scotia.

There are no better soldiers in the world than the
Highlanders. At the battle of Bannockburn where
they formed the reserve under the immediate com-
mand of Bruce himself, they greatly distinguished
themselves. In the wars of Montrose, under Dun-
dee at Killecrankie, and in the Rebellion of 1745 they
proved their valour. Europe was ringing with the
praises of the 42nd after the battle of Fontenoy. In
America, Egypt, Spain, Holland, the Crimea, India,
Ashantee and Afghanistan, the Highlanders have been
the foremost in the fight and have won renown for
their country.

AN ADHARC.

Mu 'n bhliadhna 1827 thug Uilleam Foirbeis, aig
àite lionadh nan saoithichean am Pictou, do 'n bhàrd
adharc mhòr bhriadha, 's i lan de bhranndaidh. Cha
do chum am bàrd i ro fhada. Thug e i d'a charaid
dìleas Maighstir Cailean Grannda, Sagairt Arisaig.
Cha 'n eil fios gu de 'dh' eirich d' i.

Sgrìobhadh an t-òran so o bheul aithris Mhàiri
Fhoirbeis ann am Magh-an-Leas-leathain, 's a' bhliadh-
na 1873. Tha cuid mhath dheth air chall.

AN ADHARC.

Gur-a muladach tha mi
Ann am fàsach nam beann,
Anns an tìr so air m' aineoil ;
Cha 'n 'eil caraid orm teann
Gur-a neònach leam Uilleam
'Chur an turais fo m' cheann ;
Thug e dhuit mi mar leannan,
'S tha mi falamh 's an àm.

Am Bard.

Na bi gearan cho tràthail
Mu 'm bi càch oirnn a' cainnt ;
Gur-a h-iomadach fàilinn
'Thig air làimh a bhios gann.
Gabh mo leisgeul ged 'tha thu
Greis an dràst gun an dram ;
Gheibh sinn fathast gach goireas,
Théid a' choill' as a bonn,

An Adharc.

B' fhearr leam fhaicinn na chluinntinn,
'S gur h-e 'mheudaich mo bhròn
'Thu 'bhi 'g innse cho daor 's tha
Stuth mo ghaoil, aig Mac-Leòid,
'N uair bha mise aig mo chiad fhear
Bha e fialaidh 's gach dòigh,
Cha do chaomhainn e riamh orm
'Mheud 's gan iarrainn r'a òl.

Am Bard.

Bheirinn comhairl' nach misd'e
Air an fhleasgach dheas òg,
Gun e 'phòsadh ri banntraich
'S e an geall air a h-òr ;
Gheibh i cleachdadh bho ciad fhear
'Bhios i 'g iarraidh r'a beò,
Ged-a bhiodh i na caillich
'S aogasg sean air a sròin.

An Adharc.

Cha 'n 'eil mise nam chaillich,
Uist, a bhalaich gun tùr!—
Cha 'n ann falamh a bha mi
'N latha 'dh' fhàg mi mo rùn :
Gheibh thu tuilleadh bho Uilleam,
Fear an fhurain 's na mùirn,,
'S thoir dha gealladh teann làidir.
Nach téid m' fhàgail an cùil.

Am Bard.

Ciamar 'bheirinn thu 'm folais
Ann an comunn an dràst ?
'S duilich dhomhsa 'bhi d' chomain,
'S nach h-'eil boine air do chlàr.
Théid mi dhachaidh gun fhios leat,
Cha bhi mise fo d' stràic ;
Na bi maoidheadh do thochraidh,
Airson botail no dhà.

An Adharc.

'S math an tochradh a fhuair thu
Ceangailt' suas air do thaobh
Bho 'n duin' onarach ghasda,
'S rinn thu 'sgapadh gu faoin.
Dhomhsa dh' éirich a' bhochduinn,
Thug thu leat mi o m' ghaol ;
Gur h-e fhàgail a liath mi
Am bliadhna 's cha 'n aois.

Am Bàrd.

Cha 'n iad boirinnich bheusach
'Bhios an déidh air an òl ;
Ma thug thusa do spéis dha,
Gu 'm bi éis air do lòn.
Ciamar 'chumas sinn teaghlach
'S tusa 'glaodhach nan stòp ?
'Sguir de 'n òl agus chi thu
Nach bi dìth oirnn ri 'r beò.

An Adharc.

Tha a' bhranndaidh leam taitneach.
'S i a's blaisde na m' fìon ;
Tha i fallain do m' bhroilleach,
'S ni i sona mo chrìdh :
Ach ged bhithinn air phadhadh
Deoch cha ghabhainn leam fhìn ;
'S riamh cha d' iarr mi tombac' ort,
'S cha do chleachd mi an ti.

Am Bàrd.

'S maith tha fios aig gach neach
Nach 'eil do chleachdadh aig céill ;
'S tha e dhomhsa na mhasladh
'Bhi gad fhaicinn nam dhéigh.—
'S iomadh fear 'chaidh a mhealladh
'Fhuair a leannan aig féill,
'S e 'ga taghadh air àilleachd
'S gun a nàdar 'ga réir.

An Adharc.

B'e mo mhiann 'bhi aig Uilleam,
Sin an duine tha grinn ;
Bha mi fada na theaghlach
'S bha rud daonnan fo m' làimh.
'N uair a thigeadh luchd-eòlais
Bheirte á seòmar mi 'nall ;
'S iomadh conaltradh ciatach
Annus an d' iarradh mo chainnt.

Am Bard.

'S éigin dhomhsa 'bhi sàmhach
Ged is nàr e r'a luaidh ;
Tha an sean fhacal 'gràitinn
Nach bi dànachd gun duais.
Mar faigh fear an deadh-nàdair
Air mnaoi àrdanaich buaidh
Ni i burraidh 'us tràill dheth,
'Us cuis-ghàire do 'n t-sluagh.

An Adharc.

Bha mi féin agus Uilleam
Riamh, mar bhuineadh dhuinn, réidh ;
'S mi nach faiceadh air gruaman,
'S i an uaisle dha 's beus.—
Tha e 'chinneadh nan sàr-laoch
Anns na blàir a bhiodh treun ;
Air na Foirbeisich uallach,
'S tric a chualas deadh-sgeul.

AM BARD.

Bho na chaidh thu gu eachdraidh
'S gu cinn-fheachd' nach robh clì
Bha mo chinneadhs' cho beachdail
Ri dream 'chleachd a bhi strì,
Ged-a chaill iad le 'n gòraiche
An còir air an tìr
Ann an aobhar righ Seumas:
'S bochd a dh' éirich sud duinn.

BROSNACHADH ROGHNACHAIDH.

Luinneag.

Deoch-slàinte luchd nam breacanan,
'S e 'cur mu 'n cuairt a b' aite leinn ;
'S gu 'n òlamaid gu sgairteil i
Air lasgairean a' chruadail

Tha naigheachd ùr an dràst againn,
A chùirt a th' aig a' Phàrlamaid ;
Gach taobh tha cruinneachadh chàirdean
Dh' fheuch co 's fheàrr aca 'n i buannachd.
Deoch-slàinte luchd nam breacanan.

'S a Ghàidheil bithibh ceannsgalach
'Us cuimhnichibh 'ur ceannardan
A's tric thug buaidh 's 'na campaichean
Ag iomairt lann le cruadal.

Gur mòr an t-aobhar nàire dhuibh
Ma ghéilleas sibh do'n Lasonach
Do Dheòrsa no do dh' Archibald,
'S an tàir a thug na h-uaislean.

'S ann thubhairt iad gu mi-chiatach
Gur pronnasg a bha dhìth orra,
'S gu 'n glanadh iad an sgrìobach
De na Gàidheil mhiodhair shuarach.

Ma dhearbh sibh riamh 'ur duinealas,
'S e so an t-àm dhuibh cruinneachadh
'Us fheuchainn dhaibh gur h-urrainn sibh
An t-urram a thoirt bhuatha.

Cha chualas riamh aon tàmailt
Aig an t-sinnsearachd bho 'n tàinig sibh ;
An àm dol sios 's na blàraibh
Bu neo-sgàthach gu cur ruaig iad.

'N uair rùisgeadh iad am brataichean
'S a sheinnte 'phìob gu tartarach ;
Bhiodh cliù air luchd nam breacan
Anns gach baiteal, mar-a chualas.

B'e sud an còmhdach cleachdte dhaibh,
An t-osan grinn 's na gartanan,
An còta geàrr 's am breacan
Air a phasgadh thar an guala.

Le 'n claidhean dhion na sàr-fhearaibh,
Gach beinn 'us gleann a dh' àitich iad
Bho fheachd na Ròimhe àilleasaich
Gu calma, dàna, buadhach.

Aig Allt-a'-Bhonnaich b' fheumail iad,
Bu ghuineach, fuileach, treubhach iad,
'Cur as gu bras le 'n geur-lannan
Da 'n naimhdean féiueil uaibhreach.

'S an là bha Fontenòi ann
Gu 'n d' rinn iad gnìomh mar leòghannan ;
Chuir sin an gorm ri 'n còtaichean
'S tha còir ac' air o'n uair sin.

Bu lasgarra 's an Eiphit iad ;
Bu sgairtail, neartmhor, creuchdach iad :
Thuig Bonipart an trèinead
A tha 'n luchd nam fèileadh cuaiche.

'S aig *Waterloo* gu 'm b' ainmeil iad ;
Rinn iad an gaisge 'dhearbhadh ann :
'S gu bheil e sgrìobhte an airgiod
Air an ceanna-bheirt mar-a ghluais iad.

Cha robh na Gàidheil fàilinneach ;
B'e 'm beus 'bhi seasmhach tàbhachdach ;
'Bhi beachdail, reachdmhor, àrdanach
'Bhi dàn a dol 's an tuasaid.

Bu teom air gnìomh na fairge iad ;
Cha mhiosa 'shiubhal garbhlaich iad ;
Bu mhiann leotha 'bhi sealgaireachd
Air carbachan 's na bruachan.

Ged 's iomadh tìr a dh' astaraich iad,
Cha chualas riamh fo mhasladh iad ;
Gach beus a b' fheàrr bha 'n taice riubh';
Bha 'n cleachdadh daonnan uasal.

A shliòchd nan laoch a b' ainmeile,
Na leigibh dhibh le dearmadachd
Na daoin' tha 'n diugh ag earbs' asaibh
Gu'n dearbh sibh mar bu dual duibh !

A mhuinntir ud 'bha 'gràitinn riubh
Nach b' fhiach sibh féin no Ghàidhealtachd
Biodh cuimhn' agaibh an dràst orra,
'Us àrdaicheabh an cluaran.

Ma ni sibh gnìomh gu h-eireachdail
'S gu 'n toir sibh cùis mu dheireadh dhiuibh
Gu 'n dean mi òran eile dhuibh
'S cha cheil mi air an t-sluagh e.

Bi'bh dìleas ann am bràithreachas,
'S gach cridh' gun lùb, gun fhàilinn ann ;
Ho ró airson nan Gàidheal,
'S an deoch-slàinte cuir mu 'n cuairt i !

In the year 1830, "the Big Election" was held in Pictou. At that time Halifax, Colchester, and Pictou constituted but one county. The Conservative Candidates were Hartshorne, Blackadar, Barry, and Starr; the Liberal Candidates were Archibald, Blanchard, Lawson, and George Smith. The election, in Pictou alone, lasted about a week. Both parties kept open houses, and liquor flowed freely. In a riot which took place a man named Irving was killed. The Liberals won the election.

The poet was a Conservative. He went up from Merigomish to Pictou in a schooner. He took no special interest in the election, until he was told that one of the Liberal candidates had made some insulting reference to the Highlanders. He then went to work and composed this song. He spent the greater part of the night at it. He sang it next day. Thousands were present. It had a most exciting effect. It is a real "brosnachadh-catha."

The poet, some years after the Big Election, became a Liberal in politics.

RAFFAIL DHOMHNUILL IAIN BHAIN.

Luinneag.

Tha mi so 'sa' choille chruim
Teannaidh mi ri togail fuinn,
Tha na gilean òga cruinn
'S b' fheàrr leam féin gu 'n robh mi ann.

Gur a h-inntinneach an dràst
'Chuideachd a tha 'n taigh Iain Bhàin
'Cluich nan disnean air a' chlàr,
Ged a tha mi gun dol ann.
    Tha mi so 'sa' choille chruim.

Saoil thu, 'bhean, an téid mi sìos,
Dh' fheuch an coisinn mi 's an strì ;
Suarach leth-dollar 'g am dhìth
Seach uaireadair grinn am làimh.

Labhair a' bhean rium le gruaim,
Saoil nach tusa 'n duine truagh,
Dùil agad gu 'n toir thu buaidh ;
Ciod am buaireadh tha 'n ad cheann.

Thuirt am Frisealach rium fhìn
Gu 'n robh esan air a tì,
'S chuir e cabhag air a mhnaoi
'S gu 'm biodh ruidhl' aca roimh 'n àm.

Thuirt Iain Camshron rium Di-luain
Gu 'm b' fheàrr leis aig i na luach
Ged a chosdadh i 'bhò chruaidh
Thug e bho Iain Ruadh 's a' Ghleann.

Tha Gleann-a-Comhann ag ràdh
Nach leig esan i le càch
Ged a chosdadh i 'n t-each bàn,
'S gur-a làidir e 'sa' chrann.

Tha fear eil' ann 'th 'air a tòir
'S ni e a ceannach le chuid òir,
Tha e 'm bliadhn' air dol gu spòrs,—
Seumas Dòmhnullach ud thall.

Bha, ars' Eòbhann mòr, ann uair,
'N uair bha mi 's an dùthaich shuas,
Is bha té agam le uaill,
Chuir mi bhuam i, dh'fhàs i mall.

Uaireadairean 's ni gun stà,
Bidh iad tric a dol gu ceàrd
'S iad le fuachd no stùr nan tàmh,
Tha iad fàilinneach 's gach ball.

Thuirt Murachadh, 's e 'g éiridh suas,
Ged-a thilginn 's a dà uair
Cha bhi 'n t-uaireadair so bhuam,
'S ann bha 'n uaisl' air dol 'na cheann.

Bha Uilleam am misnich mhòir
'N uair a thilg e air a' bhòrd,
Shaoil leis gu 'n robh i na dhòrn,
Cha robh 'n sud ach dòchas meallt'.

Bha Alastair donn 'na leum
Coltach ri duin' as a chéill
'S dùil aige gu 'n d' rinn e feum
Gus na leughadh dha na bh' ann.

An sin labhair Uilleam Shè,
Cuir a nall i, chaill thu 'n réis,
Na biodh sùil agad na déigh
Bho na tha do Bheurla gann.

Thuirt Alastair òg gu fòil,
Cha leig mise i leat le m' dheòin ;
'S ann dhomh 's freagarraiche an spòrs,
Bho 'n fhuair mi air dòigh an dam.

Ma théid na bodaich gu feirg
'S eagal leam gu 'm bi iad scarbh
Bho na rinn am misneach falbh
'S gu bheil am fear dearg cho meallt'.

B'e sin trod nam ban mu 'n sgarbh
Chaidh air iteig leis an stoirm ;
'S ann bu choltach iad ri arm
'Dheanadh marbhadh le 'n cuid lann.

'S e tha toilicht' an gille òg
A thug dhachaidh i na phòc' ;
Dh' fhàg e na bodaich fo bhròn,
'S cha dean ceòl an cur a dhanns'.

About the year 1831 Donald MacDonald, Beaver Meadow, Dòmhnull Iain Bhàin, had a raffle on a watch in his father's house. Every person who attended had to pay half a dollar. The young people in the neighbourhood were present. Those mentioned in the song are the old and middle-aged men who lived near. Some of them were not at the raffle. The poet himself was not there. All the men referred to are now dead.

DITEADH MHIC-AN-TOISICH.

Anns a' bhliadhna 1841 chuir an t-Easpuig Friseal
nach maireann Comunn Stuamachd air chois 'an
Antigonish. Thàinig a chuid mhòr de na bha 's na
sgìreachdan a bha fo a chùram fo ghealladh sgur de
'n òl fad thrì bliadhna. Tha duine no dha an
làthair nach d' òl boinne bho 'n uair sin. 'S ann
air latha na bliadhna ùire a chuir daoine an ainm
ris a ghealladh ann am baile *Antigonish.*

Tha an t-òran so air a dheanadh ann an ainm
Dhòmhnuill Mhic-Gille-bhràth ris an abairteadh gu
coitchionn "Dòmhnull Mhamaidh." 'Se mar sin
oran Dhòmhnuill Mhamaidh an t-ainm fo 'bheil e
'dol.

Luinneag.

Tha mi sgìth bho 'n tim so 'n dé ;
Cha 'n 'eil m' inntinn leam air ghleus ;
'S beag an t-ioghnadh sin dhomh féin
'S gu 'n d' fhuair mi sgeul 'tha muladach.

Cha tig dhomhsa bhi nam thàmh
'S Mac-an-Tòisich, fear mo ghràidh,
Aig a' nàimhdean ann an càs ;
Am fleasgach àluinn urramach.

Ged-a fhuair iad e fo chìs
Cha robh leithid anns an tìr ;
Bu chompanach e do 'n rìgh
Do dh' uaislean grinn 's do chumantan.

Gur-a diombach mi de 'n chléir
'Chuir an tòrachd às a dhéigh ;
Gu 'm bu dìleas e dhaibh féin
Ged thug iad beum na dunach dha.

A chiad latha de 'n bhliadhn' ùir
'S ann a shuidhich iad a chùirt
'S iad ag iarraidh fear mo rùin
A chur an cùil 's a chumail ann.

Chaidh mi-féin a staigh nam dheann ;
Bha mo bhoineid ann am làimh ;
Bha mi sìobhalt ann am chainnt
'S cha tugainn taing do dhuin' aca.

Thuirt a nàimhdean 's fearg nan gnùis
Gu 'n robh e gun mheas, gun chliù ;
Gu 'n goideadh e an cuid 's a chùil
Ged bhiodh an sùil air furachail.

Thuirt mi féin, gur cruaidh an càs
Mac-an-Tòisich chur gu bàs
'S gun chòir' aca 'dh 'fhear mo ghràidh
Ach e 'bhi fàilteach, furanach.

Dh' iarr mi orra 'chur mu sgaoil,
'Leigeadh ás duinn air an raon ;—
Cha ghlachdte e a ris le maoir ;
Cha bhiodh e faoin a chuireadh ris.

Gu 'n robh fianuisean gu leòir
Gus a shaoradh aig a mhòd,
Fear na misnich, Uilleam òg,
Bha deònach dol an urras air.

Tòmas air a chnoc ud shuas
Thàinig oirnn le 'lagh a nuas
Dh' fheuch an dionadh e'm fear ruadh
'S e' ruith cho luath 's a b' urrainn da.

Thàinig Pàdruig ás a dhéigh
Ged bha bacaiche 'na cheum ;
Gu 'n robh bat' aige fo 'sgéith
'S mur biodh iad réidh bhiodh fui' aige.

Dh' éirich Somhairle 's a chùirt
'S labhair e le sgairt mu 'n chùis ;
Thuirt e chogainn ris a chrùn
Mu 'n cuirinn diomb a churaidh riun.

Chreid am breitheamh a luchd-fuath'
'S thuirt e, 's 'fhuil a leam gu 'ghruaidh,
'S fad o'n thoill e 'chroich mar dhuais,
Is gheibh e bhuam-s' na bhuineas dha.

'N uair a fhuaradh e fo shreing,
Bha na ceudan 'dol nan deann
'S iad a bòideachadh gu teann
A bhi nan nàimhdean tuilleadh dha.

'S iomadh aon 'bha 'chridhe fann
'Sa bh' air chrith gu dlùth 's gach ball,
'Cur a laimhe ris a pheann
'S e dol 's a' bhann 'bha cunnartach.

'S fad o'n chuala mi 'bhi 'g ràdh
Gu 'n téid neart thar ceart an àird ;
'S ann mar sin tha 'chùis an dràst ;
Bha bhinn ud ceàrr, 's bu ghuineach i.

Bha lagh Chill-ma-cheallaig cam,
'N uair a chroch e'n t-each ri crann ;
Ach ni 's caime tha 'n lagh teann
'Chuir slabhraidh mu 'n fhear churanta.

Dheanainn iasgach leis an tàbh
Air a' charaig mar-ri càch,
'S ged nach biodh mo lòpan làn
Bhiodh cuid an tràth' no tuilleadh ann.

Gur-a tric a thug mi sgrìob
Gu rudha Arasaig ud shios,
'S an taigh Ealasaid gu 'm bith'nn
'N uair 'bhiodh na linn an cur agam.

'Mhic-an-Tòisich bha thu riamh
Fearail, fiùghantach, 'us fial :
Cha bhiodh tlachd ach far an iarrte
Thu, 'dh' aindeoin briag a chuireadh ort.

Raoghal cùbair tha fo leòn
Bho na chuala e mu 'n mhòd ;
'S tric 'na mheòir a chuir thu ceòl
A dh' fhògradh bròn gu buileach bhuainn.

Màla 'phioba chrup e 'suas,
'Ga fhliuchadh le uisge fuar,
Bho 'n theirig iocshlàinte nam buadh
A bheireadh fuasgladh muineil da.

'Sin an iocshlàint' 's an robh 'm feum
'Dh' fhògradh aiceidean bho chléibh :
'S b' ainmeil i air leigheas chreuchd ;
Gu 'm b' fheàrr na léigh nam Muileach i.

Thuirt Mac-Mhuirich rium Di-màirt
Gu 'n d' fheuch e cuislean do làmh,
'S gu 'n éireadh tu fhathast slàn ;
Do chur gu bàs nach b' urrainn daibh.

B' fheàrr gu 'm biodh an sgeul sin fìor ;
'S iomadh aon dha 'm biodh e binn ;
Ged bhiodh 'bhranndaidh gini 'phinnt
Gu 'n cosdainn trì le sulas riut.

Ged-a bhithinn 's an taigh bhàn
Gun dùil ri tigh'nn ás gu bràth,
Nam faicinn thu air an t-sràid
Gu 'n leumainn àrd troimh' uinneagan.

Cha bhiodh banais 's cha bhiodh bàl,
Cha bhiodh Nollaig 's cha bhiodh càisg
Nach biodh tus' air ceann a' chlàir
'S do chàirdean a' cur furain ort.

'S ann ad chomunn nach biodh sgraing
'N uair a theannadh daoin' ri cainnt ;
Cha bhiodh òr ad phòca gann
'S gu 'n tugte *dram* do 'n' h-uile fear.

Greis air iomairt 's greis air òl,
Greis air aighear 's greis air ceòl,
Greis eile air bualadh nan dòrn
'S gun chòmhdach air am mullaichean.

Chuireadh tu 'n daorach nan ceann,
Thuiteadh iad a bhos 'us thall ;
'N uair ghlacadh iad thu air làimh
Cha cheannsaicheadh Cochullain iad.

Dh' fhàgadh tu 'm fear glic gun chiall ;
Dheanadh tu 'n spìocaire fial ;
Dh' fhuasgladh tu sporan nan iall
'S cha bhiodh an gnìomh sin furasda.

Co a chunntadh e 'na chall
'Bhi sgapadh airgid 'n ad gheall,
Ged-a bhiodh e'n ath-là fann
'S a làmh mu cheann 'se 'turaman.

'S misd' na mnathan thu 'g an dìth,
B' fheàird' iad ac thu 'g òl na *ti*
Dh' fhiosraicheadh tu dhaibh le cinnt
A' bhrìgh a bhiodh 's na duilleagan.

'S mòr am beud thu 'bhi air chall ;
Bu tu ceann-cinnidh gach dream :
Chiosnaicheadh tu feachd na Fraing'
Gun deann a chur á gunn' orra.

Dheanadh tu cogadh 'us sìth ;
'S e do spiorad nach robh clì ;
Cha 'n fhacas tu air do dhriom,
Ge tric an strì nam buillean thu.

'S lionmhor mais' ort, fhir mo ghràidh,
Nach h-urrainn domh 'luaidh am dhàn :
Ma théid d' fhògradh null thar sàil'
Bidh sinn ri 'r là dheth uireasach.

Ach ma thig thu slàn 'n ar ceann
Le d' shuaicheantas àrd ri crann,
Gur curaideach a bhios do chlann
A dannsadh Ruidhle-Thulaichean.

Bidh sinn éibhinn thu bhi beò ;
Cha bhi duine sean no òg
Nach tionndaidh fo d' bhrataich shròil,
'S gu mòd cha toirear tuilleadh thu.

Sud ort féin, a charaid ghràidh ;
'S mi nach tréigeadh thu gu bràth ;
Cha téid m' ainm s' air paipeir bàn
Am measg na gràisg nach buineadh dhuit.

The friends of Ferintosh, referred to in this and
the following song were all well-known, and were
by no means strong advocates of total abstinence.
"Dòmhnull Mhamaidh" was a Mac-Gillivray.
"Uilleam òg," William Gillies, kept a tavern in
Antigonish. He was a native of Moidart.
"Tòmas," John Thomas Hill was a lawyer.
"Pàdruig," Paddy Byrne, an Irishman was a noted
tavern-keeper. "Somhairle," Samuel Symonds,
was for a time jail-keeper in Antigonish. "Eala-
said" kept a tavern in Arisaig. "Raoghal Cùbair"
was a piper. "Mac-Mhuirich," Dr Curry was a
gentleman of very good talents. He studied medi-
cine in Edinburgh.

The judge referred to in the 13th verse was of
course Bishop Fraser, a genuine Highlander, and a
gentleman for whom all entertained the highest
respect.

AISEIRIGH MHIC-AN TOISICH

Cha b' fhada chum a chuid mhòr de na sguir de
'n òl aig àm "Diteadh Mhic-an-Toisich" ri 'n geall-
adh. Thòisich iad air òl mar-a b' àbhaist daibh.
B' e sin aobhar an òrain so. Tha e air a dheanamh
mar gu'm b' ann le "Raoghal Cùbair, pìobaire
Mhic-an-Toisich."

Luinneag.

" Ho ro, ho ro gur h-éibhin leam
A chluinntinn gu 'n do dh' éirich thu ;
'S ann leam is ait an sgeula sin
Bho 'n chaidh an t-eug cho teann ort."

'S a' mhaduinn an àm éiridh dhomh
Gu 'n d' fhuair mi naigheachd éibhinneach :
'S gur lionmhor fear a leughas i
Nach tugadh beum d' ar ceannard ;

Gu 'n tàinig Mac-an-Tòisich oirnn
Gu dhùthchas, mar bu deònach leinn ;
Ged thug iad ionnsaidh ghòrach ort
Gu bheil thu beò gun taing dhaibh.

Gu 'n cuir mi 'phìob an òrdugh dhuit,
'S gu 'n seinn mi binn an t-òran so ;
Gu 'n tàinig lùths am mheòirean
Bho na thòisich mi ri cainnt ort.

'N uair' tharruing mi 'g am ionnsaidh i
Cha robh a cliabh ach tùchanach :
Cha b' ioghnadh dh' i, bu tùrsach i
Ri ionndrainn na bh' air chall oirnn.

Bha 'n gaothaire 's droch fhàileadh dheth :
'S an siunnsair thàinig sgàineadh ann :
Cha robh na duis ach càrsanach,
'S a màla 's e air crampadh.

Na ribheidean air tiormachadh.
Gach gleus a bh' innt' is meirg orra.—
'N uair fhuair i 'n iocshlàint iomraideach,
Gu 'm freagradh gairm nam beann d'i.

Gu 'n cuir mi suas gu rìomhach i
Le ribeinean de 'n t-sìod' oirre.
'Si féin mo chéile sìobhalta
Cho finealta ri baintighearn'.

Thoir fios gu Dòmhnull Mhamaidh bhuam
Mo chòmhlachadh an Arisaig :
Gu 'n téid mi 'sios am màireach ann
'S gu 'n tàmh sin ann gu Bealtuinn.

Bidh càirdean Mhic-an-Tòisich ann
Nan comunn sunndach, sòlasach,
Gu toirt a mach a chòraichean
Ma thòiseachas an aimhreit.

Bidh Dòmhnull, mar is taitneach leis,
A' cumail suas do bhrataich dhaibh ;
Bidh ruaig air sluagh 'bheir masladh dhuit
Mu 'm paisgear ris a chrann i.

Bho 'n tha gach dream air tilleadh riut
'S ann chruinnicheas sinn na fineachan ;
Bidh Uilleam Og na shinealair
'S na gillean fo 'chomannda.

Bidh Somhairle na chléireach ann,
'S do 'n chòirneil bheirear réiseamaid : -
Gur mairg a thairgeadh eucoir dhuit
'S gach treun-fhear a bhios teann ort.

Gu 'n tig am Maidseir Alastair
Le 'gheàrd o'n Tobar Shalainn ann ;
'S gu 'n ordaich e na searragan
'Bhi 'n tarruing air a' chabhsair.

Bidh Tomas agus Padruig ann,
Cho dileas dhuit 's a b' àbhaist dhaibh,
'S a dh' aindeoin cléir no cràbhaichean
Cha 'n àicheidh iad na gheall iad.

Bidh Uisdean is Niall Camshron ann ;
Bu chùirteil leat 's an anamoch iad
Aig ceann do bhùird a seanachas riut
Gun dearmad air a' bhranndaidh.

Le fonn thig Raoghal tuairnear oirnn
'S gu 'm faigh e post' o'n uachdaran :
'S ann chuir a' bheairt, droch thuainealaich
Na 'chluasan le 'cuid sranntraich

Air eagal 's gu 'm bi cunnart ann
Le tinneas 's buillean fuileachdach,
Gu 'n tig an léigh Mac-Mhuirich ann,
'S gur h-urramach le 'lann e.

Tha Aonghas Gobha làmh ruinn,
'Us gur fòghainteach 'na cheàrdaich e
Tha mòran ghlasan làmh aig'
Gu d' luchd càinidh chur air slabhraidh.

Thig Lachuinn saor a chlisgeadh oirnn,
'S gu bheil mi 'n dùil nach misd 'sinn e
Gu càradh chorp 's na cisteachan
Ma thàrlas bristeadh cheann ann.

'Us ma bhios mairbh r'an tiodhlacadh
Gur feàird' sinn Iain Mac-Isaic ann ;
Gu 'm fuaigh e dhaibh an lion eudach
Gu grinn 's an fhasan Ghallda.

'N uair chruinnicheas na h-àrmuinn sin
Mu 'n cuairt do 'n bhòrd mar b' àbhaist dhaibh,
Gur cinnteach gu 'm bi 'm Bàrd againn,
'S gu 'n dean e 'n Gàidhlig rann duinn.

Gu 'n loisgear teintean éibhneis dhuit
'Feadh bheann 'us ghleann 'us réidhleanan,
Gu 'n lasar coinnlean céire dhuit,
Bidh deàrrsadh bho gach lanntair.

Bidh fìon an gnìomh nan òr-cheàrdan
Gu fial ga dhìol gu 'n sòradh air,
Gun ìotadh air son seòrs' orra
Bha d' stòraichean gun ghanntar.

Ach spìocairean cha 'n fharraid sinn,
Cha 'n fhaod iad tigh'nn an scalladh dhuinn :
Gur tric a thug thu 'n car asda
'N uair 'mhealladh tu le dram iad.

'N uair dhùisgeadh tu gu mòrchuis iad
Gu 'n rùraicheadh tu 'm pòcanan :
Na 'n cunntadh iad de 'n stòras dhuit
Bhiodh bròn orr' fad a'gheamhraidh,

Bhiodh airsneal agus éislean orr,'
Fo sprochd cho bochd 's a dh' éirich dhaibh :
Ach 's tusa 'm fear a léigh'scadh iad
'S a bheireadh réit á ainnhreit.

Gach aon a bh' ann am miothlachd riut
Ga d' fhuadach ás na crìochan so
Gu 'm feum iad a bhi sìobhalta
Mu 'n ciosnaichear fo shreaing iad.

Ma thionndas iad am baiteal ruinn
Gu 'n smùidear leis na slachdain iad,
Le buillean dhòrn 's le bataichean
De ghlas-darach 's de challtuinn.

'S ma thachras le neart pheileirean
Gu 'm fàgar cuid dhinn deireasach
Gu 'n sònraichear taigh-eiridinn
'S gur h-eireachdail do chlann ann.

Bidh bruidhinn àrd gu dian aca,
Bidh sgròbadh leis na h-ìnean ac',
'S tu féin le d' bheusan sìobhalta
G an cur gu sìth 'g an an-toil.

Nan leapaichean gu 'n suaineadh tu
Nan cadal air an cluasaig iad ;
Bhiodh breisleach agus bruadar orra
'S iad fo ghruaim a' dranndan.

'N uair dhùisgeas iad am màireach
Gu 'm bi goirteas cinn 'g an sàrachadh,
'Ag innse gu bheil tamailt orr'
Mar dh' fhàg thu iad nan amhlachd.

'N uair thig thu Jlùth chur fàilt' orra
Bheir d' aghaidh mhùirneach slàinte dhaibh ;
'S ann phògas iad le càirdeas thu
Bidh crathadh làmh gu teann ann.

Bha mòran dhaoine 'gràitinn rium
Gu 'n robh do ghealladh fàilinneach,
'S gu 'n rùisgeadh tu na pàisdean
Aig na pàrantan 'bha 'n geall ort.

Cha robh thu riamh cho eucorach
'S gu 'n rùisgeadh tu gun éideadh iad ;
Gu 'm falbhainn as mo léine leat
Gun éisdeachd ri d' luchd-gamhlais.

Gur lìonmhor buaidh ri àireamh ort,
Nach innseadh fear le 'thàlantan ;
Bha 'n t-sinnsearachd bho 'n tàinig thu
'S an àirc air na h-àrd-bheanntan.

'N uair fhuair thu aisde sàbhailte
Chaidh Noah 'thogail gàraidh dhuit;
'S gu h-uasal thug thu phàidheadh dha ;
Bha càrt agaibh 's an àm sin.

Ged chaidh a chléir gu 'n dùbhlan oirnn
'Ga d' fhuadach ás na dùchannan
Bu tric iad féin a sùgradh riut
'S tu 'g ionnsachadh dhaibh dannsa.

'N uair 'dh'éireadh iad air ùrlar leat
Bu lapach mu na glùinean iad ;
Gu 'n càineadh iad 's a chùbaid thu
'S gu 'n rachta 'n chùil 'g ad shealltainn.

Bu tric an cùirt nan righrean thu
Ga d' iarraidh 'dh 'ionnsaidh dinneireach ;
Bu chompanach do dh' Iompaire thu
Gu brìodalach a' cainnt ris.

Gu bheil do nàdar iriosal
'Us bàigheil, càirdeil, mireagach :
Gur h-àlainn an ceann-cinnidh thu
'N uair 'thionalas do champa.

M

Bu ghaisgeach mòr rìgh Alastair,
Bhiodh buaidh 's a' bhlàr a dh' aindeoin aig',
Ach cheannsaich thus' gu h-ealamh e,
Gur fearail dh' iomairt lainn thu.

Deoch-slàinte Mhic-an-Tòisich
Cuir mu 'n cuairt oirnn ; co nach h-òladh i !
Bho 'n thill thu ruinn b'e 'n sòlas e
Seach d' fhògradh bhuainn le ainneart.

Bu bhlasda le d' chuid uaislean i.
Gu 'm b' fhallain teth no fuar dhaibh i :
'N uair thòiseachadh na tuasaidean
Cha bhiodh fear suarach ann diu.

Air 'chùmhnant' thu thigh'nn sàbhailte
Gu 'n òlainn féin 's gu 'm pàidhinn i :
Ach teisteanas 'bheir tàmailt ort
Gu bràth cha chuir mi peann ris.

"An Còirneal," Munro, was a Scotsman. He at
one time owned nearly all the lands on which the
village of Antigonish now stands. He was Colonel
of the Militia. His uncle, the Rev. James Munro,
who was born at Orbiston, near Elgin, was the first
minister of Antigonish. He was settled there in
the summer of 1807. He visited Antigonish and
preached there in 1797. He died in 1819.

"Am Maidseir Alasdair," Alexander Cameron,
was a native of Lochaber, and was a good-hearted
sort of man. "Uisdean" Hugh MacLennan, was a
merchant in Antigonish. "Niall Camashron," a
native of Lochaber, kept a tavern in Antigonish.
"Raonull Tuairnear," Ranald MacLean, lived at
Addington Forks. It was in his house the poet
died. "Aonghus Gobha," Angus Smith, is still

living. " Lachunn Saor," Lachlan MacLean was a native of Coll. He died, July 3rd, 1855. " Iain Mac Isaic," a native of Moidart is still living.

ORAN DO'N "CHUAIRTEAR."

Deoch slàinte 'Chuairteir a ghluais à Albainn,
Bho thìr nam mòr-bheann 's a sheòl an fhairge
Do 'n dùthaich choilltich s' 'thoirt dhuinn a
    sheanchais :
'S am fear nach òl i, biodh mòran feirg ris.

'N uair thig an Cuairtear ud uair 's a' mhìosa.
Gu 'm bi na h-òganaich le toilinntinn
A' tional eòlais bho chòmhradh siobhalt,
'S bidh naidheachd ùr aig' air cliù an sinnsribh.

Gur lìonmhor maighdean tha ann an dèigh air,
'S a bhios le caoimhneas a' faighneachd sgeul
    dheth,
Le solus choinnlean a bhios ga léughadh,
'S bidh eachdraidh ghaoil aige do gach tè dhiubh.

Cha 'n ioghnadh òigridh thoirt mòran speis dha
'N uair 'tha na seann daoin' 'tha 'call an léirsinn.
'S an cinn air liathadh cho dian an dèigh air,
'S nach dean iad fhaicinn mar cleachd iad speuc-
    lair.

'S e 'n Cuairtear Gaidh'lach an t-àrmunn
    dealbhach
Le 'phearsa bhòidhich an còmhdach balla-bhreac
Mar chleachd a shinnsrealbh gu dìreadh gharbh-
    lach,
'S e fearail, gleusda gu feum le armaibh.

'N uair thig e 'n tìr so mu thìm na samhna,
Bidh féileadh cuaiche mu chruachainn theannta,
'S a bhreacan guaille gu h-uallach, greannar,
'S cha lagaich fuachd e no gruaim a' gheamhraidh.

Bidh boineid ghorm agus gearra-chot ùr air,
Bidh osain dhealbhach mu 'chalpaibh dùmhail,
Bidh gartan stiallach thar fiar-bhreid cùil air,
'S a bhrògan éille, 's b'e 'n t-éideadh dùthchais.

Bidh lann gheur stàillinn 'n crios 'bhraiste airgid
     air
'S biodag dhuallach de chruaidh na Gearmailt,
Is dag air ghleusadh nach leum le cearbaich,
Le sporan iallach de bhian an t-sheana-bhruic.

'S e sin an t-éideadh tha eutrom uallach
Gu siubhal bheann agus ghleann is chruachan,
'S gu seasamh làraich an làthair cruadail ;
Bu tric an nàmhaid an càs air ruaig leis.

'N uair chi mi 'n CUAIRTEAR tha uasal, rìoghail,
Bidh mi ga shàmhlachadh ri Iain Muilleir ;
Tha fichead geamhradh bho 'n tha e 's tìr so
'S cha d' chuir e riamh air a shliasaid cuibhreach.

Tha còrr is ciad bho 'n tha ciall is cuimhn' aig';
Is tric a shealg e 'n damh dearg 's na frithean,
Air slios Beinn Armuin a b' àrd r' a dìreadh,
'S an déigh an t-scors' ud b'e 'n còmhlan fiachail.

'S a' CHUAIRTEIR àluinn tha 'tàmh 's na gleanntan,
Ga bheil a' Ghàidhlig, 's a 's feàrr a labhras i,
'S nach gabh tàmailt ge be ni sealltainn riut,
'S mòr de chàirdean tha 'n dràst an geall ort.

Gu 'n ghabh iad tlachd dhiot le beachd nach tréig
 iad,
Bho 'n 's Gàidheal gasd' thu tha sgairteil gleusda ;
'S tu oighr' an TEACHDAIRE 'chleachd bhi beusach,
'S cha d' fhàgadh masl' air a' mhac 'na dhéigh leis.

'S a' CHUAIRTEIR ghràdhaich cha d' thugainn
 fuath dhuit ;
Gu'n robh do chàirdeas ri sàr-dhaoin' uasal,
Ged-a rinn pàirt dhiubh do chàradh suarach,
A chaill an Gàidhlig 's na b' fheàrr cha d'fhuair
 iad.

'S i Ghàidhlig bhrìoghmhor 'bh' aig suinn na
 Féinne,
'S bu daoine calma nan aimsir féin iad,
'S rinn Oisean dànachd dhaibh air a réir sin ;
'S gur h-i bh' aig Pàdruig a bheannaich Eirinn.

Gur mòr na fiachan fo bheil na Gàidheil
Do 'n fhear a dh' inntrich air leabhar nàdair,
'S a dhearbh le fìrinn gur h-i bh' aig Adhamh,
'S e bainne 'cìche a lìon gach cànain !

Bu lus 'bha prìseil i chinn 's a' ghàradh,
Bha 'n stochd gun chrìonadh am brìgh 's an àill-
 eachd,
'S cha robh ann siantan a mhill a blàithean ;
Bu ghlan gun truailleadh a fuaim an là sin.

A CHUAIRTEIR éibhinn na tréig gu bràth i,
'S na leig air dìochuimhn' ri linn an àil s' i :
Bidh sinn ga seinn anns na coilltibh fàsaich,
Mar sheinn na h-Eabhraich an cainnt 'am
 Bàb'lon.

'S a Chuairteir shiobhalt ma ni thu m' iarrtas,
'S gu 'n cuir thu 'n t-òran so 'n clò nan iarunn,
A' d' chaoimhneas giùlain do 'n chùrsa 'n iar e,
Do'n eilean iosal, 'an tìr o'n thriall mi.

Am baile gaolach a' Chaolais àillidh
'S an robh mi 'còmhnaidh 'n am òige, fàg e,
Aig cnoc Mhic-Dhùgh'll far an dlù mo chàirdean;
'S thoir fios gu'n ionnsaidh gu bheil mi m' shlàinte.

'N uair bhios mi còmhla ri comunn càirdeil,
'N ar suidhe còmhnard mu bhòrd taigh-thàirne,
Gu 'n gabh mi 'n t-òran, gu 'n òl, 's gu 'm pàidh
     mi
Deoch-slàinte 'Chuairteir le buaidh do'n
     Ghaidhlig.

"Oran do 'n Chuairtear" was written about the year 1842. The "Iain Muilleir" referred to was a native of Sutherlandshire. His name was John Sutherland; and he was commonly known as "Bodach an Fhéilidh." He was driven to this country when an old man by the Sutherland clearings. He wore the kilt in winter and summer; probably he never had a pair of trousers on. He was like his countryman, Rob Donn, a noted deer-hunter. He lived to the patriarchal age of one hundred and seven years.

The person referred to in the 16th verse, as proving that the Gaelic was the language of Eden, is Lachlan MacLean, author of the "History of the Celtic Language."

ORAN

Do mhaighstir Cailean Granuda, sagairt Arisaig.

Fonn.—"*Ged a dh' fhàg thu ri port mi.*"

Gu bheil m' inntinn air dùsgadh
'S i ga m' bhrosnachadh sunndach gu dàn
N'am biodh fiosrachadh réidh dhomh
No gu 'n ùiricheadh géire ann am chàil.—
Tha mi 'n comain an uasail,
Ni nach urrainn mi 'luaidh air an dràst,
Air na bhuannaich mi eòlas
'N uair a bha mi 'na chòmhradh Di-màirt,

'S e e-féin am fear fiachail :
'Chaoidh cha leig mi air diochuimhn' mar bha ;
'S bidh mi 'còmhradh mu bheusan
Ri m' luchd eòlais le éibhneas 's gach àit'.
Ma 's-a maireann an neart mi
Théid mi sunndach ga fhaicinn gun dàil,
An duine-uasal a's grinne
'S am fear suairce a 's ceanalta gnàs.

Fear do choltais 's do nàdair-sa
Cha 'n eòl dhomh 's an àite mu 'n cuairt :--
Gnùis a 's aoibheile sealladh,
Sùil a 's blàithe fo mhala gun ghruaim :
Pearsa chumadail, dhìreach
Aigne fìor-ghlan, gun chrìne, gun ci.ruas :
Bòidheach uile air a bhallaibh,
Agus fòghlum cur barrachd air 'suas.

Cha 'n 'eil mòrchuis 'na ghiùlan
'S gur-a lionmhor ri chunntas air buaidh ;
Sàr-phears'-eaglais na sgìreachd
Agus comhairliche dìleas da 'shluagh
Maighstir Cailean an Granndach
Tha de 'n chinneadh bha ceannsgalach cruaidh ;
Cha b' e fotus na fala
A rinn sioladh cho fallan 'na ghruaidh.

Gur h-iad sruthanan rìomhach
As na tobraichean fior-uisge 'b 'fheàrr
'Rinn do chuislean a lionadh :
Cha chraobh mheanbh thu bho chrìonaich a dh'
    fhàs.
Fhuair mi teisteanas cinnteach
Bho d' luchd-eòlais 's an tìr anns gach àit
Thu 'bhi teom' air gach fear-ghleus,
'S cuim nach deanainn-sa 'sheanachas diubh pàirt !

Bu tu sgiobair na mara
Air chuan duthar, glas, greannach, nan stuadh ;
Ann ad bhàta 's glan sealladh
'N àm dhi gluasad o'n chala gu cuan,
'S i na siubhal gu h-eutrom,
'Gearradh thonnan gun éislean le fuaim,
'S gillean gleust' air a darach
Leis am b' éibhinn gaoth sgalanta, chruaidh.

'N uair a rachadh do mhaighdean
Fo shiùil gheala ri croinn air an t-snàmh
Bu leat urram an stiùiridh,
'S tu gun ghealtachd, gun ghiùlan ro-àrd.

'S tu gu 'm feuchadh a fiùbhaidh,
'S i 'ruith cinnteach na cùrsa gu tràigh
Mar luath-iolair nan sléibhtean
Leum air uan gus a reubadh d'a h-àl.

Bu tu 'n giomanach gunna
'Shiubhal frithe le d' chuileanan seang ;
An damh donn bhiodh an cunnart
Ged bu luaineach air mullach an eang.
Bhiodh do luaidhe na chulaidh,
'S cha bu bhuannachd dha 'thuras do'n ghleann ;
'S tric fo chuimse do bhuille
Thilgeadh fiadh air àrd-uilinn nam beann.

Bu tu 'm marcaiche ceutach,—
Tha mi 'n dùil nach do dh' fheuch thu na b'
    fheàrr,
Air each diolaideach, srianach,
Cruitheach, ceumanta, briagh a chinn àird,
'S e ruith dìreach gun fhiaradh,
Air dhuit beannachd ri chliathaich le d' shàil,
Siùbhlach, aigeannach, fiadhaich,
Srannach, farumach, dian air an làr. *

Gur tu 'n Gàidheal glan, ciatach
Bho 'bheil eòlas r'a iarraidh 's gach àm ;
Cridhe farsuinn na fialachd,
Làmh a' phailteis nach riaraicheadh gann.

---

* The last two lines, when properly read, sound very
much like a horse going at full speed. Virgil's well-
known line of the same character is as follows :—" Quad-
rupedante putrem soniter quatit ungula campum,"—
Æneid, Book viii, line 596.

'S beag an t-ìoghnadh an uaisle
'Bhi ri dìreadh mu d' ghuaillean 's mu d' cheann,
'S gu 'n do bhuaineadh do shinnsreabh
Bho chaisteal 's bho thìr Thighearna Ghrannd.

Mach bho theaghlach Mhic Phàdruig
'S ann a lìonsgair do chàirdean gun fheall,
De na meòir ud a b' àird'
De 'n chraoibh a fhreumhaich fo bhlàth anns a
      ghleann.
Tha i fhathast 's an àit' sin
Ann am prìseileachd stàtail gun chall
Ri sior-bhuannachd gu lathail,
'S gur-a daingeann na làraich a bonn.

Ann an cinneadh do mhàthar
Cha bhiodh taise 'n uair 'thàirnteadh gu strì,
Bhiodh na Siosalaich dhàna
Guineach calma do 'n bhlàr a dol sìos,
'N uair a dhùisgear an àrdan
'S iad nach giùlain le tàmailt no spìd,
Chluinnteadh farum an làmhaich
'Cur an nàimhdean 's an àraich gu dìth.

'S beag an t-ìoghnadh thu bhi beachdail
'S gu 'n bu lìonmhor fear-feachda nach fann
A bha dlùth dhuit an càirdeas
Ann an dùthchannaibh àrda nam beann.
Bha thu 'n daimh ris na treun-laoich
Thig bho Bhrathuinn nan steud is nan lann,
'S ris na Leathanaich rioghail
'Sheasadh onair na rioghachd gun chall,

Tha do chàirdeas air fhilleadh
Ri luchd leannhuinn Mhic-Shimi bho 'n Aird ;
Nach bu shuarach r'an sireadh
An àm cruadail au iomairt na spàirn :
Na fir ghleusda gun tioma,
'S iad nach géilleadh le giorag 's a' bhlàr ;
Bhiodh na Friseilich ainmeil
Calma, ceannsgalach, earbsach 's gach càs.

Tha Gleann-Garaidh dhuit dìleas,
Leòghann fulangach rìoghail gun sgàth,
Le 'chuid daoine nach dìobradh
'N uair a sgaoileadh e 'shìoda 's a' bhlàr.
Bhiodh am fitheach 's am fìreun,
'S bradan tarragheal an fhìor-uisge 'n àird.
'S an dà mhàthan le 'n saighdean ;—
Sin a shuaicheantas roinnte bho chàch.

Tha Clann Chamshroin bho Lòchaidh,
Bhuidheann Abrach bu mhòralach triall,
Dlùth gu leòir dhuit an càirdeas
'S gu 'm bu mheasail na h-àrmuinn sin riamh :
Cha bu shùgradh an còmhstri,
'S iad a chumadh a' chòmhdhail gun fhiamh :
Bhiodh an nàimhdean air fògar
'S iad 'g an iomain le òrdan Loch-Iall.

Thoir mo dhùrachd gu Cailean,
Am fear fiùghantach, fearail, le gràdh ;
Gu ma fada na sgìre e
Ann an sonas, 's an sìth, is an slàint'.

Na thaigh greadhnach gun ainnis
'S tric a thaoghaileadh luchd-aineoil gu tàmh,
'S aig an uasal bu ghlaine
Cha bhiodh caomhn' air aon ghoireas fo làimh.

An àm suidhe mu d' bhòrdaibh
Gu 'm bu chliùiteach do sheòl ris na dàimh ;
Bhiodh a' bhranndaidh gun ghainne,
'S le fion blasda bhiodh gloineachan làn :
Bhiodh leann làidir nan searrag
Anns na cuachan 'cur thairis fo bhàrr ;
'S bhiodh gach duine làn sòlais
Sunndach, bruidhneach ag òl nan deoch-slàint.'

Rinn mi 'm beagan so 'ràitinn
Mu 'n duin'-uasal tha 'n Arisaig thall ;
'S tha mi 'n dùil gur-a fìrinn
Tha 's gach ni chuir mi sios ann am chainnt.
Dh' fhaotainn tuilleadh dhuibh innse
Ach bidh mi tarruing gu crìch le mo rann ;
Olam 'nis a dheoch-slàinte
Bho na fhuair mi an dàn so gu ceann.

The Rev. Mr Grant was a man of many excellent qualities. The poet was deeply attached to him. His father was a Presbyterian and his mother a Roman Catholic. He was educated in Lismore. His brother Peter was an officer in the army. Peter belonged to the same church as his father. His sister was married to Alexander Chisholm an uncle of the present Chisholm of Strath-Glas. Duncan Chisholm, merchant, Antigonish was their son.

MARBH-RANN

Do Mhaighstir Cailean Grannda, Sagairt Arisaig,
a chaochail 's a' bhliadhna 1839.

Fonn.—" *Mile marbh phaisg ort a shaoghail.*"

Moch Di-luain an àm dhomh éiridh
Fhuair mi sgeul nach b' éibhinn leam,
Sgeul tha fìor ri 'bhi ga éisdeachd
Mheudaich éislean dhomh nach gann.
Air a phasgadh anns na léintean
'S a shùil bhlàth gun léirsinn dall
Tha 'n duin'-uasal thug mi spèis da,
'S trom mo cheum 's nach 'eil e ann.

'N uair a bha e beò 'na shlàinte
Bu deas dàicheil cumadh bhall
Do 'n duin'-uasal 'tha mi 'gràitinn,
'S tric a dh' fhàiltich mi air làimh :—
Pearsa ghrinn gun fhoill, gun fhàilinn
Bho d' mhullach gu d' shàil gun mheang ;
Gnùis a b' àille 's fiamh a' ghàire oirr',
'S cridhe blàth bu chàirdeil cainnt.

'S iomadh aon a tha 'gad ionndrainn
Bho na dhùineadh thu fo 'n chlàr,
Ann an cadal far nach dùisg thu
'N leabaidh chaoil 's a' chruisle làir.
Ged nach robh mi 'n càirdeas dlùth dhuit,
'S mòr an diùbhail leam do bhàs ;
Bha thu dìleas air mo chùlthaobh
'Sheasamh cùis dhomh 's mi bhi 'n cas.

'S aobhar bròin dhomh a bhi 'g innse
Gu bheil thu 's a' chill ud thall
Air do thasgadh glaiste, dìonach
'S gur a h-iosal leam do cheann.
Bidh tu 'm chuimhne 'là 's a dh' oidhche,
'S tric a tigh'nn fo m' shuim do chall ;
Chuir e mulad mòr air m' inntinn,
'S tu bhi dhìth oirnn brìgh mo rann.

C' àit' am faic mi fear do choltais
Ged-a chruinnichinn pailteas sluaigh',
Bho mhullach do chinn gu d' shàiltean
Cha robh fàilinn dhuit mu 'n cuairt,
Bha thu càirdeil, fialaidh, pàirteach,
Ciallach nàrach làn de stuaim :
'S tu nach curadh càs an fheumaich,
Gu 'm bu ghlan do bheus r'a luaidh.

Bha do bheus 's do chliù gun mhearachd,
Bha thu ceanalt' air gach dòigh :
Bha thu spracail, bha thu smachdail,
Bha thu tlachdmhor, bha thu còir.
Bha thu siobhalta gun mhiothlachd,
'S tu gun mhiorùn do neach beò ;
Spiorad Gàidheil bha co-fhàs riut
Bho na dh' àraicheadh thu òg.

Bu tu 'm fear spioradail meanmnach,
Cha robh thu cearbach no fann,
Bu tu 'm fear cruadalach, calma,
'S eòlas àrd neo-leanabaidh ad cheann.

Fhreagradh tu air thùs na h-armailt,
'S ann ad làimh a b' earbsach lann ;
Bhiodh tu gaisgeil mar bu dual dhuit
A' thoirt buaidh a mach gun taing.

Mu gach fear-ghleus bha thu teoma
Cha robh foghlum ort a dhìth :
Bu tu stiùramaiche 'bhàta,
Cha bhiodh fàilinn ann ad ghnìomh,
'S i a leum gu siùbhlach aotrom
Thar nan tonnan craosach dian;
'S bu duin'-uasal thu ri d' fhaicinn
'Nàm dhuit acrachadh aig tìr.

Bu tu giomanach a' ghunna
'S tric a rinn fuil anns a' bheinn ;
'N uair a dhìreadh tu ri mullach
Gu 'm biodh cunnart air na féidh;
Bhiodh do luaidhe dlùth nan culaidh,
Bhiodh iad uireasbhach ad dhéigh ;
Bhiodh do mhial-choin sheang nam muineal
Ged bu churaideach an ceum.

Bu tu 'm marcaich' air each sréine ;
Co 'bhuidh'neadh ort réis no geall
'N uair a rachadh tu 'n ad dhiolaid
Le d' spuir ghéir ri 'chliathaich teann ?
Bhiodh e lùthmhor, eutrom, siùbhlach,
'Gearradh shùrdagan le srann ;
'S gu 'm bu phàirt dhe d' chulaidh-shùgraidh
Bhi 'ga chur gu dlùth na dheann.

Bu tu ceann-uidhe na fialachd,
'S tric a riaraich aig do bhòrd
Searragan làn de stuth làidir,
'S 'n uair a thràight' iad gheibht' an còrr.
Bha do bheus gun bheum a chosnadh
Cuirmeil, cosgail mar bu chòir ;
Com na glaine, inntinn shoilleir ;
Bha thu d' chliù dha d' shloinneadh mòr.

Gach fuil a b' uaisle bha 'd chuislean,
Gun cheum tuislidh 'bhi ga d' chòir
Bho na Gàidheil, 's c' àit' an cuirte iad
Nach biodh ùr-sgeul air na seòid ;
'S ann fo làmhaich an cuid musgaid
'Chite chuspaireachd air feòil,
'S fuil an nàmh le bàs gun fhurtachd
'Falbh na tuiltean air feadh feòir.

Chaidh do shinnsearachd a bhuain
Bho 'n chinneadh uasal a bha thall
An Srath-Spé nan gaisgeach buadhmhor
'Rachadh fuasgailteach do 'n champ.
'N uair a sheinnte pìob roimh 'n t-sluagh sin
Fo shuaicheantas Tighearna Ghrannd'
Bhiodh Creag-eileachaidh ga bualadh
Fo mheòir bhinn bu luath air crann.

Chinn thu á teaghlach Mhic-Phàdruig
Aig a bheil an tàmh 's a' Ghleann
Am bun Mhoireastan mar b' àbhaist,
Ann an dùthaich àird nam beann.

Gu 'n robh rioghalachd nan àrmunn sin
A tàrmachadh gu teann
Ann ad inntinn a thaobh nàdair
'S mairg a bheireadh tàir do 'n dream.

Fuil nan Siosalach bho d' mhàthair
Bha a deàrrsadh ann ad ghruaidh ;—
Na fir dhàna luthor, làidir
Nach biodh sgàthach ri uchd sluaigh.
'Nuair a ghluaiseadh iad fo 'n airm
Bho chaisteal Eirichealais nan stuadh
Le 'n torc fiadhaich agus colg air
Chuirt' le cearbh bhuillean an ruaig.

Gu 'm bu lionsgarach do chàirdean
Nam b' urrainn mi 'n àireamh sios :—
Mac-Coinnich mòrail o Bhrathainn,
Ursann-chatha dhol 's an strì
Le laoich threun gun fhiamh, gun athadh
Dheanadh sgathadh gun bhi sgìth ;
Cròic an fhéidh bhiodh àrd an crathadh
Tùs an latha 'gan cur cruinn.

Mac-Shimi bho Chaisteal Duini
A fhuair ionnsachadh ri blàir,—
B' fhaoin aig fhiùrain losgadh fùdair,
Cha bu shùgradh dol nan dàil ;
'S ann an déigh an lann 's an lùth-chleas
'Chite 'n cunntas air an làr
De na nàimhdean air an sgiùrsadh
Reubhte, ciùirrte, gun bhi slàn.

N

Mac-Dhòmhnuill-duibh bho Shrath-Lòchaidh,—
Triath a chòmhdaicheadh le 'shàir
A bhi calma garbh 's a' chòmhrag
'S fuil ga dòrtadh ris an làr.
Mac-Mhic Alastair 's Clann-Dòmhnuill
Aig am biodh an ro-sheòl àrd,
'S a bhiodh guineach mar na leòghainn
'Chur luchd-cònnsachaidh fo'n sàil.

Mac-Mhic-Eòbhain bho Aird-Ghobhar,—
Ceannard foghainteach gu leòir;
Bhiodh na Leathanaich mu'n cuairt dha
Rachadh cruadalach 's an tòir.
Bha iad dìleas do na righrean
Ged a dhiobrabh iad bho 'n còir:
Lean iad Stiùbhartaich a' chrùin
Gun a bhi giùlan an da chleòc.

Caimbeulaich o 'n Bharra-challtuinn,
Sliochd Dhiarmaid nan lann 's nan sròl,
Cinneadh ainmeil 's tric a dhearbh iad
Le 'n Diùc Earraghàidhealach 'bhi mòr.—
Mac-na-Ceàrda, morair Ghallaibh
Fiùbhaidh allail air gach dòigh.—
'S beag an t-ioghnadh thu bhi fearail
'S gach fuil cheannasach 'bha d' phòr.

Ged tha mòran dhe d' luchd-eòlais
Fo mhulad mu d' chòmhnaidh bhuan,
'S i do phiuthar a's ro-bhrònaich',
'S tric na deòir a ruith le 'gruaidh,

'Caoidh nam bràithrean 'rinn a fàgail
Nach robh 'n àicheadh 's an taobh tuath,
Cailean àluinn agus Pàdruig,
B' iad na h-àilleagain gun ghruaim

Chuala mise daoine 'gràitinn
Bha le Pàdruig anns a' champ,
'N uair a bha e thar an t-sàile
Gu 'm bu treun a làmh 's a lann.
Bu cheann-feadhna sgairteil teom e
'Thàirneadh faobhar gun bhi mall ;
'Nàm dhol sios am blàr nam mìltean
Dhearbh e 'gnìomh 's na h-Innsean thall.

'S ann Di-màirt mu'n chàisg a fhuair i
'Bhuille chruaidh a rinn a leòn ;
Dh' fhalbh air sgéith a h-éibhneas bhuaipe,
'S thuit mu 'n cuairt d' i neòil a' bhròin.
Maighstir Cailean bha gun anail
'S a shùil cheanalta fo sgleò.—
B' ionndrainn thu á tir 's á cinneadh
Nam dhaibh tional 's gun thu beò.

'S beag an t-ioghnadh mar-a tha i,
Chaidh an sàs innt' saighdean cruaidh
An là chunnaic i 'bhi 'd chàradh
'N deise bhàin, gun chàil 's tu fuar ;
Gun smid chainnte ad chulaidh-aifrionn
Ged-a rinn iad a cur suas :—
'S gur-a tric a leubh thu 'n fhìrinn,
'S ann o d' bheul bu bhinn a fuaim.

Bidh mi 'nis a tigh'nn gu dùnadh,
'S aobhar cùraim•dhuinn an t-eug !
Bha e sealg ort greis mu'n d' fhalbh thu,
'S cràiteach garbh a thug e'm beum ;
Bhrist do shlàinte, ghéill thu dhasan,
'S gur-a beàrn thu ás a' chléir,
Chuir e thu gu cadal bhliadhnan,
'S bidh sinn uile triall ad dhéigh.

TUIREADH AIRSON LEINIBH-GILLE.

Rinneadh an tuireadh so do leanabh-gille le Iain
Siosal, a chaidh a bhàthadh 's e 'tighinn dhachaidh
ás an sgoil. Tha e air a dheanadh mar gu 'm b' ann
le 'athair. 'S ann air iarrtas athar a rinneadh e.

FONN.—" *'S trom 's gur h-éisleanach m' aigneadh.*"

An nochd 's luaineach mo smaointinn,
'S mi fo bhruaidhlean 's cha 'n ioghnadh,
Fhuair mi buille 'chuir gaoir ann am fheòil.
    An nochd 's luaineach, &c.

Fhuair mi sgeula Di-haoine
Rinn mo lot anns gach taobh dhiom ;
Cha 'n 'eil m' aiceid gun aobhar gu leòir ;—

Sgeula bàis mo cheud leinibh
Tha mi cràiteach 'gad ghearan,
Bha thu bàite 's e 'n aineolas oirnn.

Thàinig iosal mo mhisneach,
Bha mo shuilean dluth-shilteach,
'S mi 'gad chàradh an ciste nam bòrd.

’S e chuir gaoir ann am bhallaibh
Nach toir léigh ás mo charaibh
Gu’n do dh’ fhàg mi thu ’m falach fo ’n bhòrd ;

Ann an leaba na h-ùrach
Fo na clàir air an dùnadh ;
’N déigh an sparradh ’s an dlùthadh le òrd.

Tha mo chridhe air a mhùchadh ;
’S trom an t-eallach a dhrùidh air ;
’S tric a sileadh gu siùbhlach mo dheòir.

Ann am chadal ’s am dhùsgadh
Thig thu m’ aire, ’s mi t’-ionndrainn
Bho na dhalladh do shùilean fo sgleò.

Fhuair do mhàthair a diachainn,
Mar gu’n saithte i le iarunn ;
Thug an t-earrach so ’ciad laogh bho ’n chrò.

Chaill i ’h-àilleagan ciatach
’S gun e’ dh’ aois ach ochd bliadhna ;
Thuit a’ gheug mu ’n do chrion i ’s na meòir.

Na ’m bu ghibht a bhiodh buan thu
Gu ’m bu taic thu ri m’ ghuallainn ;
’S geàrr am faileas a fhuair sin de ’n òg,

Na ’m bu bhàs air a’ chluasaig,
Gun bhi ’d ’shlainte ’thug bhuainn thu,
Cha bhiodh m’ inntinn fo smuairean cho mòr.

Chaidh do bhualadh ’s an anamoch
Mar am peileir bho ’n t-sealgair ;
’S goirt a dh’ fhairich mi cuimse do leòin.

'Dol a null air a' chraoibh ud,
Thilg am bàs ort a shaighdean,
'S thuit thu 'n iochdar na h-aibhne gun deò.

Sud a' chraobh 'rinn mo dhiùbhail ;
Ged nach téid mi ga h-ionnsaidh
Gheibh mi sealladh as ùr dhi gach lò.

Le bhi smaointinn mu d' dhéibhinn
'N uair a bha thu 'n ad éigin
Anns na sruithean leat féin 's gun mi d' chòir.

Bha thu d' shìneadh an oidhch' ud
Fo na bruachan 's an draoighnich,
Dh' fhàg sin againne cuimhneachan bròin.

'S daor a phàidh sinn am bliadhna
Sgoil nach feàird sinn a chiad ghreis,
Lion do bhàs sinn le iargain ro-mhòr.

Ach a Righ tha 'g ar riaghladh
'S a thug gealach 'us grian dhuinn,
Thoir dhuinn gliocas gu d' iarraidh r' ar beò ;

Gu bhi 'g éisdeachd ri d' fhacal
'S gu bhi dìleas fo d' bhrataich,
Ged tha innleachd ar peacannan mòr ;

Gu bhi creidsinn gun fhàilinn
Nach tig sgiorradh no bàs oirnn,
Ach le d' thoil-s', ann am fàsach a' bhròin s'.

Dean sinn taingeal 's an uair so
Fo 'n t-slait smachdaich a bhuail sinn ;
Faodaidh buille ni 's cruaidhe teachd oirnn.

Thoir dhuinn neart gu bhi 'g earbsa
Anns gach càs riut gun dearmad,
'S ann leat féin bha mo leanaban le còir.

Thug thu seachad e 'n iasad,
'S thug thu leat mar an ciadn' e ;
Dean a mhaitheadh, 's e m' iarrtas, ar bròn.

MARBH-RANN

Do bhean-uasail òig chliùitich a bha pòsda aig
Dotair Iain Noble ann an Hogomah an Cape-Breat-
unn.

Rinn am Bàrd am marbh-rann so air dian-iarrtas
an Dotair, agus mar gu 'm b' ann leis féin.

FONN.—" *Gur h-e mise 'th' air mo leònadh*
'S mi ri amharc nan seòl air chuan sgìth."

An nochd 's luaineach mo chadal
'S mi ri gluasad am leabaidh gun tàmh
Leis a' bhruaillean s' th' air m' aigneadh,
O, cha dualach dhomh fada bhi slàn.
Chuir mi céile mo leapa
Ann an ciste chaoil, ghlaiste nan clàr ;
'S trom a' chìs thug an t-eug dhiom
Bidh mi cumha mu d' dhéibhinn gu bràth.

Bi so bliadhna mo chlisgidh,
'N ochd ceud deug 's an da fhichead 's a trì,
'N dara miosa de 'n t-sàmhradh
'S a cheud là dheth thug teann orm sgrìob :

'N uair a chàirich mi, 'ghaoil, thu,
Ann an léine de 'n chaol-anart ghrinn,
'S tu gun chlaisteachd gun léirsinn
'S goirt an t-saighead bha reubadh mo chrìdh'.

'S beag an t-ioghnadh sin dhòmhsa
'Bhi fo mhulad 's am bròn air mo chlaoidh ;
Tha mi nis ann am ònrachd
'S bean mo thaighe an còmhnaidh 'gam dhìth.
Chaill mi céile glan m' òige,
'S c' àite 'm faic mi cho bòidheach 's an tìr ;
Bha do nàdar 's do bheusan
A co-fhreagradh dha chéil' anns gach nì.

'S i do ghnùis a bha àluinn
'S gu 'm b' e teisteanas chàich ort gu 'm b' fhìor ;
Bha do phearsa gun fhàilinn
Bho do mhullach gu sàiltean do bhuinn :
Bha do ghruaidh mar na ròsan,
Slios mar eala nan lòn air na tuinn ;
'S e bhi d' chumha mo chòmhradh,
Is cha téid thu ri m' bheò às mo chuimhn'.

'S e 'bhi brònach is gnàths dhomh
Bho na rinn mi do chàradh 's an ùir,
Bheir gach aon rud a dh' fhàg thu
Ann am shealladh gach là thu ás ùr,
Bheir e laigse air mo nàdar
Agus sileadh gu làr air mo shùil :
Chaidh mo mhisneach gu fàilinn
Bho na chuir mi thu 'n càradh 's na bùird.

An àm laidhe agus éiridh,
'S tu mo leabhar 'g a leughadh 's mi sgìth ;
Chuir a' bhliadhna 'so 'n éis mi,
'S cha 'n e beairteas no spréidh 'tha 'gam dhìth.
'S e ar sgaradh o chéile
Dh 'fhàg mi airsnealach, éisleineach, tinn ;
Dh 'fhalbh mo lathaichean éibhinn,
Cha 'n 'eil leigheas aig léigh dhomh ri tìm.

'S goirt an leagadh a fhuair mi
Bho na rinn mi 'bhean-uasal a chall
Leis an teachdaire ghruamach
Aig gach dorus tha bualadh na àm :
Thilg e saighdean a lot thu,
'S cha robh feum ann am dhotaireachd ann ;
Is bho 'n dh' fhàg mi 's a' chnoc thu
Gur-a dilleachdainn bhochda do chlann.

Leam is duilich do phàisdean,
Gur-a lag iad 's gun mhàthair ri 'n cùl ;
'S sinn mar luing air a fuadach
Ann an ànnradh a' chuain thar a curs' ;
Tha i 'n cunnart gach stuaidhe,
Bhrist na ceanglaichean, dh' fhuasgail an stiùir ;
Tha chairt-iùil air a srachadh
Dh' fhalbh a' chombaist, na slatan, 's na siùil.

Thàinig dìth air an àrdraich
'N uair a dh' éirich muir-bàite fo chròic ;
Thuit craobh ubhal mo ghàraidh
'S gu 'n do fhroiseadh am blàth feadh an fheòir;

Chaidh mo choinneal a' smàladh
Bu ghlan solus a' deàrrsadh mu 'n bhòrd ;
Bhrist an gloine 'bha 'm sgàthan
Dh 'fhalbh an daoimean am fhàinne glan òir."

Tha mo chridh' air a mhùchadh
'S mi gun mhànran, gun sùgradh, gun cheòl ;
'S trom an t-eallach a dhrùidh air
Ged is éigin domh 'ghiùlan le bròn.
Bha mi roimhe so sunnndach
'N uair a fhuair mi le cùmhnant ort còir ;
Rinn a' chuibhle orm tionndadh
Bho na dhalladh do shùilean fo sgleò.

'S i do shùil bu ghlan sealladh,
Cha robh gruaim air do mhala no sgraing,
Bha thu fiùghantach fialaidh,
'S tu bu shìobhalta briathran 'us cainnt.
'S i do làmh nach biodh dìomhain
'S bu ghlan obair bho d' mhiaran gun mheang :
'S ann an nochd tha mi cianail,
'S e 'bhi d' ionndrainn a liath mi gun taing.

Theirig sàmhradh mo làithean,
Tha mi uireasach, cràiteach gu leòir ;
Thàinig geamhradh 'na àite,
Dhòirt na tuiltean gu làr bho na neòil ;
'S mi mar dhuine ann am fiabhras,
No fear-seachrain air sliabh ann an ceò ;
Chuir mi iuchair mo riaghailt
Ann an tasgaidh 's a' bhliadhna 'bha còrr

Bha thu gleusda, làn gliocais
Bha thu cùramach, tuigseach gun phròis ;
Fhad 's a bha thu air faotuinn
'S tu gu 'n cumadh an teaghlach air dòigh ;
Ach a nis, bho na chaochail thu
Théid sgapadh 's gach aon de na meòir :
'S mise an truaghan ri 'm shaoghal
'S nach 'eil leigheas ri 'fhaotuinn do m' leòn.

Ged-a théid mi 's an leabaidh
Cha tig buaireadh a' chadail 'am cheann ;
'S ann tha m' inntinn cho luaineach
Ris na duilleagan uaine air a' chrann ;
Bidh tu 'm bhruadaran comhl' rium,
'S bidh mi dùsgadh gu deòir 's gun thu ann ;
'S iad mo smaointinnean uaigneach
Thu bhi d' shìneadh fo 'n fhuar-lic ud thall.

Tha do mhàthair fo éislean,
'S beag an t-ioghnadh a ceum a bhi mall
'S i mar chraoibh dheth 'n do ghearradh
A meòir àrda, ghrinn, fhallain gun mheang.
'S tric a nead air a spùinneadh
Bho na thàinig i 'n dùthaich so nall ;
Chneadh a's ùire 's i 's géire,
'S goirt an lot tha fo 'sgéith aig an àm s'.

Thàinig creach a bha geur oirr'
Mar gu 'n tuiteadh beum-sléibhe le gleann ;
Fear-a-taighe 's a mac
Bha còmhla sìnte fo shlachdraich nan tonn.

'S bu duine uasal deas tlachdmhor
'Dheanadh ceannard air feachd ann an camp,
'Sàr-Mhac-Cnuimhean a bh' aice,
Bha e suairce na chleachdadh 's gach àm.

B' e sin sgiobair a' bhàta
'N uair a thogte siùil àrda ri crann,
'S e gu 'm feuchadh a h-asaig,
'S i ri astar air sàile 'na deann.
Fhad 's a bha e an làthair
Gu 'n robh misneach gun dànachd na cheann ;—
Inntinn shoilleir na lèirsinn
Agus cridhe na fèile neo-ghann.

Ach 's e aobhar mo ghearain s'
Bean mo ghaoil a bhi 'm falach 's a' chill :—
'G éisdeachd gàirich do leinibh
'N uair a bha thu 's an anart gun chlìth,
'S fuaim an ùird ris an tarraing
Aig na saoir ga do sparradh fo dhion ;
Thàinig gaoir ann am bhallaibh,
'S dh'éirich cràdh a bhios maireann am chrìdh'.

B'e so sàmhradh a' chruadail
Dh 'fhàg mo leaba 's mo chluasagan lom ;
Tha mo chòmhnaidh cho uaigneach
'S ged-a bhithinn an uamha nan toll ;
Gun 'bhi d' fhaicinn ri m' ghuallainn
'S e 'chuir 'n aiceid tha buan ann am chom ;
Tha mo chridhe fo smuairean
'S e mar chudthrom na luaidhe 's gach àm.

Gu de 'n stà dhomh 'bhi 'g iomradh
Air do bheus bho na dh' fhalbh thu 's nach till!
'S ann tha 'n sean-fhacal dearbhte,—
Dh' fhiosraich pairt e 'bhi searbh anns gach
    linn,—
Gu 'm bi sùil ri beul fairge
'S nach bi sùil ri beul reidh-lice 'chaoidh ;
Dh' fhàg sin mise mar bhalbhan,
'S bidh mi tarruing le m' sheanachas gu crìch.

Bidh mi 'nis a co-dhùnadh,
Cha 'n 'eil feum dhomh 'bhi d' ionndrainn, a
    ghràidh ;
Ged-a leanainn as ùr thu
Gheibhinn cuimhneachain thùrsach mu d' bhàs.
Tha ar beatha neochinnteach,
Air a coimeas 's an fhìrinn ri sgàil ;
'S coigrich sinn anns an tìr so,
'S théid sinn uile gu sìorruidheachd gun dàil.

In the summer of 1873 I visited Mrs Noble's
grave, in Whycocomagh, Cape Breton. The follow-
ing is the inscription on her tombstone :—" Sacred
to the memory of the lamented, Julian Mac Niven,
wife of John Noble, surgeon. She was born in
Tyree, Argyleshire, Scotland, and died 1st June,
1843, in the 38th year of her age."

———————

RANN.

The following lines were a postscript to the last letter which the poet wrote his brother Donald. I got them in Tyree in 1869.

A nis tha toiseach tòiseachaidh,
Tha maduinn reòta gheamhraidh ann.
Tha beagan sneachd' air làr againn
'S cha tig am blàths gu bealltainn oirnn.
Bidh moguisean is meatagan
Mar chleachdadh an dèigh shamhn' againn,
'S gach neach is neul an fhuachd orra,
'S air chrith cho luath 's gu 'n dannsadh iad.

RANNAN.

The poet went occasionally to see Dugald Mac-Eachern who was keeping school at the Gulf. Mac-Eachern's mother and the poet's father were second cousins. MacEachern possessed some poetic talent. On the last occasion on which the poet was seeing MacEachern, MacEachern who saw him coming, stood at the door refusing to let him in until he should give his "duan." The poet instantly said:—

'S mise 'fhuair an rathad cam
A 'tigh 'nn a shealltainn Dhùgh'll bhric,
B' fheàrr dhomh gu mòr na tigh'nn ann
'Bhi le m' chlann aig taobh mo lic.
Cha tig mi tuilleadh a nall
Ga d' shealltainn, ainneamh, no tric ;
Ma gheibh mi dhachaidh an dràst,
Tha mi 'n dùil gu 'm fàs mi glic.

When the poet was going away, Dugald, whose arm at the time, in consequence of a hurt, happened to be in a sling, said to him :—

Tha thu 'nis a' falbh a' Bhàird
'S cuimhnich gu 'n tàinig thu gun fhios,
Ma thig thu 'n rathad so gu bràth,
Biodh d' fhàilte le modh is meas.
Thuirt thu rium le barrachd tàir
Gu 'n robh m' aodann làn de 'n bhric :
Tha e mathte agad an dràst
Bho na tha mo làmh-sa brist.

LOST SONGS.

1. Marbhrann do dh' IAIN MACGILLEAIN mac Dhòmhnull mhic Dhonnachaidh air Allt a' Bhaili.

2. Rann a rinneadh an taigh an t-sagairt Ghrannda air do 'n t-sagairt botail agus glaineachan, 's ainm air gach glaine fo leth, a chur air beulthaobh a' Bhàird.

3. Oran nm reic nithean a bhuineadh do 'n t-Sagairt Ghrannda.

'S an t-each donn bha ga d' ghiùlan
Feadh na dùthch' iomadh mìle,
'N uair a chunnaic mi 'bhruid-ud
Thug e ùr ann am chuimhn' thu,
Ge b'e aon a ni cheannach
Bidh an sean-fhacal fìor dha :
Theid an t-srathair a chàradh
Ann an àite na diolaid.

4. Oran do Dheòrsa Mac-Leòid air dha cunngaidh-leighis do 'n lòinidh a thoirt a dh' ionnsaidh a' Bhàird á Halifacs.

Mo bheannachd thoir gu Deòrsa,
Gur h-e Mac-Leòid an ceannaiche.
Cha d' rinn e ormsa diochuimhn'
'N uair 'chaidh e 'm bliadhna 'Halifacs.
'S e iar-ogh' Eòin mhic Thormaid,
'S bu mhorghalach 's na Hearadh e.
Bu mhath air iomairt lainn e,
Bha cuimhn' aig Hider Ali air.

5. A poem on the launching of Mac-Leod's ship in New Glasgow.

ORAN NAM PORTAIREAN.

Deoch-slàinte nan gillean,
Gu 'u òlainn gu milis ;
'S mo chàileachd air mhire
'G a' sireadh 's an àm
Cha ghaol airson pòite
A chuireadh gu òl mi ;
Ach cliù nam fear òga
Nach sòradh an dram.

Na Dòmhnullaich ghasda ;
'S iad féin na fir thapaidh
Gu feum air ceann slaite,
'S a cheartachadh bhall.
Fhuair mise 'n 'ur bàta,
Gu calachan sàbhailt ;
'S cha ghabhadh sibh pàidheadh
'N uair 'thàinig mi 'nall.

BHO CHOMH-CHRUINNEACHADH AN DOTAIR MHIC-GILLEAIN.

ORAN

Do Shir Lachunn Mac-Gilleain, le Eachunn Bacach.

Hector M'Lean, commonly called Eachunn Bacach was born about the beginning of the 17th century. He was poet to Sir Lachlan Maclean of Duart. It is said that he had eight brothers who were killed in the battle of Inverkeithing, July 20, 1651. He himself received a wound in that battle, from the effects of which he was ever afterwards lame. He was a poet of great ability. Three of his poems are published in the 4th edition of Sar obair nam Bard " *Thriall ar bunadh gu Pharras*," " *A Lachuinn oig gu 'n innsinn ort*," and " *Gur h-oil leam an sgeul sin.*" The last of these is given as an anonymous poem. It is in the appendix, at page 386. Another of his poems is published in Turner's Collection, " *Biodh an uidheam so triall.*" page 111. I have eight of his poems in my possession.

Sir Lachlan Maclean was the son of Eachunn òg who was the son of Lachann Mòr who fell at Tràigh Ghruinneirt, in 1598. He succeeded his brother Eachunn Mòr in 1624. He was made Baronet of Morvern by Charles I. in 1631. He joined Montrose, with his followers the day before the battle of Inverlochy. He was with that able General in almost all his battles. He died April 16, 1649.

o

'S ann Diciadaoin a shàir,
Ghabh mi cead dhiot air tràigh ;
Righ, gu 'm faiceam thu slàn neo-airsnealach.

A Shir Lachainn nam bàrc,
'Chuireadh luingeas air sàil',
Leis an togar an cabhlach acfhuinneach.

Gur tu oighre Eachuinn òig
Leis an éireadh na slòigh ;
'N uair a leumadh do shròn cha b' aircleach *
    thu.

Clann-Ghilleain cha tlàth
'Dhol an cogadh nan arm ;
'S tric a bhuannaich sibh blàr, 's e b' fhasan
    dhuibh.

'S fada 'chluinnteadh 'ur fòirm
Agus farum 'ur gleòis
Togail chreach o na chrò 's a ghlasanach.

'N uair a spreigeadh sibh pìob
'S fuaim 'ur creich ga cur sios
Gu 'm biodh crith air an tìr 's an tachradh sibh.

'N uair a nochdadh sibh sròl
Ris na caol-chrannaibh stòir,
'S mairg a thachradh ga dheòin roimh 'r las-
    raichean.

---

* Aircleach, a cripple, or useless, slovenly person.

An duirn laochraidh gun leòn
Bhiodh caol-chuilbheirean gorm
Agus sradag nan òrd 'toirt lasain dhaibh.

Fhad 's a bhitheas tu beò
Cum an stiùir ann ad dhòrn,
Is na mealladh fear-sgòid no beairte thu.

Chluinnt' ad thalla fuaim theud
An àm luidhe do 'n ghréin,
'S mnathan grinne 'cur gréis air fasanan.

'S mi bhiodh cinnteach ad fheum
Ann am beanntaibh na seilg
'S do choin earbsach air éill roimh 'n chamhan-
    aich.

Nàmhaid eilid nan gleann
Agus bradain nan allt ;
Sgiobair fairg' thu 's muir àrd 's an langanaich.

Slàn gu 'n till thu a rithisd,
Air reothart an lionaidh,
Gu Dubhairt bu rioghail aigeannach.

Ochain, ochain, mo chràdh,
'Chloinn-'Illeain nam bàrc,
'S e mo chreach mar 'tha 'n tràghadh seachad
    oirbh.

COILLE-CHRAGAIDH.

Le Iain Mac Ailein am Muile.

John M'Lean, commonly called Iain Mac Ailein, was a native of Mull. He was born about the year 1670. In Dr M'Lean's manuscript he is called "Iain Mac Gillcain, ann am Muile, mac Ailein, mhic Iain, mhic Ailein." He was highly esteemed, and lived in very comfortable circumstances. He was evidently a man of some education. He was intimately acquainted with the affairs of his day. He was a celebrated bard. His elegy on Sir John Maclean is a poem of great beauty. His poems abound in lamentations over the downfall of the Macleans; we never however find him utter imprecations against the Campbells. Three of his poems are published in Sar-obair nam Bard, "Iomchair mo bheannachd," which is incorrectly ascribed to John M'Donald, at page 70, "Dh' fhalbh air thuras fir Alb' uile," at page 388, and "Thuirt Mairearad nigh'n Dòmhnuill," at page 393. Two of his poems are published in Turner's collection; one at page 108, and another at page 114. Another of his songs, "Oran do Mhac-Lucais" appears in Ronald M'Donald's collection, page 265. I have twenty-eight of his poems.

Sir Lachlan Maclean, the brave follower of Montrose, had two sons, Sir Hector Roy who was killed at the battle of Inverkeithing, July 20, 1651, in the 27th year of his age, and Sir Allan who died in 1674, in his 28th year. Sir Allan was succeeded by his only child Sir John, who was born in the year 1670. Sir John fought under Viscount Dundee at the battle of Killiecrankie, July 27, 1689. He commanded the right wing of Dundee's army and though a mere youth acted with great bravery. He fought at the unfortunate battle of Sheriffmuir in 1715.

He died at Gordon Castle, March 12, 1716. He
was a kind, honourable and brave man, but destitute
of prudence and foresight. His attachment to the
Stuarts brought ruin upon himself and his house.

'N àm 'dhol 'sios, 'n àm dhol 'sios,
'N àm 'dhol 'sios bu deònach,
Luchd-nam-breacan, luchd-nam-breacan
A leathad le mòintich ;
A falbh gu dian, a falbh gu dian,
Gun stad ri prìs an òrdaigh ;
An deadh ghunna, 'n claidheamh ullamh,
Gun dad tuilleadh *motion.*

Mhaighstir Cailein ta mi deimhinn
Gu 'n d' fhuair thu barrachd fòghluim :
'S fìor gun bheum do neach fo 'n ghréin
A dh' fhàg do bheul an t-òran.
Cha b' fheàrr do bheus na tràill no béisd
Mar b' oil leat Seumas fhògar
'S a thricead 'dh' òrdaich e gun dearmad
Airgiod agus òr dhuit.

'S iomadh neach dha 'n robh e ceart
Nach d' rinn a' bheairt bu chòir dhaibh :
Ri àm fheuma Sasunn thréig e,*
Albainn 's Eirinn còmhla.
Armailt rìoghail, làidir, lìonmhor
Dha 'n robh na cìsean mòra
Cho luath 's a chunnaic iad Rìgh Uilleam
Cha d' rinn iad tuilleadh còmhraig.

---

* Sasunn thréig e, *for* Thréig Sasunn e.

Cha b' e' ghealltachd 'thug dhaibh snasadh,
'S cha b' e neart Phrionns' *Orange*,
Ach dearmad dìreach thigh'nn nan inntinn
O'n do chinn iad deònach
An Righ dùthcha fhéin a dhiuchreadh
Airson Prionns' na h-Olaind.—
Ach facal soitheamh 'thuirt neach roimhe,
Gu 'm bi gach nodha ro-gheal.

Ma théid an *Act* s' an leud no 'm farsuinn,
Cha 'n fheàrr gach neach na òglach :
Còir aig lag cha diong i dad
Mur faigh e neart ga chòmhnadh.
Am mac 'bhi 'gabhail brath air athair
Leis a' chlaidheamh chòmhraig,
Chualas riamh gu 'm b' ann de 'n ghniomh sin
Nach robh Dia ag òrd'chadh.

Ge b' e aca nighean no mac
Leugh gu 'm bu cheart an seòl dhaibh
Crùn an athar fhéin 's a chathair
A ghabhail le fòirneart,
Is sgainneal bhreug a chur an géill
A chaoidh nach feudte 'chòmhdach
Tha Ti ga 'n léir ; ma 's i so 'n eucoir
Soirbh dha fhéin a tòireachd.

Gu 'm bharail fhéin ge beag mo reusan
Gheibh mi ceud ga chòmhdach
Ge b' e ti dhe 'n dean Dia rìgh
Gur còir 'bhi striochd-te dhosan :

'S ged 'théid e ceum de làn-toil fhéin
'S gun e 'cur éiginn òirnne
'N saoil sibh fhéin an lagh no reusan
Dol a' leum 'na sgròban!

Sgeula bhuamsa mu Raon-Ruairidh*
An robh na sluaigh a còmhrag ;
Chuid bu luaithe ghabh an ruaig dhiubh,
'S bu daoin' uaisle còir iad :
Nan cumte suas riuth' teine is luaidhe
Ris an d' fhuair iad fòghlum,
'S tearc a chruinnich riamh an urrad
'Gheibheadh urram beò dhiubh.

Ach luchd a' chunnairt' chleachd na buillean
'S nach d' fhuair tuilleadh fòghluim,
Cha d' leubh air achd mar dhion do 'm pearsa
Gu 'm be stad bu chòir dhaibh,
Gach ti nach tuit bhi shios nan uchd
An còmhrag uile bu nòs dhaibh.—
Mu'n d' thill na gillean 's iomadh pinne
'Thug sgeanan biorach Thòmais.

Air each gle-mhòr, cruidheach, ceumach,
Fuaimneach, steudmhor, mòdhar,
Cha bu lapach an aois macaibh
Ceannard feachd na Dreòllainn.
Le bhuidhinn threunfhear nach tais éiridh
Ga 'n robh cridh' treun mar leòghann :—
'S iad a dh' eubh an ciad ratreut
An déigh luchd-Beurla 's cleòca.

---

* The battle of Killiecrankie is commonly called in
Gaelic, " Blàr Raon-Ruairidh."

Bha ri 'n sgéith-san buidheann éiginn
'Dh 'fhalbh á Eirinn còmhla
Ri mionaid eile phàigh an éirig
Fhéin le gleusdachd còmhraig :
Bu bhinn an sgeul 'bhi seal 'g an éisdeachd
Is iad ri eubhach crònain,
'S a liughad fear air bhcagan ceannaich
A fhuair malairt còta.

Cha bu ghealtachd 'bhi 'g an seachnadh,
Cha robh 'm faicinn bòidheach,
An léintean paisgte fo 'n da achlais
'S an casan gun bhrògan ;
Boineid dhathte 'dion an claiginn
'S an gruag na pasgan fòithe,
Bu chosmhuile 'n gleus ri trotan bhéistean
Na ri luchd-céille còire.

ORAN GAOIL.

Rinneadh an t-òran so do Bharbara nighean an
Easbuig Fullarton le Anndra Mac-an-Easbuig,
mu 'n bliadhna 1698.

Captain Andrew M'Lean of Knock in Morvern
was the eldest son of Hector M'Lean, Bishop of
Argyle.   He was married to Florence, daughter of
Maclean of Ard-na-Cross.

Thug mise gaol nach fàilinneach
Do rìbhinn na cuaich 'fàinneagaich ;
Gur bòidheach, dualach àrbhuidh e,
Mar aiteal deàrrsaidh theud.

A ghruaidh a chruthaich nàdar dhuit
'S tuis ràtha 's ragha dealbha sin,
'S gach aona bhuaidh mar-a b' fheàrr a' bh' air
Diana-sa 'chaidh eug.

Gu maiseach, mìn-gheal, tàbhachdach
'S tu anns gach gné neo-àileasach,
Tha d' aigneadh sèimh neo-àrdanach,
Gun fhàilinn 'tha fo 'n ghréin.

Is sùgach an àm màmrain thu,
Is cùirteil thu mar b' àbhaist dhuit,
Is math 'thig fàite ghàire dhuit
Bho chlàragaibh do bhéil.

Gur milse 'pòg na mealainean,
'S i 's cinntich' glòir gun amaideachd,
Bheir brìgh a beòil 's a h-analach
Neach an-shocrach bho 'n eug.

Air uchd nach crion r'a thaisbeanadh
Tha an dà chìch is tlachdmhoire,
Bhuin i gach cridh' le 'taitneasaibh
Fo ghlasaibh aice féin.

Is caoin fo 'gùn a seang-chorpan
'S i 's maoile glùn 'us calpannan ;
Troidh chuimir bheag gun gharachdalachd
Nach saltair garbh air feur.

Chaidh cliù na té s' á Albainn bhuainn
Aig gloinnead bheus 's aig leanabachd ;
Cha d' fhan e anns a Ghearmailte
Gun dol gu dearbh do 'n Ghréig.

B' fheàrr gur mise 'bhuadhaicheadh
Fàil le 'n cuirte cruaidh-shnaim ort ;
Cha b'fhear gun àdh 's an uair sin mi,
'N uair bhuannaichinn thu féin

Ach 's cruaidh an càs ma 's fuatharachd
Gheibh mi an àite truacantachd,
B' fheàrr dhomh mar-a buannaich mi
A bhi 's an uaigh á péin.

Co chuala riamh no chunnaic e
Na fhuair ad nàdar tuinneachadh ;
Gach uaisle tha 'm Babi Fullarton
Air cruinneachadh 'na cré.

Ge b' e do thoil-sa diùltadh rium,
Cha 'n onair dhomh bhi dioghaltach :
Mo shoraidh-sa gu dùrachdach
Do d' bhroilleach cùbhraidh féin.

I O R R A M

Le ANNDRA MAC-AN-EASBUIG an uair a shiubhail
a bhean agus a fhuair e naigheachd bàis a dhithisd
bhràithrean, Sir Alastair a chaochail ann am Aix la
Chapell, agus Caiptein Iain a mharbhadh ann an
Reyzerwerts.

Sir Alexander M'Lean of Otter was a man of much
prominence in his day.   He fought at the battle of
Sherriffmuir.

Gur a cràiteach an othail
Tha an dràst a tigh'nn fotham
Ann an damhair an fhoghair 's na buana.

Gur-a tùrsach mi 'g éiridh
'S mi gun fhuran o m' chéile,
'S cha 'n e 'cumha gu léir tha gam bhuaireadh.

Gur h-i 'n naigheachd so leugh mi
Tha gam chaitheadh fo m' léine,
'S a chuir snaidheadh gu geur orm mu 'n cuairt
  dhomh.

Dhòirt tonn orm mu mo mhullach
Dh' fhàs 'na throm-bhuille muineil,
'S a dh' fhàg lom mi gun lunnaich, gun suanach.*

Cha b' i lochdair an t-saoir
A rinn mo lot air gach taobh dhiom ;
Ach a chros-tuagh bu daoire gu 'n d' fhuaras

Bidh m' fhear-fuatha 'sior-thàir orm,
'S gur beairt bhuan dha mo thàmailt
'S e a bagradh gu dàna mo bhualadh.

'N àile chunnaic mi maduinn
Nach bu chunnarach cladaich
Do dh' fhear eile 'bhi bagradh mo chluaise.

Fhad 's bu bheò iad le chéile
Na ghabh fògradh le Seumas,
Na fir òga bu tréine ri 'm 'ghuallainn.

B' iad mo ghràdh na fir chridhe
'Bha dha 'n càirdean gun slighe,†
'S nach robh tàireil air dlighe dhaoin'-uaisle.

---

* Suanach, a coarse covering.
† Slighe, craft.

Gu 'm bu tais ris na daimh sibh,
Gu 'm bu mhacant' ri mnaoi sibh,
'S gu 'm bu sgaiteach le 'r naimhdean 'ur cruadal.

Gu am b' airidh luchd-theud sibh
Ann an a rgiod no 'n éideadh ;
Is aois-dàna cha 'n euradh ‡ sibh duais dhaibh.

'S mi craobh choimheach na coire
A bha roimhe so 'n coille,
'S cha bu doimhtheamh an doire as na 'bhuain-
eadh.

'S truagh duine mar tha mi
'Sìor-ghiùlan gach sàraich ;
Mo chruas duilich, gun bhràthair gun ghual-
fhear.

Ach ma rinn sibh bhuam imeachd
'S gun 'ur n-oighre 'n 'ur n-ionad,
'S e mo roinn-sa de 'n iomairt a's cruaidhe.

ORAN

Do Shir Iain Mac-Gillean, Le Mairearad Nighean Lachainn.

Mairearad nighean Lachainn mhic Iain mhic
Lachainn, was a Macdonald. She was born in Mull
and lived there. Her mother was a Maclean. She
was married and had a large family. All her
children died before herself. She lived to an ex-
treme old age. She nursed several of the Macleans
of Duart. She composed a great many songs. A
few of them are published in Turner's collection.
She is not inferior to any of the Highland poetesses.
I have seven of her songs.

---

‡ Cha 'n euradh, would not refuse.

Gu'n d' fhuair mi sgeul 's cha 'n àicheidh mi
Gu bheil e dhomh 'toirt gàirdeachais;
Gur binne leam na clàrsaichean
'Bhi 'g innse mar-a thàinig sibh :—
Gu bheil Sir Iain sàbhailte
'S gu'n tug a' Bhanrain·cùirt dha.

Nam b' fhiosrach banrainn Anna
Mar-a dh' fhògradh ann a'd' leanabh thu
Is mar-a thugadh d' fhearann bhuait
Gu 'm biodh i aoidheil geanail riut:
Is nach robh cron r'a aithris ort
Ach leantuinn do righ dùthchais.

Gur truagh gun mi cho beachdail
Is gu 'm faighinn éisdeachd facail dhi:
Nan labhrainn Beurla Shassunach
No Fraingis mhìn gu fasanta
Gu 'n innsinn gun dol seachad dhi
Mar rinneadh ort do dhiùchradh.

Na Leathanaich bu phrìseil iad,
Bu mhòralach nan inntinn iad;
'N diugh crom-cheannach 's ann chìtear iad
'S e teann-lagh a thug strìochdadh asd'
Is mairg a bha cho dìleas riubha
Riamh do rìgh no prionnsa.

Gu 'm b' fheàrr bhi cealgach, innleachdach
Mar bha an nàimhdean miorùnach;
'S e dh' fhàgadh làidir, lìonmhor iad,
'S e 'dheanadh gnothach cinnteach dhaibh.
A bhi cho tuigseach crionnta
Is gu 'm b' fhiach leotha bhi tionndadh!

Chuala mi 's mi 'm phàisteachan
Mu'n ghlacadh tuigse nàdair leam,
Na bha fo fhuath, ge làidir iad
Gur h-iad a ghnàth bu bhadhan dhaibh ;
'S beag ioghnadh mar-a tha iad
Anns a' Ghàidhealtachd 'g an ionndrainn.

B' iad féin am fine àrdanach,
Bha urram is buaidh làraich leo ;
Bu sgairteil leis na claidhean iad
Cha mheirgeadh iad nan sgàbartan ;
Is cha bu gheilt no sgàthachas
A leughadh iad 'an cùnnart.

Gur h-iomadh lùireach mhàileach
Bhiodh air ealchainnean 'n ur fàrdaichean ;
Cha togadh sibh na ràpairean
Gu 'm b' fheàrr an claidheamh Spàinneach leibh
A dh' fheuchadh spionnadh ghàirdeanan
'S am bogha b' fheàrr a lùbadh.

'N àm togail dhuibh le gàirdeachas
A chaiseamachd bu ghnàthach leibh
Bhiodh sluagh gu leòir a màrsail leibh,
Fir sgairteil throm neo-fhàilinneach,
'S bhiodh brataichean 'gan sàthadh
Aig sliochd Mhanuis òig 'gan rùsgadh.

Cuid eile de bhur n-àbhaistean
Mu 'n d' chuireadh ás bhur n-àiteachan sibh
Puirt, is stuichd, is stàndachan,
Is bualadh bhròg air dheàrnachan,
'S gach aon neach mar-a dh' fhàsadh
A bhi faoghlum dha gach lùth-chleas.

A rìgh gur dubhach, cianail mi
A caoidh nan treun a b' fhiachaile ;
Gu 'n d' éirich cleas Mhaol-Ciaran daibh.
'S nach h-'eil ra inns' ach sgial orra ;
Mo thruaighe gu 'n do thriall iad bhuainn,
Fir threun nan sgiath 's nan lùireach.

ORAN

Do Dhomhnull Mac-Gilleain, Fear Bhrolais,
le Domhnull Ban Mac-Gilleain am Muile.

Donald, the 3rd Maclean of Brolas was Lieutenant-Colonel of the Macleans, under his chief, Sir John Maclean, at the battle of Sheriffmuir in 1715. His son Allan, after the death of Sir Hector Maclean at Rome in 1750, became chief of the Macleans.

An tùs an t-samhraidh so 'bha
Dhuinn mar gheamhradh gun bhlàths
Chaidh ar ceannard fo chlàraibh dùinte ;
Ann an ciste nam bòrd
Air a sparradh le òrd
'S sinn ga seuladh le bròn dùbailt'.

Sliamh-an-t-Siorraim gun stà
Chòmhdaich sinne 'measg chàich
Le lan-togar gun sgàth, gun chùram.
Mar bu chubhaidh 's bu dual
Bha thu 'n toiseach an t-sluaigh
'N déigh an t-òrdagh thoirt bhuait do d'mhuinntir.

Mar leòghann garg, guineach, mòr
Bha 'n treun curanta, òg,
Le lainn shòluis 'na dhòrn gu dioghailt.
'S math a thigeadh dhuit cleòc
Agus at a bhil' òir;
Fear do choltais cha bheò mar timchioll.

Do cheann-cinnidh 's tu féin
Anns an iomairt gu treun
Bha ri milleadh air treud an Diùca.
Cha robh gaisgich oirnn gann
'Bhualadh bhuillean gu teann ;
'S cha bu bhochd leinn mar cheannard duinn thu.

A ghnùis sheirceil an àidh
Dha 'n robh freasdal do chàch,
Cha bu bheagan bu làn ad shùilean.
Ge b'e thogadh ort strì
Cha b' i 'n obair gun bhrìgh
'Fhir bu togarrach sìth 's nach diùltadh.

'S ann an toiteal nan each
Bha do chosmhalas bras,
'Fhir gam buineadh a mhaise ùrla ;*
Ann an caithream nan arm
Bha thu farumach calm,
Cha bu shuarrachas d' fhearg r'a dùsgadh.

'N uair a thigeadh tu 'mach
Air do chois no air each
'Dhol 'an coinnimh ri luchd do dhiomba
Is a chaoch'leadh tu snuadh
Gu 'm b' fhàth cùraim d' an cluais ;
An làmh a b' iomadach buaidh 's bu chliùiteach.

---

* Urla, the face, or countenance.

Och nan och a ta buan
'S ann a nis tha sinn truagh,
O'n là chunnaic sinn d' uaigh ga bùrach ;
'N darna h-oighre 'bha beò
De shliochd ceart Eachuinn òig ;
Creach nan creach thàinig oirnn ri aon uair.

'S e bàs Caiptein nam buadh
A dh' fhàg sinne 'n diugh truagh ;
'S càirdeach Pàdruig 's an uair so dhuinne ;
Bàs an duine so 'dh' fhalbh
A dh' fhàg cuimir ar stoirm ;
Fàth ar duilichinn soirbh ri 'dhùsgadh.

Fàth ar caoinidh tha goirt,
Cha chaoin-shuarach ar lot
Ach cneidh shic a ta goirt r'a giùlan ;
Chaidh a' chuibhle mu 'n cuairt
A dh' fhàg dubhach ar gruaidh,
Cha 'n 'eil éibhneas 'san uair so dhuinne.

Thuit am flùran le beum,
Oirnne 's soilleir an leus,
Ceann ar cinnidh cha 'n fheud e dùsgadh.
'Thi bha labharach àrd,
Bha thu mìn 's bha thu garbh,
'Righ, bu smachdail do ghnàths ri d' dhùthaich.

Oirnne thàinig an fhras
A mhill snodhach af slat
'Chunnacas roimhe so pailte ùrail.
Gur bochd mise air aon,
Cha lot drise 'ta 'm thaobh
Ach sàthadh biodaig le faobhar dùbailt',

P

Gus 'n do ghearradh an cnaimh,
Thuit an smear as gu làr
Is léigh idir cha slànaich dhuinn e
Ach an léigh a ta shuas
D'an léir laigsinn an t-sluaigh
Is da 'n deanar 'san uaigh leinn lùbadh.

Esan 'dh' amharc le iochd
Air a' ghnothach 'ta brist
'S a bha roimhe fo mheas 'us cùram,
Ann an statalachd beachd
Gun aon fhàilin, gun airc,
'S cha d' fhuair càch le an neart riamh puic
   dhinn.

Oirnne thàinig i cas
Fhroiseadh snodhach ar slat
'N uair a shaoil sinn bhi pailte ùrail,
'Chraobh de 'n abhall a b' àird'
Thuit a snodhach gu làr
Gus 'n do theirinn a blàth 's a h-ùbhlan.

'S ann 'san innis fo lic
A ta 'n urra bha glic,
D' an robh misneach, is meas o'n Diùca ;
Bha thu macanta blàth
Bha thu pailt ri d' luchd-daimh,
'S bu mhòr smachdalachd gnàths do ghiùlain.

Thuit am fiùran bha treun,
Oirnne 's soilleir an leus,
Ceann ar cinnidh cha 'n fheud e dùsgadh.
'S e an ciste nam bòrd
Air a dubhadh fo shròl ;
Dh' fhàg sud sinne fo bhròn 'gad ionndrainn.

MARBH-RANN

D'a MHNAOI, ISEABAL NIC-GILLEAIN, le IAIN MAC-GILLEAIN.

The Rev. John Maclean, the author of this elegy, was 4th son of Ewan, the 9th Maclean of Treis-innis. He was minister of Kilninian in Mull. He was married to Isabell, daughter of Charles MacLean in Tiree. Three of his poems are in Dr M'Lean's MS. One of these, a poem composed upon the publication of Llhuyd's Archaeologia Britannia in 1704, appears in Pattison's GAELIC BARDS, page 199. Mr MacLean was succeeded as minister of Kilninian by his only son, Alexander.

'N àm dùsgadh dhomh as mo chadal
Tha smaointeachadh m' aignidh goirt,
'S mi aig ionndrainn nach h-'eil agam
Bean chaomh a' chaidreimh nach b' olc.

Fhuair mise 'n coingheall o Dhia thu
Da fhichead bliadhna 's a h-ochd ;
'S chaith sinn an ùine gun chànran,
'S cha chuala càch sinn a' trod.

Ach 'chionn nach ann agam-sa fhuaradh,
'S nach robh 'm aont' dhi buan gun chrìch,
'N uair 'thagair an Ti a thug bhuaithe i,
Leig mise bhuam i gun strì.

'S uaigneach leam-sa 'bhi leam féin,
Ach 's éigin dhomh fuireach am thosd ;
Ordagh Rìgh nan sluagh gu léir
Gu de 'm feum 'bhi ris a trod.

Tha do leaba leam cumhann fuar
Ach bhlàitich Criosd an uaigh le blàths,
Is ás a' Bhàs gu 'n tug E 'n gath,
Sgeula math 's cùis aigheir e.

Gu de 'm feum dhomh 'bhi gad chaoidh,
'S nach faigh mi a chaoidh thu air ais !
Théid mise ri ùine nad dhéigh,
'S cinnteach mi gu 'n téid an cais.

Tha do chadal sàmhach buan
Gu aiseirigh an t-sluaigh o'n bhàs :
'S àdhmhor a' chobhair a rug ort
O anshocair ghoirt 's o chràdh.

Tha mo dhòchas ann an Criosd
'N Ti 'dhìol airson peacaidh chàich,
'Thé 's tric a riaraich am bochd
Gu bheil d' anam an nochd na bhlàths.

Cuid eile 'chùis m' aoibhnis mhòir,
'S nach d' fhaod gu 'm b'e bhi beò do chàs,
Thu 'bhi foirfi an naomhachd gun spot,
Gun pheacadh gun lochd, gu bràth.

Còmhdhail shòlasach le chéile,
Tha mi guidhe Dhé, de 'ghràs,
'Bhi agamsa 's agad féin
An talla 'n éibhnis 's an àidh.

An creideamh na puinc so féin,
An dùil éisdeachd anns a' chàs,
Tha mo rùn-sa fuireach ri m' ré,
Gun mhonmhor, gun éis, gun chràdh.

Cha robh do theanga-sa luath,
Có de 'n t-sluagh do 'n tug i beum ?
B' fhurasda dhomh cliù 'thoirt ort
Nach coisneadh a h-uile té.

Ach o nach h-'eil m' ùidh s' ann an sgleò,
'S nach mo tha agad s' air feum,
Fanaidh mi tuilleadh am thàmh ;
Ach mo bheannachd gu bràth ad dhéigh.

NA DEICH AITHEANTAN.

Le Eachunn Mac Iain, Triath Chola.

Iain Garbh, 1st Maclean of Coll, was the second son of Lachainn Bronnach, chief of the Macleans. He was a strong and brave man. He was married to a daughter of Fraser of Lovat. His son, Iain Abrach, was killed in a quarrel with the Camerons of Lochiel. He was married to a daughter of Maclean of Urquhart, and had two sons, John and Hector. As John died without issue Hector succeeded him as Laird of Coll.

Hector, the 4th Maclean of Coll, was a highly accomplished scholar. He was a man of piety. He was a devoted student and took great pleasure in poetry. He composed poems in Latin and in Gaelic. He was married to a daughter of Alastair mac Iain Chathanaich of Islay.

1. Creid dìreach an Rìgh nan dùl,

2. 'S cuir air cùl ùmhlachd do dhealbh :

3. Na tabhair ainm Rìgh nan rìgh
   'N diombanas, oir bidh sin searbh.

4. Dòmhnuch Rìgh nèimh nan nial
   Dean le d' chridhe, chumail saor

5. D' athair 's do mhàthair gach uair
   Fo onair bhuait biodh araon.

6. Na dean marbhadh 's cum bho thnù,

7. Aodhaltrannas na cuir an gnìomh.

8. Gaduigheachd no goid na dean,

9. 'S na tog fianais ach gu fior.

10. Na sanntaich thusa dhuit féin.
    Taigh fir eile no 'bhean,
    No nì de eairneis gu léir ;
    A stigh bi-sa dìreach glan.

Sin deich àitheantan Dé dhuit,
Tuig iad gu fior agus creid ;
Ma ni thu uile d' an réir
Cha 'n eagal dhuit féin no dha d' thaigh.
   Arsa 'n cléireach beag, 'Triath Chola

CAISMEACHD AILEIN NAN SOP,

Le Eachunn Mac Iain, Triath Chola, mu 'n bhliadh-
na 1537.

Bu mhac an creachadair ainmeil, Ailean nan Sop, do
Lachann Catanach, Triath Dhubhairt.   Thogadh e
ann an Cairnaburg, caisteal làidir air eilean beag cùl-
thaobh Mhuile.   Fhuair e long fo smachd, agus chaidh
e leatha bho àite gu àite a creachadh 'sa losgadh.
Mharbh e Tighearna 'n Leithir 's chum e 'oighreachd
gu latha 'bhàis.   Thog e iomadh creach ann an Eirinn
agus anns a' Ghalldachd.   Dh' éirich e gu cumhachd
mòr.   Cheannaich Mac-Dhòmhnuill a chàirdeas le
eilean Ghiogha agus caisteal aig ceann Loch Tairbeirt
a thoirt da.   Fhuair e Cille-Charmaic ann an Cnapadal
bho Mhac-Cailean.   Cha robh creachadair riamh sa
Ghàidhealtachd coltach ris.   Ràinig e gu aois mhòir.
Chaochail e mu 'n bhliadhna 1555.   Tha e 'n tiodh-
lacadh an Reilig Orain an I Chaluim-Chille.

Bu duine math Tighearna Chola, 's bha giùlan
Ailein a' cur duilichinn air.   Chual Ailean nach robh
e toilichte leis 's chuir e roimhe aicheamhail a bhi
aige.   Sheòl e gu Cola ; ghlac e 'fhear-cinnidh, 's thug
e leis e gu Loch Tairbeirt.   Bha Tighearna Chola
'n a dheadh-bhàrd, agus air dha òran a dheanamh air
Ailean fhuair e as.   Tha e gle choltach gur h-e so a
cheart òran leis an d' fhuair e a shaorsa.

'S mithich dhuinne mar bhun ùmhlachd
Dàn bùrdain a chasgairt dhuit,
A fhleasgaich bhrioghmhior 'fhliuchas piosan
Le d' dhibh spiosair, neartmhoraich.

Nochd niòr chéileadh fion na Frainge
'Nad theach meanmnach, masgulach,
A shil uaibhrich nach biodh uaigneach
'S o 'm biodh sluagh gu cadaltach.

'S iomadh geòcach ann ad chosan
Agus deòraidh aigeantach
'N uair leigeadh iad a mach am bàrca
Thar an cabull ro-ghasda.

Ceanglar uimpe mar bhur n-àbhaist,
Cuan a b' àird' do chasgairt leo,
'S nitear sin a réir a chéile
Gun fheum 'bhi air ath-dheanamh,

Beairt chaol righinn, lionmhor, chainbe,
Gun aon snaoim marcachd oirr',
'N ceangal ri failbheagaibh iarruinn,
Droinip nach iarr acarachd.

Sin air deanamh lùthach, làidir,
Le spionnadh àrd 'sa' cheart uair sin,
Gus an tugadh air a crannaibh claonadh
Taobh na gaoith a cheart-eiginn.

'N uair 'shuidheadh iad air a crann-céille
Gach fear féin ri dreapaireachd,
A liuthad sodar muir onfhaidh,
'S e gu ceannagheal, gorm, caiteanach,

A bristeadh gach taobh de brannradh
'Se 'n coimh-ruith ri baidealaibh,
Fad ur fad-fhradhairc 's na neullaibh,
Slat o beul a dh' fhaicinn-sa.

A dol timchioll sruth no sàilean,
'S i gu leanabhail tartarrach,
'S iomadh lùireach an ceangal ri h-earraich,
'S bogha dearg Sasunnach.

Croinn air an locradh bho ruinn gu dosaibh
Le 'n cinn dhodach fhad-ghainneach.—
'N uair a chunnacadar am fad bhuait
Na crìochan ris an robh fuath acasan,

Glacadar na fuirbi righne
Nan doidibh min ladarna ;
Rinn iad an t-iomram teann, teth
Toghbha làidir, eòlach, acfhuinneach.

Thug iad cudthrom air na liadhaibh,
'S raimh 'gam pianadh acasan ;
Chuir iad a beòil mhòr ri chéile,
'S a da chléith gu 'n shrac iad sin.

O R A N

Do LACHANN MAC-GILLEAIN Triath Chola, ·
Le CATRIONA NIC-GILLEAIN.

Catherine Maclean, Catriona nighean Eòbhain Mhic
Lachainn was born in the Island of Coll, and passed
her life there. She was a very excellent poetess. Her
poems shew much tenderness of feeling. She com-
posed many songs. She was born probably about the
year 1650.

The subject of this poem is Lachlan, 8th Maclean
of Coll, who was drowned in the river Lochy in the
year 1687.

'S muladach 's gur fiabhrasach
A' bhliadhna-sa de ghnàth,
Bho 'n dh' fhàg ceann nan cliaran sinn
Gus an trialladh bàird.
Gu 'm bu cheann aos-ealain thu
'S gu 'm b' ath'reil dhuit do ghnàths ;
Bu dùthchas dhuit bho d' sheanair e,
Lùb allail a thug bàrr.

Tha mise dheth trom èisleineach
'S mi 'g èiridh, gach aon là,
'Bhi 'g amharc do réidhleanan
Gun neach fo 'n ghréin ach bàrd.
Cha 'n 'eil mnai no marcaich ann,
No gaisgich air an tràigh ;
'S cha 'n 'eil òl air chuachaibh
Ann an talla buan mo ghràidh.

'S e mo rùn an gaisgeach ud
A's smachdaile roimh shluagh,
An àm nochdadh dhuit do bhrataich
Is neo-airsneulach a snuadh.
Cha b' e triall gun taice dhaibh
Is d' fhaicinn rompa 'suas ;
Bhiodh iad fallan dachaidh leat,
Cia fhad 's g' an tugteadh ruaig.

'Se mo rùn an curaidh
Leis 'm bu toil 'bhi 'n cumasg lann ;
Bu mhian leat arm sgaiteach,
Agus clogaid glas mu d' cheann.

Ann an àm an rùsgaidh
'S ann fo d' shùil a bhiodh an sgraing :
Mo làmh gun deanteadh pùdhar
Le glaic lùthaidh fir gun taing.

'S ionmhuinn leam an Lachrinn sin
A's foinnidh, dreachmhor gnùis.
Dh' aithnichinn air an fhaiche thu
Air maise taobh do chùil.
Tha blàth rathar, buadhach ort
Nach ciùrradh fuachd 'g a dhlùths.
Air mo làimh bu shar-ghasd' thu,
'S tu 'n t-àilleagan 's a' chùirt.

'N uair 'thigeadh Mac-Gilleain ort
Le chathan is le 'rann,
'S gach toiseach mar bu chubhaidh dhaibh
Do mhaithibh Innse-Gall,
Bhiodh farum air na tùraibh ud,
Bhiodh fùdar gorm 'na dheann ;
Bhiodh clàrsaichean gan spreigeadh
Is luchd-leadanan ri 'danns'.

'N àm 'bhi triall gu d' àrdaich
Gu 'm b' e d' àbhaist, mar bu dual,
'Bhi tarruing ort am bràithreachas
'Cur shlàinteachan mu 'n cuairt.
Is searragan is tunnachan
Gun chunnart air an luach ;
'S sior-òl nan còrnaibh sinnseireach
A dhìobradh fir gu suain.

BHO CHOMH-CHRUINNEACHADH A' BHAIRD MHIC-GILLEAIN.

CUMHA

Do Sheumas Mac-Gilleain, a fear, le Catriona Nic-Gilleain, an Cola.

Gur h-e mise 'tha pràmhail
'S fhuair mi fàth air 'bhi dubhach.
Tha mi feitheamh an àite
Far 'm bu ghnàs dhuit 'bhi d' shuidhe,
'S gun do ghunn' an air calachainn
'Chuireadh earba bho shiubhal.—
Mo chreach dhuilich gu 'n d' dh' eug thu,
Nàmhaid féidh anns a' bhruthach.

'N uair a bha mi 'g ad chàradh
Ged bu shàr-mhath mo mhisneach
Gu 'n robh saighead am àirnean,
'S i 'gam shàthadh gu 'h-itich,
Mu 'n fhear churanta, làidir,
Nach robh fàilinn na ghliocus.
Cha robh 'n saoghal mar chàs ort
Nam biodh d' àilleas fo d' iochd dheth.

Cha do rinn mi riut fàilte
Ged-a thàinig thu, Sheumais.
Gur h-e mise 'tha cràiteach
Is cha slànaich an léigh mi

Bho nach 'eil thusa maireann
'Fhir bu cheanalt' 's bu bheusaich ;
Gur h-e mise nach sòradh
Ni bu deònach le d' bheul-sa.

Ormsa thàinig am fuathas
On Di-luain so 'chaidh tharam ;
Bho na chunnaic mo shùilean
Thu 'gad' 'ghiùlan aig fearaibh.
Gu 'n robh mnai air bheag céille
'S fir gu deurach gad' ghearan.—
O na dh' fhàg iad 'sa' chill thu
Och, mo dhìobhal, 's trom 'm eallach.

'N uair a thug iad gu tilleadh
Gu 'n robh 'n iomairt ud cruaidh leam,
'S tusa 'rùin air do chàradh
Ann an càrnaich na fuarachd.
Com cho geal ris a' chanach
Fo chùl clannach, cas, dualach.
'S truagh nach robh mise mar-riut,
'S mi gun anam, 's an fhuar-leab'.

'N uair a ràinig mi 'n clachan,
Chaidh am braisead mo dheuraibh.
Bho nach d' ligeadh a steach mi
Dh' ionns' na leapa 'n robh m' eudail.
Na am bitheadh tu maireann
Cha dhealaicheadh tu fhéin sinn ;
Ochain, ochain, mo sgaradh
Gur h-i mo bharail a thréig mi.

Air Di-dòmhnaich 'sa' chlachan
Cha an 'fhaic mi mo ghràdh ann ;
Bidh gach aon té gu h-éibhinn
Is a céile fhéin làmh-r'i,
Ach bidh mise gad' ghearan s',
'Fhir bu cheanalta nàdar ;
Mo theinn thruagh bhi 'gad chumhadh
'S tu 'n leab chumhainn nan clàran.

Tha mi 'm ònrachd 's an fheasgar,
'Ghaoil, cha deasaich mi t'-àite,
'S gun mo dhùil ri thu 'thighinn,
'S e, 'fhir-cridhe, so chràidh mi.
Do chorp glé-ghlan th' air dubhadh,
'S do chùl buidh' th' air dhroch-càradh.
Ged a dh' fhàg mi thu 'm dheoghainn
B'e mo roghainn 'bhi làmh-riut

N' am biodh fios air mo smaointinn
Aig gach aon dha bheil céile
'S fad' mu 'n deanadh iad gearan
Fhad 's a dh fhanadh iad-féin daibh.
Ged-a gheibhinn de dh' òige
Air achd 's gu 'm pòsadh dha dheug mi,
Cha an fhaicinn bho thoiseach
Aon bu docha na'n ceud fhear.

Na 'n do ghabhadh leat fògar
'S barail bheò 'bhi aig càch ort,
Gu an rachainn-sa 'n tòir ort,
B'e sin sòlas mo shlàinte,

'N dùil gu 'n deanadh tu tilleadh
'Dh' ionns' an ionaid a dh' fhàg thu.—
'S feudar fhulang mar thachair,
'S ann a ghlais iad fo 'n chlàr thu.

Och a Righ, gléidh mo chiall domh
'S mi ga d' iargainn-sa ghràidhein :
Fhir bu tuigsich' 's bu chiallaich',
'S mor 'bha chiatabh 'co-fhàs riut.—
Tha mi 'nis mar Mhaol-Ciaran,
'Gad ghna-iarraidh 's mi cràiteach.
Math mo laigsinn, a Righ, dhomh,
Gur h-e d' iasad a chràidh mi.

ORAN

Do Dhomhnull Mac Eachuinn Ruaidh, Tighearna Chola,

Leis an Aigeannaich.

Donald, the 10th Maclean of Coll died in April, 1729, aged 73.

There is a song by the Aigeannach in Gillies' collection at page 128. She is there called Nighean Dhòmhnuill Ghuirm. The same song is in the " Oranaiche. "

Soraidh gu Breacachadh bhuam,
Gu baile nan stuadh àrda
Far a bheil ceannard an t-sluaigh
'Tha measail, buadhmhor, àdhmhor ;

Gu mac gasda Eachuinn Ruaidh,
Guidheam-sa le's buaidh làraich ;
Duine smachdail, reachdmhor, ciùin
A bhuidhinneadh cùis dhe 'nàmhaid.

Rinn mi diochuimhn 's cha bu ghann i
'S teann nach bi i pàidhte ;
Tha bràthair Iarla nan sròl
'N dràst ga fhògar as àite.
'Righ, gur h-iomadh sruthan mòr
Bha 'n òrdagh mu bhràghad ;
Bha fuil dhìreach Mhic-Gilleain ann
Eachuinn òig 's a bhràthar.

Chuir thu do long fhada dharaich
Le 'ballaibh air sàile
Le stiùir, le croinn, 's le buill bheairte,
'S le acdraichean làidir.
C' àite an robh coimeas do 'n iùbhraich
Gu stiùireadh air sàile ?
Bha triùir phiobairean 'na toiseach
A steach gu port na tràghad.

Dh' fhalbh thu an coinnimh na cuideachd
Le furan 's le fàilte ;
Rug thu air làimh Mhic-Gilleain
Le beatha 's le slàinte.
Cha do shalaich iad an casan
'Tighinn a steach do d' bhaghan ;
'N uair a ràinig iad an caisteal,
Righ, bu tearc an t-àit' e.

Gach ni 'smaointicheadh a i cridhe
Bha 'tighinn gu saibhir,
Bu chùis-teirbheirt dha do ghillean
Bhi 'toirt dibhe air làraich ;
'S ann an sud bha'n gean 's an sòlas
'S ceòl a' tigh'nn bho 'n chlàrsaich ;
Coinnlean céire laiste 'n lainntear
'S òl air branndaidh Spàinnteach.

Ge b' e thàrladh ann ad rùm
Nach tugadh cliù dha d' fhàrdaich
Bu neach gun eòlas air tùir e,
No air lùchairtean àrda.
'S ann ad sheòmraichean cùbhraidh
'Bhios an sunnd 's an àbhachd ;
Chit' annt iomairt air an òr
Is òl air branndaidh làidir.

Ge b' e thalaicheadh air do bhuidleir
'S glutair e gun nàire ;
Cha 'n 'eil e 'n Albainn no 'n Eirinn
Fear a's ceutaich' gnàthan.
Gach seòrsa fion' tha na d' thalla,
An stuth fallan bàigheil ;
'S bheirear seachad e gun ghainne
'S na searragan làn dheth.

Gheibhteadh do bhannal a fuaigheal,
Do ghruagaichean àraid
Aig nighean Thormaid mhic Ruairidh
Dha 'm bu dualchas àrdan.

Q

Bhiodh ac' sunnd air deanamh léintean
'S tarruing gréis le snàthaid ;
Iomairt air còtaichean tric ac',
'S mise bh' ann 's an làthair.

Gu 'm biodh na cùirteinnean dathte
Air na leapanan clàraidh ;
Agus cluasagan 'g a réir sin,
'S gach ni dh' fheumte làmh riu ;
Bhiodh orr' brailinnean is bratan,
Culaidh 'chadail shàmhaich,
Far am biodh blàths aig na h-uaislean,
Cha tig fuachd nan dàil annt.

A dheadh mhic Iain na féile,
'S làmh nach euradh dàimh thu ;
'S tu làn de mhòralachd 's de ghliocas
'S de ghibteanan saibhir.
Dhuit a bhuineadh a bhi cruadalach
'Thoirt buaidh 's an àraich :
A righ gu 'm meal thu do stoileadh
'S do mhac oighre ad àite.

A ghaoil, nan éireadh ort cruadal
Bhiodh leat uaislean àrda ;
Do charaid, Morair Chlann-Dòmhnuill,
Bu deònach na d' phàirt e
Dh' éireadh Mac-Leòid á Dun-Bheagain
Gu seasamh do làraich,
'S gu 'n éireadh gu grad leat á Mùideart
Na fiùrain neo-sgàthach.

Dh' éireadh leat Colla bho 'n Cheapaich
Gu h-acfhuinneach làidir ;
'S Mac-Dhòmhnuill Duibh á Lochabar
Le 'ghaisgichibh sàr-mhath.
Dh' éireadh Mac-Ionmhuinn o 'n Chrëich ;
'S bu treun anns a' bhlàr e. -
Soraidh gu Breacachadh bhuam,
Gu baile nan stuadh àrda.

AIR CUAIRT DO DH' AMERICA.

Le ALASDAIR MAC-GILLEAIN.

Alexander Maclean, an Càbair Colach, was a native
of Coll. He was an expert seaman. About forty
years ago he emigrated with his family to Australia,
where he died. He was a cheerful companion, and
was highly respected.

Ann an toiseach an fhoghair
Ris a' chuan thug mi m' aghaidh le s unnd,
'Dhol a shealltainn an àit'
'S a bheil na measan a fàs a's feàrr sùgh ;
'Dhol a shealltainn nan gillean
A ghabh toiseach na linne a null,
'S a thoirt naigheachd gu 'n càirdean ;—
'S mar-a till mi bidh pàirt diubh ga m' thùrs'.

'Fhir a chruthaich an saoghal
Is a dh' òrdaich na daoin' os a cheann,
Thoir dhuinn soirbheachadh feasgair'
'S sinn a gluasad o'n fheasdraich fo shiùil :
Bi 'gar stiùradh gu cala,
Na leig dhuinn dol a mearachd 'n ar cùrs' ;
'N uair a shéideas a ghaoth oirnn,
Dhuits' tha comasach faochadh 'thoirt dhuinn.

Bi mu 'r croinn 's mu 'r buill-bheairte
Bi mu 'r cùl-stadh mu 'r rachdaibh 's mu 'r sgòd,
'S gach aon bhall 'tha 's an àrdraich
A toirt iomrachadh sàbhailt do 'n t-slògh
'Dhol a dh' ionnsaidh an fhearainn
Anns na dh' ullaich thu cheana dhaibh lòn.—
Bi gach là ad sgéith-dhion' orra
Dean am faicinn air tìr is air dòigh.

'N uair a chunnaic Thu 'n rioghachd so
Gun dòigh aig daoin' ìsle air 'bhi beò
Gu 'n do bhrosnaich thu 'n spiorad
'Dhol a dh' imeachd na linne fo sheòl,
'Dhol a shealltainn na dùthcha
'Chum thu 'm falach ré ùine ro-mhòir,
'S nach bi bochdainn no ganntar
Ged-a ruigeadh na th' ann 's an Roinn-Eòrp'.

'Nis tha 'n fhàidheadaireachd soilleir
Bha' measg dhaoin', o cheann iomadach bliadhn'
Gu 'm biodh ciobhlan a mheanbh-chruidh
Ri bristeadh nan galla-chrann 's nan cliath.

Chinn na h-uachdarain cosgail
'S tha an tuath air fàs bochd leis a' mhàl ;
'S ann mu 'n caill e 'chuid itich
"Théid gach ian a bhios glic air an t-snàmh.

'Thi a chruthaich gach creutair,
Cha 'n eil ni nach bu léir dhuit o thùs ;
Tha thu riaghladh an ceartas,
Tha gach uachd'ran fo d' smachd is gach Prionns';
Is sàr-bhuachaille treud' thu,
'S e do ghealladh nach tréig air an cùl ;
'S do gach neach 'tha na éiginn
Gu bheil bealach lan-réidh 's dol a null.

'N uair a dh' fhalbhas na daoine
Is a chruinnicheas na caoraich mu 'n chrò'
Bidh gach tighearna tìre
Giùlan cromag a' chìobair 's a chleòc ;
Cha bhi 'm fonn orra b' àbhaist
'S iad a cunntas a' mhàil air a' bhòrd,—
'S ma thig strì air righ Shasuinn
Bheir gach cìobair dha bragsaidh gu leòir.

Ma thig cogadh do 'n rioghachd s'
Thig na Frangaich na 'm miltean a nall
Is bidh amhach righ Deòrsa
Ann an cunnart gu leòir bho 'n cuid lann.
'N uair a dh' fhalbhas na Gàidheil
Le cion aodaich, is carrais, is lòin
'S olc an dion dha na Sas'naich
Ged robh 'n bronnaichean pacte le feòil.

ORAN

Do Bhàta d' am b' ainm *Struilleag*; leis a' CHUBAIR
CHOLACH.

FONN.— " *Gur h-i bean mo ghaoil an Spàinnteach.*"

STRUILLEAG.

'S mise 'tha dheth tùrsach, cràiteach ;
'S fada 'n so 's a bhàgh leam fhin mi.
Cha 'n 'eil duine nach tug cùl rium,
Dh' fhàg an Cùbair mi air di-chuimhn'.
Seadh, ged 's iomadh là de m' shaoghal
'Sheòl e mi fo aodach ìosal.—
Och mo chreach : gur truagh r'a smaointinn
Nach h-'eil suim de m' shaothair dhìleas.

AN CUBAIR.

'S gòrach dhuit a bhi ri tuireadh,
Cha 'n 'eil culaidh 's an Roinn-Eòrpa
A gheibh cliù no meas bho dhuine
'N uair a sguireas i de sheòladh.
Tàirnidh mise suas gu tràigh thu
'Dh' fhaighinn bàis, am bàgh na smeòraich.
Tha mi 'n dùil gu bheil thu pàidhte
Airson gach là a shnàmh thu dhòmhsa.

STRUILLEAG.

Cha 'n i 'n aois a rinn mo lagadh,
Ach thus' Alastair, 'bhi spòrsail ;
'S a bhi 'dol an déigh té eile,
Gus an deireadh a thoirt dòmhsa.

B' fheàrr dhuit na teannadh ri cailich
A bhi leanachd ri d' shean-eòlas.—
Till rium 's bheir sinn sgriob am bliadhna
Do 'n chuan shiar a dh' iarraidh 'n Tòisich.

AN CUBAIR.

Fuirich gus an tig an t-earrach
Agus fallaineachd na h-aims'reach,
'S bheir sinn turas eile fhathast
'Dh' iarraidh bathair air na seann-Ghaill.
Mur-a dùblaich thu 'n Roinn-Ileach
Air bheag sgios le aiseag sàbhailt',
Tàirnidh mi air chreig air tìr thu,
'S cha toir mi gu dilinn làmh ort.

STRUILLEAG.

Cha 'n 'eil cùram orm an t-slighe
'Tha thu bruidhinn oirre 'sheòladh.
'N cuimhne leat an latha dh' fhàg sinn
An tràigh bhàn an Innis-Eòbnainn.
Tha mi 'n dùil nach gnothach amaid,
No gniomh caile nach d' fhuair eòlas,
'Rinn mi 'n latha sin.—A chlisgeadh
Chuir mi 'n Dubh-Iortach fo m' sgòdaibh

AN CUBAIR.

Faire, faire 'n cluinn sibh Struilleag?
Tha i uile air dol gu bòilich;
Tha i toirt d' i féin gach urraim,
Gun ghuth air duine 'bha còmhl' rith'.

Nach mi fhin a bha 'g ad stiùradh,
'S tu air chùl nan tonnan mòra.
Ged is tusa 'bha 'g an reubadh
'S ann bhuamsa, 's gach ceum, bha d' eòlas.

STRUILLEAG.

Ged is tus' 'thug mi á Eirinn,
Bu mhath 'thillinn féin air m' eòlas.
'S math a dh' aithnich mi 'n Roinn-Ileach,
'S rinn mi dìreach air Muldònach.
'N uair a chrom an ceò gu dùmhail,
Leag mi mo chùrs' air ceann Shòaidh.
Thug mi 'm mach mo chala gnàthaicht',
'S dh' acharaich mi aig bàgh na smeòraich.

AN CUBAIR.

Na creidibh facal de 'seanachas ;
'S ann tha boil-mhearaichinn na h-aois' oirr'.
Cha 'n fhaca mi latha riamh i
Nach feumadh i mias 'g a taomadh.
Cha ghabhadh i 'n rathad dìreach.
Mar-a ciosnaichinn le taod i.
'S co-dhiu 'bhiodh ann fiath no séideadh,
Cha deanadh i feum le aodlach.

STRUILLEAG.

'N cuimhne leat an latha duaichnidh
'Dh 'fhàg thu Loch-a-Tuath le spòrs leam ?
Cha robh bàta 'bha 's an tional
Nach robh gearanach gu leòir air.

Theap thu mo chur ann am bhreislich
Eadar Freasalan 's ceann Shòaidh
Tha mi 'n dùil nach robh mi leisg dhuit
'S tu 'g am ghreasad thar nam bòchd-thonn.

An Cubair.

Tha mi cuimhneachadh mar bha e :—
'N tusa bàta bàn a' Chùbair?
'S iomadh turas math a rinn thu ;
'S cha d' fhuair mi riamh foill ad ghiùlan.
Ged leig mi thu greis air di-chuimhn'
Tillidh mi le m' chridh' as ùr riut,
Cha leig mi sgreathadh air tìr
Le té do ghnìomh : bu mhòr an diùbhail.

O R A N

Do Shir Ailean Mac-Gilleain agus do dh' Eachunn
Chola, athair-céile.

Le Niall Mac-Laomuinn.

Sir Allan Maclean was a captain in the Montgomery
Highlanders. He was married to Una daughter of
Hector, 11th Maclean of Coll. He resided during the
latter part of his life on the island of Inch-Kenneth in
Mull. He was visited there by Doctor Johnson, who
speaks very highly of him. He died in 1783.

Neil Lamont, the author of the following poem, was
a native of Tiree. One of his daughters married a
Mac-Fadyen, and had a daughter who was married to

Allan Maclean, the poet's father. Neil Lamont was
thus the great grandfather of John Maclean, the poet.
The Montgomery Highlanders went to America in
1757. The poem was composed at that time.

Mo rùn an t-Ailean a chaidh thairis
Air luing chrannag, air cuan aineoil
Leis na fearaibh 'dh 'ionnsaidh 'n fhearainn
    dhlùth-choillich.

'S bochd a dh' fhàg thu na dearbh-chàirdean ;
Bean is màthair dubhach sàraicht'
Gun fhiamh gàire 's iad a ghnàth gad ionndraich-
    inn.

'N t-aon eun peucaig 'bh' aca féin
Chaidh thoirt air éigin thar nam beuc-thonn,
Cùl na gréine ;—sgeul tha deurach dhuinne sud.

Guidheadh iadsan air an Ard-rìgh
Na shaor-ghràs E 'bhi mar gheàrd air,
Na sgéith làidir, anns gach àite cunnartach.

Biodh e ga d' dhion air muir 's air tìr,
'S gach àit am bi thu 'm blàr nan rìghrean,
Bho d' luchd miorùin ; 's thig a nios gu cliùiteach
    oirnn.

Le nighinn Eachuinn, ged is meat i,
Bhiodh e taitneach 'dhol air astar
Leis a chaiptein thar nam bras-thonn dubh-
    cheannach.

C' àit an faic mi coltas Eachuinn
'N cuma pearsa 's an gnùis-mhaise ;
Bha gach tlachd air ; mo cheud creach nach
    dùisg mi e.

An tall' àdhmhor an triath shàr-mhath
Gheibht' gun fhàiling pìob is clàrsach,
Ol is dàin, is bhiodh e làn de chùirt-fhearaibh.

Sin an taigh 's am biodh a mheadhail mhòr
'S bhiodh gleadhar anns gach seileir
Aig luchd-feitheimh 's gloine 'n làimh gach aon
    duine.

B' e 'n laoch mòrail 'chaisgeadh tòir e ;
Fàth mo bhròin an diugh nach beò e ;
Sìnt' fo 'n fhòid tha mo sgiath mhòr 's mo chùl-
    anach.

ORAN

Do Chailein Mac-Cnuimhein. Fear-Ghrianail, an
Tirithe, le Gilleasbuig Mac-Phail.

    Archibald M'Phail was a native of Tyree. He was
a very good poet. His failing was a proneness to go
to extremes. When he praised he praised too much,
and when he condemned he condemned with unneces-
sary severity. He lived in Baile-Phuil. He died about
the year 1830. There are eight of his songs in John
MacLean's manuscript.

Mrs Noble of Cape Breton, the subject of John MacLean's finest elegy, was a daughter of Colin MacNiven.

Thoir mo shoraidh gu Fear-Ghrianail,
Fear flathail, fughainteach, fialaidh,
Iochdmhor, caoimhneil, dleas'nach, diadhaidh.
Ceanalta, ciatach, ro-spéiseil.

Duin' uasal, urramach, cliùiteach,
Measail, cosgail, le deadh-ghiùlan,
Faighid'neach, aighearach, sunndach ;—
Sonas leat 's gach cùis mu 'n téid thu.

'N uair a shuidheadh tu 's taigh-thàirne,
Cha 'n e 'm botal bochd a b' àill leat,
Ach am buideal 'bhi ga thràghadh
Gus an cailleadh pairt an léirsinn.

Bu bheag an t-ioghnadh leam fhin sud ;
B' ùr a' choill 's an d'rinn thu cinntinn,
Cha 'n fhaiceadhmaid innte crìonach :—
Measan grinn air bhàrr gach géige.

Gu 'n robh do chàirdean, a Chailein,
Urramach 's gach taobh r' an leanachd,
O Dhun-da-Ràmh 's Loch nan eala,
'S o thùr Mhic Cailean nan ceudan.

'S math leam mar-a rinn thu chùis so,
An sgriob air 'n do leag thu do chùrsa ;
Bhuannaich thu 'n déideag a's cliùitiche ;
'S gorm an t-sùil tha 'n gnùis na féile.

Beul a's grinne, deud a's bòidhche,
Gruaidh a's deirge na na ròsan;
'S gile 'cneas na 'n sneachd air mòintich;
'S taitneach anns gach dòigh a beusan.

Pearsa thlachdmhor ghasda chuimir
An deise shioda air a deadh-chumadh;
Cruinneachd nam baintighearnan uile,
'S tu gràine mullaich a cheutaidh.

ORAN GAOIL

Le GILLEASBUIG MAC PHAIL, an Tirithe.

'S bochd an creachal 'th' air m' inntinn
Is cha 'n urrainn mi 'dhìobradh,
Ma tha 'n sgeula cho fìor 's tha iad 'gràitinn
    'S bochd an creachal, &c.

Gu 'n do thioundaidh thu 'm fuath riom,
'N déigh do ghaol 'bhi cho buan domh,
'S gu 'n do thagh thu fear fuadainn am àite.

Gur h-e mheudaich mo ghaol ort,
Do ghruaidh dhearg 'bhi mar chaoran,
Is do ghnùis bhi ciùin aobhach, glan, nàrach,

Thu bhi sìobhalta caoimhneil,
Banail, baintighearnal, aoibheil,
Suairce, ceanalt', gun fhoill ann ad nàdar.

Do chùl bòidheach, mìn, liomharr
Tha 'na chamagan snìomhain ;
Tha gach mais' ort, a ribhinn na h-àilleachd.

Gur h-i 'n naigheachd a fhuair mi
'Dhùisg an anshocair bhuan dhomh ;
Dh' fhàg i aiceadach truagh mi gun slàinte.

Ge b' e fear ni do bhuannachd,
Gur leis déideag na h-uaisle,—
Guidheam piseach is suaimhneas ri d' là dhuit.

ORAN

Do GHILLEASBUIG MAC-GILLEAIN, Fear Chill-mo-
lubhaig, an Tirithe, le GILLEASPUIG MAC-GILLEAIN.

Archibald M'Lean. Gilleaspuig Làidir, was a native
of Tyree.   His father and the grandfather of John
M'Lean, the poet, were brothers.   He was a high-
spirited and passionate man, and frequently got into
troubles.   He had however influential friends who
always came to his rescue.   Though rash, he was re-
spected.   He died about the year 1830,   There are
three of his poems in John M'Lean's MS.

Archibald M'Lean of Kilmoluaig was married to
Catherine, daughter of Donald Campbell of Scama-
dale.   He had three sons, Donald, Charles, and John,

and two daughters Annabella and Mary. Donald
and Charles died in the West Indies. John succeeded
his father in Tyree, and was the father of the late Sir
Donald M'Lean of New Zealand.

Fonn :—" *Gaoir nam ban Muileach.*"

Fhuair mi sgeula mo sgaraidh
Mu 'n do mhiosaich an t-earrach,
Gu 'n robh m' eudail ga bhannadh
An ciste chaoil air a sparradh,
'S e air ghiùlan aig fearaibh
'S mnathan tùrsach dheth galach.—
Dh' fhàg a bhàs fo throm-eallach na càirdean.
    Dh' fhàg a bhàs &c.

Na'm bu bhàrd mi cho fasant'
'S a tha 'n taobh so de Shasunn
Dh' innsinn sios dhuibh an eachdraidh
Mar-a thàinig na gaisgich,
Na fir òga, dheas, dhreachdmhor,
'Choisinn cliù 's cha bu mhasladh,
'S tha 'nis sgaoilte mar ghainimh na tràighe.

Mo theinn chruaidh mar-a thachair
Gu bheil Teàrlach an tasgaidh,
'S fear 's na h-Innsibh de d' mhacaibh ;
'S òg a ghabh e bhuainn astar ;
'S iomadh aon a ghabh beachd air;
Gu 'n robh spionnadh 'na ghlacaibh ;
Bha e cruadalach, sgairteil, fior-àlainn.

Latha 'Nollaig so chaidh
Bha na h-uaislean gun aighear
Mu dheadh-Cheannard an rathaid
Ga 'n robh leigeadh is gabhail.
Gur-a cruaidh leam an t-saighead
'Chuir 's an ùir thu 'n ad laidhe :—
Ach de 'm fàth dhuinn 'bhi 'gearan na dh' fhàg
    sinn.

Bu tu coltas a' ghaisgich
'Dheanadh gniomh anns a' bhaiteal.—
Taobh do chùil gu 'n robh tlachd ort,
Ceum bu rioghail air faiche,
Gruaidhean min-dhearg, daithte,
Beul na fìrinn 's a' cheartais ;
Cha b' i 'n fhoill' bhiodh ad bheachd 'n uair
    bhiodh mòd ann.

'S ann ad cheann a bha 'n riaghailt,
'S mòr an tuigse 'bha riamh ann.—
Ged-a ruigeadh na ciadan
Gu ceann-uidhe na fialachd
Cha bu doicheall a dheante,
Bhiodh gach ni mar-a dh' iarrte,
'S bheirte deoch mar bu mhiann agus ceòl dhaibh.

Bha thu 'theaghlach nan curaidh
'Choisinn cliù 's a fhuair urram,
Leibh a dh' éireadh gach duine
'Nàm 'bhi 'tràghadh nam buideal.
Bhiodh ur gillean air stuidear
Ag òl fiona le furan,—
Ochain, thriall sibh nis uile air falbh bhuainn

Taing do Dhia mar a tha sinn
Gu bheil mac ann ad àite,
Slat de 'n iubhar a's àille,
Fiùran foghainteach làidir.
C' àit' am faicear fear àilleachd
No fear spionnadh a ghàirdean ?
Cha 'n e breug tha mi gràitinn 's cha bhosd e.

'S iomadh baintighearn' òg éibhinn
Ann an Sasunn 's an Eirinn
'S ann am baile Dhuneideann
'Chunntadh miltean gun déigh orr'
Airson fhaotuinn mar chéile,
Am flath cireachdail ceutach
A ghrad-thilleadh leis féin an luchd-tòrachd.

Sguiridh mise 's gun tàmh mi ;
Tha mo chridhe gu sgàineadh
'S mi a' smaoinntinn mar tha mi
Gun cheann-cinnidh, gun chàirdean
A ni feum ann am chàs dhomh.
Chaidh mo chuideachd a sgànradh
'S luchd na foille tha nan àiteachan còmhnaidh.

ORAN

Do dh' AILEAN MAC-AONGHAIS, tàillear ann
Tìrithe : le DOMHNULL DOMHNULLACH.

Bha 'n tàillear ag iasgach air carraig agus thuit e
a mach anns a mhuir. Shìn fear de na bha 'sa

R

chuideachd an tàbh 'ga iounsaidh, agus air dha
breith air thàirneadh gu tìr e.   A réir a' Bhàird 's
ann le bàta a theàrnadh an tàillear.

Am faic thu 'm bàta riomhach
A shiubhlas cinnteach cuan ?
Le coignear ghillean dìleas oirre
A dh' iomaireas i gu fìnealta,
'S a sheòlas i le innleachdan,
'Si 's cinntich' sgriob a nuas:
A sgiobair Lachainn òg tha fìor mhaith,
Làmh a dhiobradh stuadh !

Tha cliù 's gach àit 's an dùthaich
Air an àrdraich, ùr o 'n tuaigh ;
A taobh tha sliosar liobharra,
Gun mheang, gun ghaoid, ach fìrinneach
De dh' fhiubhaidh daingeann dìleas,
Is gur dionach i mu 'n cuairt :
Ged dh' éireadh tonn mar bheinn gu h-àrd
Le gàirich thig i 'nuas.

'N uair 'theannas tu ri 'seòladh
Le do sgioba còir gun ghruaim,
Tagh òigear làidir, taiceil
Bhios gun mheang, gun ghiamh, ach faicilleach,
Ro-chùramach gun ghealtachd ann,
'S biodh e fo d' smachd mar 's dual ;
A chumas i mar 's còir dhi 'bhi
'N uair 'bhios ann sìde cruaidh.

Co e 'm fear-sgòid théid làmh-riùt,
Ach an tàillear ri an-uair.
'Se-féin am fiùran furachail,
'S e teoma air a h-uile rud.
Cha tric a chi sinn duine
A tha cho ullamh, ealamh, luath :
Bheir e an sgòd a staigh mar 's còir,
'S gur h-eòlach e mu 'n chuan.

Dhearbh e 'ghniomh 's a thabhachd dhuinn
Ri là an ànraidh chruaidh,
Am bàrr na slaite chìteadh e
'Se 'glaodhach, "Cumaibh dìreach i
Le spionnadh dhòrn 's le innleachdan
No théid i 'sios 's a' chuan ":
An greim a fhuair e ghléidh se e
Ged bha e 'n éigin thruaigh.

Bha 'ghaoth gu cruaidh a séideadh oirr'
'S na speuran làn de ghruaim ;
Na siùil chaidh uile 'reubadh dhi,
'S bha 'n fhairge is calg gu léir-sgrios oirr'
Na teine-sionnachain 'g éiridh uimp'
Gu ruig a sléisdean suas :—
An tonn bu lugha 'bheucadh
Chluinnt' á Sléit e ann an Cluaidh.

Ged fhuair i mòran allabain
Le creanachadh a' chuain,
Ma dh' fhaodar fhathast nìtear i
Cho dionach, làidir, fìnealta

Ri bàta 'th 'anns na tìrean so,
Gur fiach i a cur suas.—
Eadar Cana 's Maol-Chinntire
Shiùbhladh i ri uair.

A Lachainn òig gu fìrinneach
Gur math is fiach thu duais.
Gu 'n d' rinn thu gniomh 'bha tàbhachdach
An là a cheap thu 'n tàillear dhuinn ;
Cha d' leig thu ás do làmhan e
Ged 'shnàmh e pios de 'n chuan
Gur finealt' air an t-snàthaid e,
Tha obair àlainn, buan.

Donald M‘Donald, Dòmhnull Mac Iain òig, was
a native of Tyree. He lived in Croisigearr. He
ranks well as a comic poet. He died a poor man in
Barra, about the year 1835. There are eleven of
his songs in John M‘Lean's M.S.

ORAN

Do Mhac Gilleain Dhubhairt, le

Mur bhi 'n abhainn air fàs oirnn
'S tuil air éiridh 's na h-aithean
Bhithinn latha roimh chàch air a chòdhail.
    Mur bhi 'n abhainn, &c.

Is bochd an eiridinn pàisde
'N uair a bhuail an lot bàis e
'Bhi gun cheirein,* gun phlasda, gun fheòirnein,

* Cheirein, a poultice.

Is ann de 'n choinnimh a's miosa
An gàradh-droma air bristeadh
Mar gu 'm pronnadh sibh sligean le òrdaibh.

Is ann de dh' fhortan na cùise
Ma 's e 'n torc 'th' oirbh a mùiseag
Gu 'n téid stopodh na muire * 'n a phòraibh.

Tha sgrìob gheur nan peann gearra
'Cumail dion air Mac-Cailein,
'S e cho briathrach ri parraid 'n a chòmhradh.

Thug sibh bhuainne le spleadhan
Eilean Ile ghlas, laghach,
Is Cinntire le 'mhàghannan gorma.

Ghlac an eire greim teanchrach,†
Air deadh chinneadh mo sheanmhar,
'S lag an iomairt ge h-ainmeil an seòrs' iad.

Dh' fhalbh 'ur cruadal 's 'ur gaisge
Le Eachunn Ruadh 's le Sir Lachann,
'Th' ann 's an uaigh far 'n do phaisgeadh 's an
      t-sròl iad.

'S Lachainn Mòr a fhuair urram,
'Chaidh a bhualadh 'an Gruineart,
Cha tugte uachdranachd Mhuile ri 'bheò dheth.

Is math mo bharail is m' earbs
Mur-a roghainn gun dearmad
Nach bu chladhaire cearbach Fear-Bhròlais.

---

* Muire, the leprosy.
† Teanchaire, a vice.

'N Eaglais I Chaluim-Chille
Tha suinn chrodha gun tioma
'Chaisgeadh dòruinn 's gu 'n tilleadh iad tòrachd.

'S mòr gu 'm b' fheàirde dream fiata
Nan each seang-fhada fiadhaich,
Eobhan Abrach, Loch-Iall agus Lòchaidh.

A' MHUSG BHREAC.

Oran le Mac-Coinnich Og, Triath Chloinn Choinnich, an déigh bàs 'athar do ghunna 'bh' aige d' am b' ainm a Mhusg Bhreac, agus e-féin 's an gunna a freagairt a chéile.

MAC-COINNICH.

Gu de mhusg ud air ealachuin ?
Am ball-airm thu 'm bheil feum ?
A bheil dòigh air do chàradh ?
No 'n ann tha thu dol eug ?
Gu de 'm mulad 'th' air d' inntinn ?
B' fheàrr dhuit innse do léigh.
An deach maoile air do chinte,
No 'n do mhill iad an gleus ?

A MHUSG BHREAC.

'S e bhi 'caoidh 'n fhir a thriall bhuainn
Dh' fhàg mi tiamhaidh gun fheum ;
'S tric a bha mi 's an t-sliabh leis
'S sinn ag iarraidh an fhéidh.

Gu 'm b' i mise ga ionndrainn,
'S air mo shùilean an dèur,
Gus an faigh mi deò chinte
Gu dé 'n tim an tig e.

Mac Coinnich.

Chailleach dhona gun stà
A chaill do chlaisneachd 's do mhùirn,
'N cuala tusa gu'n d' eug e ?
'N tug thu spéis dha bho thùs ?
'N ciste chumhainn, chaoil, dhlonaich,
Ann an lion-anart ùr
Tha do mhaighstir an tasgaidh ;
'Chaoidh cha 'n fhaicear leis thu.

A' Mhusg.

Och is och, is mo léir-chreach,
'S truagh do sgeula dhomh 'n nochd,
'N ne nach faic mi an treun-laoch
Dh 'am bu léir mo chuid lot ;
Làmh a bhuidh'neadh na bein leam
'Mach air eudan nan cnoc !
Bidh mi tuillidh fo éislean
As a dhéigh 's mi gun toirt.

Mac-Coinnich,

Clos, O clos ort, a sheana-bhean,
'Sguir dhe d' sheanachas gun fheum,
Gur-a mòr an dith nàire
Dhuit bhi 'g ràitinn nam breug ;

Chuala mise iad ag innse
Gu 'n do thill thu air féill,
Is nach taghadh tu 'n caol-damh
As an taobh o 'n dubh-réidh.

A' Mhusg.

Uist, a bheadagain dhalm',
Cha chulaidh-sheanachais leam thu ;
Bha mi roimhe so ainmeil
Aig mo mhaighstir math, ùr,
Aig mo mhaighstir caomh ionmhuinn
Tha, gun iomradh 's an ùir.
'S tric a leag mi 'n damh cròice,
'Deanamh spòrsa do 'n chù.

Mac-Coinnich.

Clos, O, clos ort a sheana-bhean,
Cha robh d' ainm ach gu h-olc ;
Dh' éireadh corruich mhòr, gharg ort
'N uair a b' fheàrr 'bhiodh do shog.
'S tu 'n ochd-shlisneach nach diùltadh,
'S ann bhiodh sùrd ort a lot ;
Ged bu sgìthear 's an làimh thu,
Bha thu nàmhaideach, goirt.

A' Mhusg.

Is na 'm faighinn-sa 'n urchair
'Chur gu cuimseach am bheul,
Is mi chumail le sealgair
Nach biodh cearbach gu feum,

Thilginn fada, réidh, dìreach,
'S chuirinn m' fhìrinn an cèill,
Gu 'n grad leagainn le m' fhuadaig
'N damh a b' uallaiche ceum.

Mac-Coinnich.

Ceannaichidh mise dhuit fùdar
Thig á bùth Inbherneis,
'Bhios cruaidh, sgalanta, cinnteach.
Mar-ri gnìomh duine glic;
Na biodh tuilleadh ort michion
Fhad 's a chìtear leat mis';
Fhad 's a mhaireas geum bà dhomh
'Chaoidh cha 'n fhàg mi thu ris.

A' Mhusg.

Och, is och, a Mhic-Coinnich,
'S trom an eire tha ann;
Ma 's a mac thu do m' ghràdh-sa
Cuir am plàsda 'n a àm;
Aig a' bhàs na dean m' fhàgail,
Aiseag slàinte do m' chom;
Bidh mi feumail dhuit fhathast
'Dhol a thathaich nam beann.

Mac-Coinnich.

Ceannaichidh mise dhuit còta
'Chumas beò thu gu bràth,
'Chuireas fuachd as do chnamhaibh,
'Mheud 's a ghabhas tu e—

Tha mo chion o mo chrìdh' ort,
'Thaobh nan tìthean a bha;
Tha thu cumadail cuimir,
Cuir do mhulad gu làr.

A' Mhusg.

'S deacair dhomhsa 'bhi éibhinn,
Chaill mi m' eudail ro-luath ;
'N ti ga 'm b' aithne mo chreuchdan,
'N Coinneach gleusda 'chaidh bhuainn,—
B'e mo mhiann ged is sean mi
'Bhi feadh bheannaibh is bhruach
'Cur nam fiadh ris an talamh;
Och, 's mi 'n amaid bhochd thruagh.

Na féidh bhior-chluasach, uaibhreach,
Shiùbhlach, chruaidh-chasach, àrd,
Rosgach, bhalg-shùileach, fhàili,
Chutach, làn-mhàsach, dhearg,
Air strath fhuaran an fhior-uisg',
Leam bu mhiann 'bhi 'g an sealg;
'Bhi 'n am dheann feadh nan gorm-bheann,
B' anns' na òl air fìon dearg.

AN T-EACH ODHAR.

Le Calum a' Ghlinne.

Bu Mhac Gilleain a mhuinntir Siorramachd Rois
Calum a' Ghlinne. Bha e fada anns an arm. Bha
e anabarrach trom air an òl. Thachair e féin agus
Dròbhair a mhuinntir Bhaideanaich, uair, air a

chéile ann an taigh-òsda. Reic Calum each glas a
bh' aige ris an dròbhair, 's mu 'n dh' fhàg e 'n taigh-
òsda dh' òl e-féin 's an dròbhair airgiod an eich.
Chaochail e mu 'n bhliahna, 1764.

LUINNEAG.

Sud mar dh' iomair mi 'n t-each odhar,
Thug mi thun na féile fodham ;
'N uair a shaoil mi 'chur air theadhair
    'S ann a ghéibhinn dram deth.

Thug mi 'n sgrìob ud do Cheann-Locha
'Dh' iarraidh gearrain 'dheanadh obair;
'S gu de thachair rium gu h-obann,
    Ach stòp laghach, 's dram ann.

Ghabh mi cairtealan an toiseach,
'S thuirt bean-an-tighe gun doicheall,
B' fheàird thu rud an dèigh na coiseachd,
    'S thug i deoch is dram dhomh.

Dh' fhosgail mi dorus an t-seòmair,
Bha càirdean ann is luchd-eòlais,
'S thuirt iadsan le briathran mòra
    Gu 'n òlainn gun taing dhomh.

'S bho na fhuair mi iad cho cridheil
Ghlaodh mi fhéin air stòp a rithist;
'Saol sibh féin nach b' fheàird sinn dithis,
    'S mi 'thighinn cho anmoch,

Shuidh mi gu somalt a 'm' chathair,
'S ghlaodh mi suas ri bean-an-taighe,
Bho 'n theirig solus an latha
    I 'dh' fhaighinn dhuinn choinnlean.

Thug mise 'n oidhche gu latha
Ri sìor-òl an uisge-bheatha,
'S airgiod mo ghearrain ga chrathadh
   Ri aidhear 's ri dannsa.

'N uair a shaoil mi gu 'm b' e 'n lath' e
Dh' fhosgail mi dorus a chadha,*
'S chunnaic mi 'n talamh 's an t-adhar
   'S balla 'n taighe 'dannsa.

Mac-na-bracha chuir air mhisg mi,
Chaidh e ann am cheann a chlisgeadh,
'S thug e bhuam mo chainnt a thiotadh
   Le liotaich' mo theanga.

'N uair a dh' éirinn ann am sheasamh
'S ann a dh' fhalbhainn air mo leth-taobh
Gu 'n do bhagair e mo leagadh,—
   Cuid de 'n chleas a rinn e.

Cha tug mise bharr na féille
Airson m' eich a b' àirde leumadh
Ach da fhacal de dhroch-Bheurla,
   'S bha mi-féin an call deth.

'S e bu chiall daibh thig a nighean
Dh' fheuch am faigh sinn stòpa rithist ;
'S gun iomradh air màl an tighearn'
   No air dlighe maighistir.

---

* Cadha, a porch or **entry,**

ORAN

Do Siim Domhnullach, Triath Mhorthir.

Le Alastair Mac-Ionmhuinn.

Alexander M'Kinnon was born in Moror in the year 1770. He was a corporal in the 92nd regiment. He was a first-class poet. All his poems should be published. He died at Fort-William in the year 1814. There are seven of his poems in John M'Lean's MS.

Lion a ghloine gu stràic
De dh' fhion mear ás an Spàinn ;
Ged bhiodh galan na clàr
Tionndaidh thairis a sàil
Air an fhear 'théid 's gach spàirn a's cliùitich'.

An triath Morthireach fearail,
Am fior-Dhòmnullach soilleir,
Siol nan connspunn nach tilleadh
An àm dòrtaidh ri teine,
Ard-chraobh chòmhraig nach tiomaich gun diùbhail.

A cheart aindheoin luchd-mìoruin
'Theann ri sgaradh ar dìllseachd
'S càirdeas fala ar sinnsireachd ;
Tha 'n t-òg Alastair dìleas
Dhuit mar charraig, 's cha dìobair e uair thu.

Tha e daimheil trì-fillte
Dhà d' og-baintighearna phrìseil ;
Ur-ròs mhalda na fìrinn
Fo dhriùchd sàmhraidh a's millse ;
Slios mar eala air bhàrr siòpuinn nan cuantan.

Feucag àlainn de 'n fhine i,
Seud an gàradh a cinnidh,
A beus mar sgàthan le gilid,
Mar ghréin a' deàrrsadh air mhire,
Geug fo bhlàth guna milleadh le fuarachd.

Bho nach bàrd mi no filidh,
Ach fear-dàna gun sireadh,
'Mhìle pàirt duibh cha 'n innis
Mi dhe 'tàlantan grinne ;
'S tim dhomh tàmh agus tilleadh ri 'uaisleachd.

An laoch fearail gun sgàth
Nach éisdeadh sgainneal no tàir
A leum mar dhealanach àird,
Mar bheithir falaisg 's a' bhlàr ;
Rìgh nan aingeal 's nan gràs 'ga d' stiùradh.

Le d' lainn lìomhte ann an tarruing,
Bu tu 'n saighdear air d' eangaibh ;
Chìte 'soillse 's a faileas,
Bualadh phoichdeanan spealtach ;
Bhiodh luchd-d' fhoille 's allt fala orr' 'brùchdadh.

An tràth nochdte do shìoda
Ri crainn snaighte deas, dìreach,
Chruinnicheadh gaisgich nach strìochdadh,
Luchd nan glas-lann chinn-Ilich
Air an fhaiche 's do phìob a' cur sunnd orr'.

Na fir bhagarrach, gharg,
Shunndach, aigeannach, bhorb',
'S mairg a sgobadh an calg
'S am fraoch badanach, gorm,
Ri brataich bhallach bu stoirmeil dùsgadh.

ORAN

Do dhuin'-uasal àraidh, le a mhnaoi féin.

LUINNEAG.

O ho ma dh' fhan thu bhuainn,
Ille dhuinn, O, cha mhath leinn e;
Iain òig a b' ùire beus
Bu shealgair féidh 's na beannaibh thu.
O ho ma dh' fhan thu bhuainn.

Tha mi 'm laidhe air pàisde nighinn,
'S Iain òg gun sùil ri 'thighinn :
Mo dhùrachd a rùin mo chridhe
Thu 'bhi leam o thùs ad shuidhe.

Gur h-e mise 'tha brònach cràiteach ;
Och, a righ gur sgìth a tha mi ;
Fhuair mi thu 's bu chùirteil tlàth thu ;
Mo sgeul ùr th' air chùl do mhàthar.

Leat bu mhiann 'bhi dìreadh thallad
Le gunna caol a's cinnteach sealladh,
Bhiodh do chù air thùs na fala ;
'S gu 'm biodh gaoir 's an taobh 'g am beanadh.

Leat bu mhiann 'bhi 'm frìth nam fuar-bheann.
Roinn na gaoth' air aodann Chluainidh,
'S damh na cròice fhaotuinn uaigneach ;
Chuirt' bho leum le beum do luaidhe e.

Anns gach àm bu bheusach d' àbhaist
'S mar-ri chéil thu féin 's do bhràithrean :
Fiodhull theud gu 'n éisdte 's clàrsach
'S iomairt dhian bhiodh air an tàileasg.

Gu 'm bu shunndach thu air banais ;
Bu tu, rùin, an suireach leannan ;
Slat dheas ùr a coill' na meala,
Fiodhlair, damhsair, annsachd caraid.

Cha tu chrionach, mhiarach, charrach,
Slat de 'n fhiùran ùr gun ghaiseadh ;
'S car thu do dhaoin'-uaisle 'Mharcuis,
'S do na suinn na Diubhnich neartmhor,

'S a Mhic-Leòid o'n Dùn 's o'n talla
Dh' fhalbh thu bhuainn gun luaidh air d' fhear-
  ann,
Bhiodh Iain òg ad sheòmar cadail,
'S b' e do chùirtear mùinte, macant'.

ORAN

Do dhuin'-uasal de Chlann-Ghilleain.

Luinneag.

E ho i o hu o éileadh,
E ho i o hu orin o ;
E ho i o hu o éileadh
Hi ri hu ha hiùrabh o ho.

Gur h-e mise tha ga m' lathadh,
Tha mo shùil 'na bùrn 's na ceathach
'S mi gun cheòl gun òl gun aighear,
Mu 'n dol sios 'th' air siol au taighe.

Mu 'n dol sios 'th' air siol an taighe ;
Lachann a dh' fhalbh bhuainn mu Fheill-Leath-
ainn,
Mo sheachd rùin chaidh bhuainn mu Shamhainn
'S ceann mo mhùirn an cunnart fhathast.

Ceann mo mhùirn an cunnart fhathast ;—
Mac e 'n deadh mhnaoi 'chinneadh m' athar ;
Màthair nam mac min-gheal flathail,
Nach d' fhuair beum an gleus no 'm faidhir.

Nach d' fhuair beum an gleus no 'm faidhir,
Am fairge, an doire, no 'n abhainn ;
Tha 'n dobhran fo lorg 'ur n-abhag,
'S bheir sibh leum air céile 'n aighe.

Gur h-e mise 'fhuair an clisgeadh
Iad a dh' fhalbh an tùs am pisich ;
Comunn nan gruag 's nan com slios-gheal
O 'n taigh mhòr 's am biodh am briotal.

s

O 'n tigh mhòr 's am biodh am briotal,
Toirm air thàileasg, clàir g'am piocadh ;
Bhiodhte 'g òl gu pòiteil misgeil ;
'S tu beul an t-sùgraidh 's a' ghliocais.

Gur h-e mise 'th' air mo chuaradh
Mo shliochd nam fear o 'n Leth-Uachdraich ;
Siol Ailein duinn, chòrnaich, chuachaich,
Bho rugha ciar na h-Airde fuaraidh.

Bho rugha ciar na h-Airde fuaraidh,
'S bho Chaol-Muile 'n luingeis luainich,
'Sheòladh gu Dubhairt na stuadha,
Tùr àrd 's am biodh bàird air bhuannachd.

Gheibht' ann an Dubhairt na stuadha,
Leathanaich, Camshronaich, Tuathaich,
Stiùbhartaich bho 'n ghleannan uachdrach,
'S Mac-Dhùghaill o thùr nan clach uaine.

ORAN

Do DHOTAIR AILEIN MAC-GILLEAIN as an Ros
Mhuileach. Bha e 'dol air chuairt do'n Eilean
Sgiathanach, agus chaidh cunnart bàthaidh air.

Le DOMHNULL MAC-GILLEAIN.

Luinneag.

O soraidh slàn do 'n àilleagan
A ghluais an tùs an ràidhe bhuainn :
Mo dhùrachd thu 'thighinn sàbhailte
Gu fàilteachas do dhùthcha.

Tha ionndrainn bhuainn 's an àite so,
Gur fada leinn o 'n dh' fhàg e sinn ;
'S e Dotair Ruadh nam blàth-shùilean ;
Tha fiamh is àilleachd Diùc air.

Gur bliadhna leinn gach seachduinn
Bho na thriall thu bhuainn do Thalasgar :
Gu 'n tàinig fuachd is gaillionn oirnn ;
Gur fada leinn an ùine.

Gu 'n d' fhuair sinn sgeul bu duilich leinn,
An àm bhi fàgail Mhuile dhuit,
Gu 'n d' fhuair thu deuchainn chunnartach,
'S bu mhuladach sud dhuinne.

B' e sud an sgeula cràiteach dhuinn
Nan cluinneamaid gu 'n d' bhàthadh thu ;
Tha m' inntinn air a h-àrdachadh
Bho 'n thàinig thu gun chunnart.

Gur h-e mo rùn an caiptein
Air an tig na h-airm gu fasanta ;
Thig claidheamh caol an tarsuinn ort,
'S thig gunna glaic nach diùlt duit.

Do chalpanan geal finealta
Mar bhradan ann am fìor-uisge ;
Troigh shocrach am bròig dhionaich thu
A bhiodh an sioda dùnadh.

Tha sealladh sèimh na maighdinn ort,
Tha deanamh cruaidh an t-saighdeir ort,
'S do chridhe mar an daoimean
'Deanamh soillse measg gach cùinnidh.

Nam faighinn fhin mar dh' òrdaichinn
Do rogha céile pòsd' agad
Le oighreachd fhearainn shònraichte,
'S ann dhòmhsa nach biodh cùram.

Bu chinnteach mi á àite dheth
Nam b' urrainn mi a phàidheadh dhuit ;
Is ged nach biodh am màl agam
Gu 'm faighinn dàil is ùine.

Is slat de 'n abhall phrìseil thu ;
Bu dosrach an àm cinntinn i
Ged 'tha i 'nis air crìonadh ;
Cha 'n 'eil ni air nach tig mùthadh.

Bu lighiche bha sàr-mhath thu,
'N uair dh' fheuchadh tu le d' làmhann sinn
Mar fhiadh a bhiodh air fànas
Bhiomaid slàn a chum ar tùrna.

Gach greim a bhiodh 's an fhearann so,
Gach tinneas cléibh is anshocair
Gu 'n léighseadh tu le d' cheanaltas
'N uair 'thigeadh d' anail dlùth dhuinn.

ORAN

Le GILLEASBUIG MAC-GILLECHIARAINN, oidhche
dhoirbh a thachair dha a bhi air a' mhuir.

Gur-a muladach sgìth mi
'S mi ri siubhal na h-oidhche,
'S nach h-'eil agam ach pios beag dhe 'n t-seòl.

Gu bheil uisge le gaoith ann
'S sinn a ruith air bheag aodaich,
'S cha 'n 'eil cala r'a fhaotuinn 'n ar còir.

Cha 'n 'eil againn gu marachd
Ach da thimchioll de 'n darach,
'S tha ar gillean ri tarruinn nan ròp.

A Mhaol fhiadhaich Chinntire
Na an tugadh tu dion dhomh
'N àile, chuirinn do phrìs ni bu mhò.

Thuirt a' Mhaol 's i toirt cùil rium
Fuirich bhuam na tig dlùth dhomh,
Tha cal' eile fo chùrs' do chuid seòl.

A Mhaol shalach, làn iargainn,
'S fada 'n t-asdar r'a dheanamh ;
Tha mo leannan donn, ciatach 's an ròd.

Gur h-i Ealasaid chliùiteach
Ris an éireadh na sùghan ;
'S math mo bharail nach diùlt thu mi d' chòir.

Ged-a chitheadh tu 'bhranndaidh
'S i dol seachad na deann-ruith
'S tu nach iarradh aon dram d' i r' a òl.

Ged is lionmhor do chaoraich
Seòl cha chuir thu air aodach
'S cha do chuir thu riamh daors' air a chlòth.

Na biodh m' inntinn fo ghruaman
Tha ann Ti 'tha na Uachdaran
Air tuinn ghàireach a' chuain 's air na neòil.

ORAN

Le piuthar do dh' IAIN GARBH MAC-GILLE-
CHALUIM agus i air tuiteam le mac Tighearna an
Dùine, a thréig i agus a bha 'dol a phòsadh té eile.

Moch 's a' mhaduinn Di-dòmhnaich
'S mi ri leughadh mo leabhrain
Fhuair mi sgeul, is bu leòir leam a mhiad,
    Moch 's a' mhaduinn, &c.

A mhic Tighearn' an Dùine
Ma thug thusa do chùl rium
Gu 'm bi snighe air mo shùilean ga d' chaoidh.

Och, ma cheangaileadh am pòsadh thu
Ri nighinn Mhic-an-Tòisich
Cha tig aighear ri m' bheò gu mo chrìdh'.

'S iomadh oidhche agus latha
Bha sinn còmhla a' labhairt ;
'S beag a shaoil mi gu 'n caitheadh tu 'n fhoill.

Ochain, ochain, mo thàmailt,
Cò a dhìolas mar tha mi ?
Tha mo bhràthair fo 'n t-sàile gun dion.

Mur bhiodh bristeadh a' bhàta
Agus esan a bhàthadh
Gu 'm bu dàna dhuit m' fhàgail 's mi tiom.

B' e sin gaisgeach a' chruadail
'Dheanadh gniomh anns an tuasaid ;
B' e a chleachdadh 'bhi buadhach 's gach strì.

Thigeadh claidheamh math stàilinn
Ann an deas-làimh mo ghràidh-sa,
Is sgiath bhreac nam ball geàrrte air 'thaobh
    clì.

'S truagh mi, 'eudail nam fearaibh,
'S gun thu 'n diugh ann ad bhaile,
Far am faigheadh luchd ealaidh an diol.

Tha do thighean fuar, falamh,
'S neul an fheòir air am barraibh ;
Cha 'n 'eil sunnd ann ad thalla 'g òl fìon.

BRUADAR RIGH BHREATUINN.

Chunna Righ Bhreatuinn 'na shuain
'N aon bhean a b' fheàrr snuadh fo 'n ghréin.
    Chunna Righ Bhreatuinn, &c.

Gu 'm b' fheàrr leis tuiteam fo cion
Na còmhradh fhir mar e-fhéin.

Labhair Sir Bhoilidh gu fial
Théid mise 'g a h-iarraidh dhuit,

Mi-fhìn, mo ghille, 's mo chù,
'N ar triùir a dh' iarraidh na mnà.

Re thrì seachduinn 's thrì mios
Bha mi sgith ri siubhal cuain.

Mu 'n d' fhuaras ionad no fonn,
Aite 'n gabhadh mo long tàmh.

'S ann an iomall a' chuain ghairbh
'Chunnacas talla, tùr-ghlan, gorm.

Uinneagan glaine air a stuaidh,
'S bu lìonmhor ann cuach is còrn.

Latha 's mi seòladh fo 'bhonn
Chunnacas slabhraidh 'tighinn a nuas.

Rug mi oirre gun fhiamh, gun sgàth
'S chaidh mi am dheann oirre 'suas.

Chunnacas bean an deud ghil ùir
'S i 'na suidh' 's an tùr a steach,

Sgàthan glaine air a dà ghlùin,
'S bheannaich mi-fhin dà gnùis ghil.

Fhir a thàinig thar a' chuain,
'S truagh do 'bheannachadh do m' thaigh.

Le fear an taighe so fhéin
Cha 'n fhidirear treun no truagh,

Air mo chuire-sa, 'bhean bhlàth
'S coma leam a ghràdh no fhuath.

Chuir i Sir Bhoilidh fo phreas
'S thàinig a staigh am fear mòr.

M' eudail is m' aighear, 's mo rùn
'S mòr an cùram 'th' agam dhiot.

Cuir-sa do cheann air mo ghlùn,
'S gu 'n seinninn dhuit ciùil is cruit.

Tharruing i 'n claidheamh o 'sgéith
'S gu 'n thilg i 'n ceann de 'n fhear mhòr.

'G éisdeachd torman 'chailin chiùin
Dh' éirich an curaidh 'b' fheàrr snuadh;

Cruiteireachd na h-ighinne ùir'
A's guirme sùil 's a's deirge gruaidh.

ORAN GAOIL.

This is a very old love-song. A few verses of it
appear in RONALD MACDONALD's collection. It is
there called, " Sean oran a rinn Bana-chomhunnach
do RAONULL GORM MAC RAONULL MHIC AILEIN, a
leannan."

Luinneag.

O bha mo leannan ann ;
Bha mo leannan bòidheach, barail
Anns a' bhaile ud thall.

Ged tha mi 'm ònrachd 's na gleannaibh
Gur beag mo shunnd ris na fearaibh ;
Thug mi-fhìn mo bhòid 's mo ghealladh
Nach deanainn mo cheann a cheangal
Gus am faighinn féin ort sealladh,—
Mo rùn air sealgair na h-eala.

Gur h-e mo rùn an t-òg uasal,
'Shiùbhladh an oidhche ga fuaircad ;
Is a dhùisgeadh ás mo shuain mi ;
Bhiodh do dhagaichean gam fuasgladh
Is d' adharc fhùdair an taobh shuas diom,
'S farum a crathadh do ghruaige.

Gur h-e mo rùn an t-òg gasda
'S cùirteile 'shiùbhladh an fhaiche ;
Gur-a math thig dhuit 's an fhasan
Còta is féile air a phleatadh :
'S tric a bha mi 'n cirb do bhreacain
'N àite nach biodh càch 'g ar faicinn

Tha mo chion air seircein saighdeir,
Gorm-shùil a mhealladh nam maighdean ;
Cridhe cruaidh air chùl na saighde,
Làmh dheas a bhualadh nam poichdean ;
Dheanainn coinneamh riut 's an oidhche,
'S cha chreidinn gu 'm biodh tu 'm foill dhomh.

Cha dean mi seudan a ghabhail
A dh' aindeoin co thig a'm' rathad ;
Tha mo shùil ri d' làimh-sa fhathast,
Oganaich a's deise gabhail
Fo d' ghunna, fo d' sgéith, 's fo d' chlaidheamh :
'S ùr a' choill an d' fhàs an t-abhall.

Mo rùn mac na mnatha Sléiteich
A chumadh 'sa dh' fhuaigheadh an léine,
'Chuireadh an siod' air a' phearlainn :
Bu mhòr m' earbs' ás do lainh threubhaich ;
B' fheàrr leam gu 'n deanainn beairt réidh riut,
'S cha dean mi sin gu là m' euga.

'Dhòmhnuill mhic Néill mhic Iain bhuidhe,
Chaidh do shaothair ort am mugha ;
Dh' fhalbh a' ghruagach bhuainn air siubhal
Le fear àrd na gruaige duibhe
'Dhìreadh 's a thearnadh am bruthach,
'S 'dh fhàgadh calp an fhéidh na sprudhar.

Chaidh sibh air choinnimh do dh' Uibhist,
Slàn gu 'n till sibh as gun phudhar ;
Càirdeas nam fear òg o 'n Bhudhainn,
'S an oighre sin o Ghleanna-Cumhann
A bha uasal mar bu chubhaidh,
Is Raonuill o Cheapaich nan ubhall.

Gur-a h-e mo cheist an gille,
Beul meachair nam briathraibh milis ;
Ghabh mi mo chead dhiot 's an linne,
'S thug sin air mo shùilean sileadh,
'S chaidh do chridhe tlàth gu tioma ;
Gu ma slàn gu 'n dean thu tilleadh.

Esan ga Freagairt.

Uist a nighean 's tog dhe d' ghòraich ;
B' fheàrr dhuit giullan bochd a phòsadh
'Dheanadh mullan coirce 's eòrna,
Théid do 'n fleannaig 's do 'n pholl-mòine,
'S a chuireadh gach ni air sheòl dhuit :—
'S beag a bhuineadh dhuit a mhòrchuis.

ORAN GAOIL.

Fonn,—" *Freasgair Luain.*"

Ann am chadal chunnacas agam
Ribhinn ghasda, thlachdmhor, òg ;
Mur breug m' aisling bha i m' ghlacaibh
Sìnte seachad gun bhreith sgeòil.
Ri linn tàimh dhuinn anns an àite
Fhuair sinn càirdeas le blas phòg ;
'N àm dhuinn dùsgadh b' aobhar tùrs' e
Bha mo rùn bhuam fad' air falbh.

Saoil nach teachdair 'bho 'n eug m' aisling
Mu 'n mhnaoi thaitnich 's blasda pòg ;
Mar ghath gréine 'n òir nan speur
Nochd si i fein air ghleus no dhò ;
'S binne beul leam na guth theudan,
B' i chùis éibhneis 'bhi ga còir ;
'S gasd' a ceum air faiche réidh
Cha lùb am feur fo bhonn a bròig.

Fhuaras eachdraidh air sàr-ghaisgeach ;
Baintighearn' ghlas e 'n gaol gu leòir ;
Ise beairteach gun dad airce
'S esan gasd' air bheagan stòir.
Phòs fear saibhir i cheart-éiginn,
'S thréig a h-éibhneas i r'a beò ;
Bu cheòl cadail d' i gun airce,
Nigheadh an dearc' air bhrataibh sròil.

Air do 'n òigear dol thar chòrsa
De cheart-deòin a null do 'n Spàinn
Cha bu bheò ach mios 'no dhò e,
Leag am bròn e sios gu làr.
Thugadh òrdagh leis d' a òglach
Chridhe mòr a chur 'n a smàl
'S a thoirt dh' ise am broinn litreach
Dual mar chriostal, mar mhin bhàin.

Air do 'n òglach tigh'nn gu còrsa
Rinneadh fòirneart air gu dàn ;
Gach ni fhuair e thugadh bhuaithe
Le duin' uaibhreach air bheag bàigh.

’N uair a dh’ fheum e dh’ aindeoin géilleadh,
Thuirt e “leubh an litir bhàn ;
Leubh le tlachd i ’s dean mias blasda
’Bheir thu steach a dh’ ionns’ do mhnà.”

Chaidh am bòrd a chur air dòigh
’S fhuair a’ bhean òg a’ mhias a b’ fheàrr ;
Ghabh i sògh dh’ i, ghabh i leòir
’S dh’ fhàg i le deòin na lionadh spàinn.
A fear-pòsda thuirt gu fòil,
Gabh sin a Mhòr is bidh tu slàn ;
Cridhe d’ cudail ith gu léir e,
’S leubh an sgeula so bho làimh.

Bha i ’n éiginn ’s i a leubhadh,
’S iomadh deur bha ruith le ’caoidh ;
Sgian bheag gheur ghabh i dh’ i féin
’S dh’ ith i gu léir na bh’ air a mheis.
“ Tha mi réidh ’s mo ghaol a’m chré,
An leoghann treubhach,” thubhairt i,
“ Biadh no deoch cha téid am chorp
A chaoidh ’ni lochd os ceann do chrìdh.

ORAN GAOIL

Le fear a bha air ùr-phòsadh, agus aig an robh
mòran gaoil air a mhnaoi. Dh’ éirich a bhean
bhuaithe ’s an oidhche gun fhios da, agus chaidh i
am falach air. Shaoil esan gur h-ann a chaidh a
goid bhuaithe le fear eile, agus thòisich e air an
òran so a dheanamh. Bha ise g’a éisdeachd agus ag
ionnsachadh an òrain mar bha esan ga dheanamh.

Chaochail e mu 'n do chuir e crioch air. Tha e air
a sheanachas nach robh 'bhean beò ach ùine ghoirid
na dhéigh.

Gur bochd am bruadar a dhùisg á suain mi,
Dh' fhàg m' inntinn luaineach 's a ghluais
    dhomh gruaim ;
Bu bhlàth mo shùgradh an àm dhomh dùsgadh,
Mo rìbhinn ùr-ghlan bu chiùine snuadh.
'N uair phriob mo shùilean dh' fhàs m' inntinn
    dùmhail,
Gun fhios a rùin dhomh cia 'n taobh a ghluais ;
Mo chrìdh' tha tùrsach le 'bhi ga d' ionndrainn,
'Se dh' fhàg mi brùite gu bheil thu bhuam.

Ma thug iad bhuam thu 's e fàth mò chruadail
'Sa liughad buaidh 'th' ort a bhàrr air càch ;
Tha maise 's uaisle a streup mu d' ghuaillean,
An snaoim nach fuasgailear air mo ghràdh.
A gheug nam buadh 'us nan camag dualach
Nach gabh thu truas dhiom 's mi cruaidh an càs:
O thig 's beir bhuam air, 's thoir freagairt luath
    dhomh,
Mur faigh mi fuasgladh gur duais dhomh 'm bàs.

Ma 's aobhar bàis dhomh na thug mi' ghràdh
    dhuit
Aon nì 'ni stà dhomh cha 'n 'eil aig léigh :
Ach furtaich tràth orm 'us leighis m' fhàilinn
Bho 'n 's tu a's feàrr leam a tha fo 'n ghréin.

Cha 'n 'eil e 'n Albainn de dh' òr no dh' airgiod
Aon ni 'bheil m' fharmad-sa ach thu féin.
Na cas am fheirg mi, 's na claoidh mi 'm earbsa,
Thig 's caisg an t-sealg s' tha tighinn orm bho 'n
eug.

O ! saor o 'n eug mi a ghⁿug na ceutachd
Ga bheil an deud daingeann, caoin, geal, dlùth :
An òigh a's eutroma 'shiùbhlas feur thu,
Le do dheadh bheusan a choisinn cliù.
Do ghruaidh mar dhearcaig air bhàrr na géige
Fo 'n mhala cheutaich o 'n éireadh sunnd,
Be 'n t-aobhar éibhneis do chòmhradh réidh rium,
'S cha b' ann 's an eucoir a chuir mi sùil.

Mo shùil gach ré riut 's tu stòlda, céillidh,
Thoir géill do reusan 's cha tréig thu mis';
Ur-òigh na féile gu 'n bhuin thu céill dhiom
'S gu 'n d' fhàg thu creuchdte mo chré gun
fhios.
Do bhràghad glé-gheal mar chanach sléibhe
No gathan gréine a tighinn le 'n teas :
Gur tearc ri fheutainn 'measg iomadh cheudan
Bean d' fhiamh is d' eugmhais, a réir mo mheas.

Mo mheas an dràsd ort a chlaoidh gu bràth mi,
A chaoidh cha 'n fhàg mi 'n cion 'thàir mi ort ;
Bho 'n dh' fhalbh Diana cha 'n 'eil a làthair
Té coltais d' àilteachd, 'gheug sheamhaidh, sholt.
Do làmhan bàna mar lilidh 'Mhàighe,
Do bhroilleach àlainn air fàs mar chop :
Gur beag dhe d' àilteachd is eòl dhomh àireamh,
'S cha leig mo ghràdh dhomh a bhi nam thosd.

'Bhi 'm thosd cha 'n fhaod mi bho 'u ghon do
    ghaol mi,
Gur h-e do dhraoidheachd a chlaoidh mo neart ;
Ma chì mi daoine 'ni gean no faoilte
Gu 'm bi mi saoilsinn nach bi iad ceart.
O ged-a dh' fhaoduinn na th'air an t-saoghal
De dh' òr 's de dh' aodach a shlaodadh leat
'S ann bhiodh mo smaointinn air d' fhiamh 's
    air d' aogais :—
Och 's tric tha m' aodann a caochladh dreach.

Do dhreach mar fhaoileig no eala thaobh-ghil,
Gun chron ri fhaotuinn aig aon dha d' mhais'.
Ged tha thu maoineach gun easbhuidh dhaoine
Gu 'n tug thu faothachadh dha mo shac.
Nam biodh do chaoin rium bhiodh m' aigneadh
    aotrom ;
Cha laidheadh aois air mo ghnùis am feasd'.
Ged bhiodh an t-aog orm a suiridh daonnan
Cha bhiodh ann baoghal e thighinn dhomh faisg.

Dhomh faisg a ghràidh nam biodh tusa 'n dràsta
Gu 'm fàsadh m' àirnean cho slàn ri breac.
Do d' mheòirean ban-gheal a's grinne air snàthaid
Gu 'n tig na fàineachan 's dearsaich' clach.
Ged bhiodh na tàlantan agam 'b àirde
Bu leòir dhomh àireamh 'n treas pàirt dhe d'
    dhreach ;
Do dhreach 's do shuairceas 's iad ghreas gu
    uaigh mi
Mar dhuilleig uaine air a buain ri dealt.

    There are only five verses of this song in John
MacLean's MS. The 5th, 6th, 7th, and 8th verses

I have copied from the Inverness *Highlander.*
The song was sent to that paper by the poet of
Loch-Aillse. With that writer I have to say, " Cha
'n 'eil fios agam co 'rinn an t-òran so, no cuin, no co
dha chaidh a dheanamh." It was an old song when
John M'Lean took it down in 1815. He does not
say where he got it.

ORAN GAOIL.

Gur h-e mise tha fo mhulad
Is cha 'n urrainn mi chaochladh,
Dh' fhàg thu sachd air mo ghiùlan
Is cha dùbh dhomh 'bhi aotrom,
Gur-a craiteach mo chridhe
'S càch gun fhios gu de 'n t-aobhar,
Tha mi cumha mo leannain,
'S trom 'bha m' anam an gaol air.

'S truagh nach robh mi am leaba
Ann an greadadh an fhiabhrais
Mu an tug mi 'n cion falaich
No mu 'm faca mi riamh thu ;
Fhir bu taitniche mànran,
'S e do ghràdh rinn mo phianadh :
'S ged nach innis mi chàch e
Tha mi 'n dràst leis air liathadh.

T

Tha mo chion air an fhleasgach
Chuimir, leadanach, bhòidheach,
'Tha de 'n fhine nach strìochdadh
'Sa tha sìobhalt na chòmhradh.
'S mòr ga 'm b' fheàrr leam do ghliocas
Is do mhisneach is d' fhòghlum,
Na làn buaile 'chrodh ballach
Le dubh-bhalach gun eòlas.

'S mi nach iarradh leat, 'eudail,
Ach do léine 's do chòta,
Is do bhreacan 's do ghunna
'S math a chumar an òrdagh,
Is do bhoineid le h-itean ;—
Bhiodh an sud n'a bu leòir leam.
Leat gu 'n siubhlainn an saoghal,
Fhiùrain aobhaich a's bòidhche.

'S e mo dhùrachd do m' leannan
Ged nach faigh mi do phòsadh
Thu bhi sona gun smalan
'S a bhi fad' anns an t-seòl sin,
Le crodh druimionn 's crodh guailionn
Air do bhuaile mar chòmhlan,
'S gun do bhean-sa 'gan cuallach
Ach a fuaigheal na seòmar.

O, cha dù dhomh bhi socrach
'S mi an nochd mar mhnaoi fhuadainn ;
Air an uirigh ma chaidleas mi
Bidh ort-sa mo bhruadar,

Fhir a loisgeadh am fùdar
Air na stùchd-bheannan fuara, --
Is na misde do phiseach,
A ghaoil, mise 'chur suarach.

B' e mo mhiann a bhi còmhl' riut
Fhir a's bòidhche 'measg fhearaibh ;
'S mi gu 'n earbadh mi fhìn riut
Dusan mìle bho 'n bhaile.
Mu thrì bliadhna 's coig ràidhean
Thug mi gràdh dhuit mar leannan ;
'S beag an t-ioghnadh ged tha mi
An diugh cràiteach ga d' ghearan.

'S iomadh ni 'bheir an gaol oirnn,
Tha e caochlaideach carach ;
Bidh e 'tighinn na lùban
Mar shruth bùirn leis na beannaibh ;
'S iomadh té a fhuair aobhar
A bhi caoineadh 'sa gearan,
'S fear a gràidh air a fàgail
Ged bu làidir a ghealladh.

Bheirinn comhairl' air caileig
Gun bhi amaideach, gòrach,
Gun i 'chreidsinn a leannain
Ged-a ghealladh e pòsadh.
Ged is bòidheach e 'tighinn
Tha a chridhe fuar reòdhta,
'S bidh a shùil ás a dheaghainn
D' fheuch co roghainn a's bòidhche.

ESAN.

Thug mi 'n raoir ann am dhùsgadh
'G iarraidh dlùth thun a chala
Gus an d' ràinig mi 'n t-àite
Far an d' fhàg mi mo leannan.
'S ann a fhuair mi thu pòsda
Ri fear òg air do cheangal
An snaoim dhaingeann nach fuasgail
'Dh' fhàgas truagh mi ri m' mhaireann.

'S truagh nach robh mi 's mo leannan
Ann an gleannan a cheòbain,
No an iomall na coille
Far an goireadh an smeòrach ;
Bhiodh mo làmh a ghaoil tharad
'S mo cheart air' air do phògadh,
'S an làmh eile bhiodh sìnte
Fo d' chùl snìomhain, donn, bòidheach.

'Cheìst de mhnathaibh an t-saogha'l
Nach dean thu saod air a thréigsinn ;
Dean a ghoid do chuid aodaich,
'S théid mi, ghaoil, leat do dh' Eirinn.
Théid luath-bhàta nan crannan
'Chur gu h-ealamh 'na h-éideadh
'S bidh mi còmhl' ri mo leannan
Mar bu mhath leinn le chéile.

C' arson 'chreid thu mo chàirdean
No luchd-dàimh 'bha air thalamh
Gu 'n robh mise am brath pòsadh
Ri te òig airson earrais ?

Ged-a bha thu gun stòras
Cha bu deòin leam ri m' mhaireann
Gu an tugainn mo chùl riut ;—
Dh' fhàg do shùgradh mi galach.

ISE.

'Cheist de dh' fhearaibh an t-saoghail,
Tog dhe d' chaoineadh 's dhe d' chumha,
Seall gu beachdail 's gach àite
Am faic thu àilleag 'bhios lurach,
Na h-iarr ormsa gu bràth
A dhol thar sàile leat tuillidh,
Ach leig dhomh mar-a tha mi
Anns an àit' so fo mhulad.

ORAN GAOIL.

LE TE GA LEANNAN.

Latha dhomh 'bhi 's taigh-òsda,
Giullan bòidheach bha ann ;
Gu 'n do dh' òl e mo shlàinte
'S gu 'n do phàidh e an dram.
Shuidh e làmh rium a sheanachas,
'S bu neochearbach a chainnt ;
Chuir e 'ghradh ann an cèill dhomh,
Sgeul an éibhneis sin leam.

M' uile chrìdh' is mo ghealladh
Thug mi dh' fear a chùil òir ;
Suil a's miogaiche sealladh
Is gruaidh thana mar ròs ;

Beul tha briodalach, meachair,
Deud mar chaile 's e gun spòrs :
B 'e mo mhiann a bhi faisg ort
Fhir a's blaisd' o 'n tig pòg.

Pòg a's millse na 'n siùcar
Thig bho 'n fhiùran ùr òg : —
'N àile, chunnaic mi uair thu,
'S leat cha b' fhuathach 'bhi 'm chòir.
Aig a mheud 's thug mi 'ghaol dhuit
Cha àn fhaod mi bhi beò ;
Bho na thréig thu do ghealladh
'S e ni fàbhar dhomh 'n fhòid.

Tha leann-dubh air mo lionadh,
Tha mo chridh' mar an luaidh' :
Ciamar bhitheas mi ceart dheth,
Bho na ghabh thu orm fuath ?
Och is och, gu de 'n t-aobhar
Mu 'n do chaochail thu, 'luaidh ?
'S tu bhi cinnteach a'm' neo-chiont,
'S gur-a droch sgeul a fhuair.

C' arson 'chreid thu droch sgeul orm
'Fhir a's ceutaiche gnùis ?
Tha thu d' aonar a' faotuinn
M' uile ghaol-sa, a rùin.
'S mòr gu 'm b' fheàrr thu a'd léine
No mar 'dh éireadh tu rùisgt'
Na ged gheibhinn fear stòrais
'S gun mi 'n tòir air bho thùs.

Ged-a bhiodh iad mu 'm chomhair
Fir an domhain gu léir,
Is gu 'm faighinn mo roghainn
'S tusa 'thaghainn dhomh féin. —
'S i do phòg le làn dùrachd,
Fhir a's rùnaich' fo 'n ghréin,
'Chuireadh m' éislean air fògradh,
'Chuireadh bròn bhuam air sgéith.

Ged-a chunnaic mi 'm bàta
Cha do dh' fhàiltich mi ris:
Gu 'n robh mise bochd cràiteach
Agus iadsan air mhisg,
'S iad ag òl mo dheoch-slàinte
Ga mo réiteach gun fhios:
Thug mi dùbhlan do 'm chàirdean,
Chaoidh cha tàlaidh mi ris.

'S e tha 'tighinn air m' aire
'S ga mo ruighinn gu teann
Iad 'bhi 'g iarraidh mo phòsadh
Ri fear-stòras gun taing.
Cha toir mise gu bràth dha
Mo dheas-làmh ann am bann ;
'S ann tha cùmhnanta m' fhacail
Ann an Glaschu nan Gall.

Tha mo chion air an fhleasgach
Innidh, leadanach, ùr,
'N uair a dh' éireadh tu d' sheasamh
Gu 'm bu deas thu, bho d' chùl.

Gur-a math thig dhuit deise
De na bhreacan o'n bhùth ;
'N uair a thigeadh tu làmh rium
Chuireadh d' fhàilt' mi gu sunnd.

'Fhir a dhìreas am bealach
Thoir leat soraidh bhuam féin,
'S dean a liubhairt do 'n òigear sin
A's spòrsaile ceum.
A cheart aindeoin gach gruagaich
A ni suas riut a'm' dhéigh
'S tric a bha mi 's tu 'n uaigneas
Air a' bhuaile leinn féin.

ORAN GAOIL.

Le te ga leannan air dhi fhaicinn 'na cadal agus
e air seòladh as an rìoghachd.

Luinneag.

" Fhir a bhàta no horo éile,
Fhir a bhàta no horo éile ;
Fhir a bhàta no horo éile
Gu ma slàn dhuit 's gach àit' an téid thu."

'N raoir ort bhruadair mi fhiùrain rùnaich ;
Bha sinn còmhla 's sinn sona sunndach ;
Bha do phòg leam air bhlas an t-siùcair ;
B' fhada bhuam thu an uair a dhùisg mi.

S bochd dheth 'n neach sin a th' ann 's an
    t-saoghal
'S e gun airgiod, gun chrodh, gun chaoraich :
'S mòr an dimeas leam air mo dhaoine
Gu 'n d' leig iad dhiom thu 's meud mo ghaoil
    ort.

Gur h-e m' athair a rinn an eucoir
Nach do dh' fhuasgail e le 'chuid spréidh thu,
Ghlas mo chiabhan le meud mo spéis dhiot,
'S cha toir mi bliadhna beò as d' eughmhais.

'S tric a chaidh mi leat fada, fada
'S shuidh mi comhl' riut le sòlas aignidh ;
Bhiodh do làmh is do bhreacan tharam,
'S bhiodh do phòg leam air bhlas na meala.

'S fada 'n diugh air an fhairge muigh thu ;
'S de ma ni i an stoirm do shlugadh ?
Ma 'se gaol do thé eile 'thug thu
'S truag a tha mi an déigh na ghuil mi.

Och is och ! gur-a fad' air falbh thu
Air luing shiùbhlaich nam bratach dearga :
Gur tric mo shùil-sa ris an fhairge
Dh' fheuch am faicear leam fear do dhealbha:

'N uair 'théid mi mach gu 'm bi mu shùil ort,
'N uair thig mi steach gu 'm bi mo rùn ort :
Cha 'n 'eil thu mionaid as mo chuimhne
Bho 'n thig an là gus an tig an oidhche.

ORAN GAOIL.

Le fear ga leannan agus i air a thréigsinn 's air falbh le saighdear.

Luinneag.

"Tha mi suarach umad an diugh ;
Bha mi uair 's bu tòigh leam do ghuth ;
Tha mi suarach umad an diugh."

'N cuala sibh mar 'dh'éirich dhòmhsa
Is do 'n chaileig 'bha mi 'n tòir oirr'?
Gu 'n do dh' fhalbh i leis an òigear :
'S dh' fhaotuinn sgeòil a dheanamh air sud.

Am faca sibh aogasg mo leannain ?
Cha 'n 'eil a leithid ach ainneamh :
A dà ghruaidh mar chaoran meangain,
'S a h-uchd geal mar eal' air an t-sruth.

Gu 'm b'i sin an nionag aobhach,
'S ann de bhroilleach Chloinn-an-t-Saoir i :
Sùil a's guirme chaidh an aodann
'S mala chaol mar ite an lòin-duibh.

Nighean donn a' chuailein chraobhaich,
Is cuimhneach leam uair de m' shaoghal,
'S bu deacair leam tigh'nn as d' aonais :
Rinn sin sgaoileadh, 's chaochail an sruth.

Nighean donn a' chuailein chleachdaich
'S deacair fhaotuinn bean do mhaise :
Sùil a's guirme na na dearcan
Deud mar chaile, is gruaidh mar an subh.

'N uair a bha sinn anns na gleannaibh
Leigeil a' chruidh laoigh mu 'n mhainnir,
Shaoil mi nach robh air an talamh
Fear a mhealladh bean a' chinn duibh.

'N uair a theannadh tu ri òrain
Mhealladh tu 'm fear nach biodh eòlach ;
'S binne thu na chubhag 's an smeòrach
'Maduinn cheò air mheòirean an stuib.

'N uair a theannadh tu ri coilleig
Leigeil a' chruidh laoigh 's an doire
'S binne thu na guth 'choilich-choille
Anns an doire 'ghoireadh a muigh.

Ged-a bha thu banail, baindidh
Dh' aithnich mi gu 'n robh thu mealta :
'S gile thu na 'n sneachd air na beanntaibh
Anns an àm 's am biteadh ga chur.

'Nam faiceadh sibh saill air sean-each
No puinnsean air dol an glainne,
Sin agaibh aogasg mo leannain ;
Mar chop geal air bharraibh an t-sruth.

Ged nach robh mi pailt de dh' fheudail
Sheasainn duine an àm an fheum ;
Gheibhinn grealach mhic an fhéidh dhuit
Agus breac na leum leis an t-sruth.

A nis o 'n rinn thu mo thréigsinn
Cha dean mi tuilleadh mu d' dhéibhinn :
Gabh thus' air d' aghaidh do dh' Eirinn,
'S gheibh mis' té bheir dhomh a cuid cruidh.

CAILIN DONN A' CHUAILEIN REIDH.

Luinneag.

'Chailin donn a' chuailein réidh,
'Nighean donn a' chuailein réidh,
'Chailin donn 'tha ris an spréidh,
Gu 'n tug mi spéis do 'n bhanaraich.

Cha 'n e mheud 's a dh'òl mi leann
Chuir na deòir a ruith o 'm shùil,
Ach a caoidh na dhealaich rium,
Ga bheil an giùlan farasda.

Thug mi ceum leat air an t-sràid,
Shìn mi dhuit gu faoin mo làmh
'S sinn a dealachadh, a ghràidh,
'S a Mhàiri, cha bu mhath leam e.

Gur-a math thig do mo rùn
Aparan geal as a' bhùth ;
Ged-a bhiodh an t-slat deth crùn
Gur math a b' fhiù i 'cheannach d' i.

Do shùil mar dhearcaig an fhraoich,
Do ghruaidh dearg, 's do mhala caol :—
'S ann dhuit a 'thug mi mo ghaol
'N uair 'bha mi aotrom amaideach.

Fios gu caileig tha 's an tìr
Gun 'bhi ni 's faid' air mo thì ;
'S coma leam cogadh no sìth,
Cha leig mi dhiom a' bhanarach.

Na biodh cùram ort mu d' lòn ;
Bidh mi 'm sgiobair air luing mhòir ;
'S 'n uair 'thogas mi rithe seòl
Am dheòin cha bhi thu 'd bhanaraich.

ISE FREAGAIRT.

Gur-a math 'thig do mo rùn
Boineid ghorm a chosgas crùn,
'Slat de ribein dubh 'na cùl,
'S cha chùbaire 's taigh-leanna thu.

'S iad do chàirdean nach 'eil gann,
'S iomadh àrd-fhuil tha na d' cheann ;
'S car thu do Chlann-Dùghaill nan lann
A chuireadh srann á cananaibh.

SUIRIDH A' BHODAICH.

Luinneag.

Teann, teann, teann, a bhodaich,
Teann, fuirich thall a bhodaich,
Teann, teann, teann, a bhodaich,
'S na bi tigh'nn a chogadh oirnn.

AN NIGHEAN OG.

'S a bhodaich na tig ga m' iarraidh,
'S cinnteach mi nach pòs mi 'm bliadhn' thu ;
'S ann a tha do cheann air liathadh ;
Bu chùis phianaidh dhomh do phòg.

Am Bodach.

Ged-a tha mo cheann air liathadh
Cha 'n 'eil mi ach leith-cheud bliadhna,
Gheibh mi caileag òg, ma dh' iarras,
A bhios riaraichte gu leòir.

Ise.

Ged-a rachadh tu a dh' ionnsaidh
Na tha chaileagan 's an dùthaich
Cha 'n 'eil té dhiu a ni sùrd riut ;
'S ann tha 'n sùil 's na gillean òg'.

Esan.

Tha na gillean òga sgaomach,
'N uair a thachras iad 's an fhraoch ruibh
'S a labhras iad ruibh gu faoilidh
Saoilidh sibh gu 'm bi sibh pòsd'.

Ise.

Biodh iad suidhichte no sgaomach,
Tha iad laghach, tha iad aoidheil ;
'S olc an té nach tugadh gaol dhaibh
'Us iad daonnan air a tòir.

Esan.

Ged-a bhiodh gille òg a' d' dhéigh-sa
'Se 'toirt gheallaidhnean air féin dhuit,
'S ealamh 'dheanadh e do thréigsinn
Airson euchdaige bu bhòidhch'.

Ise.

'S e chuir mise 'n diugh fo éislean
Nach 'eil Aonghas Ruadh, no Seumas
No Iain donn ag ràdh rium, " Eudail ";
'S mòr an t-éibhneas an gill' òg.

ESAN.

A ghaoil, nach dean thu leam lùbadh
'S pailteas eòrna 's coirc air m' ùrlar :
Cha bhi d' aran ort mar chùram
'S cha bhi thu gun leann a' d' stòp.

ISE.

'S bochd an ni dhomh 'bhi mar tha mi,
'S tha mo mhàthair rium ag ràitinn
Pòs e 's cha tig dad rì d' là riut ;—
Se, a ghràidh, mo lamh 's mo phòg

Thig, thig, thig, a bhodaich,
Thig, thig a nall, a bhodaich,
Thig, thig, thig, a bhodaich,
'S e 'chùis shogain a bhi d' chòir.

ORAN GAOIL

Do dhuine-uasal de Chlann Ghriogair, le a leannan.

FONN.—"*Cha 'n e tùchan a' chnatain.*"

An raoir bhruadair mi 'n aisling
'Bhi mu bhruachaibh mu leapa
Am fear mòr a bha 'n dreap air gu falbh,
    An raoir bhruadair, &c.

Gur h-e 'n Griogarach gasda
Leis 'm bu mhiannach mar fhasan
A bhi 'g òl air fion daithte nan còrn.

Uisge-beatha na braiche
Bhiodh an cupaichean glasa ;
'S chuirt' à pioban tombaca leis ceò.

Gu 'm bu taitneach leat agad
An àm éiridh 's a' mhadninn
Sàr-ghiomanach dag air ghleus òir.

Leat bu mhiannach coin lùghmhor
'Dhol a shiubhal nan stùc-bheann
Leis a' ghunna nach diùltadh roimh òrd.

'S tu gu 'n loisgeadh am fùdar
Mach air uilinn nan stùc-bheann
Ris an eilid 's ri ùdlaiche 'n lòin.

Bhiodh gu làr an damh cabarach
A's fiamhaiche 'chaidileas
'S a b' fhiadhaiche 'chasadh a shròn.

Agus earbag an aonaich
Bu luath dhìreadh na fraochan ;
Leat bu mhiannach, a ghaoil 'bhi, ga còir.

'S car do Ghriogair òg ruadh thu,
'S b'e sin connspunn a' chruadail ;
Leat gu 'n éireadh Coir-Uanain bho 'n chrò.

Gur-a car thu Mhac-Cailein
'Us do 'n Iarla bha 'm Bealach
Gus an trialladh luchd-ealaidh gu leòir.

'S car thu 'Dhòmhnull gorm Sléiteach
'S do dh' Iarl' Anntruim an Eirinn
Dha 'm bu dual a bhi treubhach ro-mhòr.

Esan ga freagairt.

Mo rùn Màiri Nic-Astair :
Caomh-shùil ghorm mar an dearcag
'Us gruaidh mhin-dheas chaoin dhaithte mar ròs.

Gur h-e trom-ghaol na h-ighinne
Dh' fhàg lom-loisgte mo chridhe s' ;—
Gur-a binne na 'n fhìodhull do ghlòir.

Cha leig mise do 'n bhuaile thu
Leis a' chuman 's le buaraich ;
'S ann a bhios tu ri fuaigheal le d' mheòir.

'S ann a théid thu do 'n chlachan
Latha féille 's an fhasan ;
Gùn de 'n t-sìoda ort' bhios gasda gu leòir.

ORAN GAOIL.

Le UISDEAN DOMHNULLACH do leannan a bh' aige,
agus e ga faicinn a dol a phòsadh fir eile.

Gur mis' tha dubhach pràmhail
Is cràiteach anns an uairs',
A' faicinn luchd-a'-phòsaidh
'Dol seachad ann an òrdan,
'S mi 'smaointeachadh fo m' chòt'
Air an té 'thug dhomhsa fuath ;
Dh' fhàg i tosdach mi 's làn osnaich
Lot i mi gu cruaidh.

Bha mi gu h-aotrom, sunndach,
Gam ghiùlan féin 's gach uair,
'S mi ann am chridhe cinnteach
Nach glacte mi gu dìlinn
Le rìgh nan gaol na liontan
'S cha b' fhiach leam rium a luaidh ;
Bha e gleusda 's tric ga m' theumadh,
Ghlac e greim 's mi m' shuain.

U

Tha mi nis aige am prìosan
Ga m' chiosnachadh gu cruaidh ;
Rinn trian de m' anail m'·fhàgail
Mo neart cha 'n 'eil mar b' àbhaist,
Tha daoine 'g inns' gach là dhomh
Gu bheil am bàs nam shnuadh.
'S e mo ghràdh do 'n té 'rinn tàir orm,
'Thug mo shlàinte bhuam.

Gur truagh nach robh mi 'n Eirinn,
'N Dunéideann, no 's taobh tuath,
Mu 'n tugadh thugam sgeula
Mu d' shuiridh is mu d' réiteach
'S mu d' phòsadh, ainnir cheutach ;—
M' uil' éibhneas dh'imich bhuam.
Bha mi cinnteach uair gu 'm biodh tu
Pòsd' rium-fhìn a luaidh.

Is iomadh olc 'tha 'g éiridh
O spéis do dh' òr 's do bhuar !
Reic thusa, 's tu glé-ògail,
Thu-féin, airson a stòrais
Ri neach a tha gun eòlas,   .
'S làn gròcaireachd is gruaim,
'N àm tigh'nn dachaidh chì thu gart air
'S lasair as mar ghual.

Ged rinn thu mise 'thréigsinn
Cha leum mi riut am fuath ;
Mo mhìle beannachd féin leat
'S a h-uile h-àit' an téid thu,

'S gu 'n cuir am fortan céil' ort
Nach beus da bhi air ghruaim ;
Ach caomh fearail, foinnidh, smearail,
Ceanalta, le stuaim.

ORAN GAOIL.

Le IAIN MAC-GILLEAIN, ministeir a bh' ann am
Muile, do dh' Anna Nic-Gilleain, a leannan agus i
air pòsadh fir eile.

'N aisling chunnaic mi 'm chadal
B' fheàrr gu 'm faicinn am dhùsgadh,
Thu 'bhi eadar mo ghlacaibh
Ga do thatadh gu dlùth rium.
'N uair a dhùisg mi 's a' mhaduinn
'Us nach d' fhuaras tu agam
Thàinig deòir air mo rasgaibh,
Shil orr' frasach 's bu dlùth i.

Shil orr' frasach 's bu dlùth i,
Mu 'n ghéig ùir a dh' fhàs àlainn;
Gur-a guirme do shùilean
Na an driùchd air bhàrr fàsaich.
Gu bheil maise ann ad ùrla
Dh' fhàg mo chridhe-sa brùite
Gus an d' rinn i a mhùchadh,
'S trom a dhrùigh i air m' àirnean.

'S trom a dhrùigh i air m' àirnean.
'S cha 'n 'eil stà ann an léigh dhomh,
Ged-a chluinn mi guth màurain
Cha tig gàire le éibhneas.
Bho 'n is duine gun àdh mi
'Chaidh a mhilleadh le d' ghràdh-sa,
'S e thu féin a bhi làmh rium
Dheanadh slàn mi o m' chreuchdan.

Gur h-e 'dh 'fhàgadh gun chreuchd mi
Pòg no dhà o d' bheul cùbhraidh ;
Gu bheil maise na feuchdaig'
Ann ad eudan ga giùlan ;
'S mi nach iarradh do spréidh leat,
Bhidhinn aighearach, éibhinn
Ga do ghabhail a'd' léine
Le toil cléir agus dùthcha.`

Cuid de bhuadhan na h-ighinn'
A bhi binn-fhaclach beul-dhearg :
Tha do ghruaidh mar *bhermillion*
Is cha tillear bho 'n fhéill thu.
Gu 'n do shàraich thu sinne
Le do bhacharan tioram ;
'S e do ghràdh 'th' air mo mhilleadh
'S mi ri sireadh beachd-sgéil ort.

Ochain, Anna nighean Dòmhnuill,
'S i do dhòigh tha cur eud orm ;
Gur-a binne do chòmhradh leam
Na 'n smeòrach air gheugan.

'S mòr ga 'm b' fheàrr bhi riut pòsda
Na bhi thall anns an Olaind
Ged bu leamsa de dh' òr
Na bha an seòmar Righ Seumas.

'N uair a bha mi 's an Olaind
Is mi thall ann am shaighdeir
Gur-a h-iomadh té àlainn
Le cuid fhàinneachan daoimein
'Thigeadh ealamh am chòmhdhail
Le lan-fhuran a pòige :—
B' fheàrr leam thusa le còir
Ged nach bu bheò mi ach oidhche.

ORAN

Do dh' ALASTAIR MAC-GILLEAIN, lighiche ann an Langamul, am Muile; le nighinn òig aig an robh gaol air.

Luinneag.

Mo chridhe tha 'n diugh cianail
Is iargainneach a tha mi ;
Gu 'n tug mo leannan cùl rium
'S gur tùrsach rinn e m' fhàgail.

Gur mise tha fo mhulad
Is cha 'n urrainn mi sin àicheadh
A' smaointeachadh do bhòicheid
A fhleasgaich òig nam blàth-shùl.
Mo chridhe, &c.

'S o 'n thig an gaol gun iarraidh
'S a bha e riamh mar fhàgail,
Cha ghearanainn, a luaidh e,
Mur faighinn fuath 'na àite.

Is mor a tha mi 'n geall ort
Gu 'n mheall thu mi le d' nàdar ;
Am fòghlum 's an deadh-chuma
Fhuair thu 'n t-urram de na Gàidheil.

Is innidh leam a rùin thu
Ri danns' air ùrlar clàraidh
Roimh h-aon air a bheil m' eòlas
Gu 'n deònaichinn mo làmh dhuit.

Ged théid mi measg nan uaislean
Cha ghluais iad mi gu mànran.
Ciamar 'bhios mi toilichte
'S nach h-'eil mo leannan làmh rium.

Gur h-e mo ghaol an cùirteir'
Dha 'n tug mi rùn 's mi 'm phàisde :
'S e dh' fhàg mo chridhe brùite
Nach dùraichd thu do làmh dhomh.

Gheibh mi an ni tha òrdaicht',
O biodh mo dhòchas làidir ;
'Us earbam le làn-dùrachd
An Righ nan dùl is àirde.

ORAN GAOIL.

Luinneag.

A nighean bhuidh' bhàn a chràidh mo chrìdh';
Mo ghaol air an nighinn a's àille 's an tìr.

Theap mise 'bhi bàite
'Dol 'n aghaidh gaoith làidir
'S mi 'g iarraidh gu Màiri,
An àilleag dheas ghrinn.

'N uair thàinig mi làmh-ri,
'S a chuir mi oirr' fàilte,
Ged dh' fhuiling mi ànnradh
Cha 'n fhairdeadh i mi.

Na 'n robh mi aig baile
Re 'gheamhraidh 's an earraich
Cha bhidhinn gun leannan ;
B'e 'n t-amadan mi.

Gur h-iomadh té òg
Tha gu h-amaideach gòrach
Toirt gaoil airson stòrais
'S a' pòsadh an ni.

Ma 's e mo chion stòrais
Thug dhuit gun mo phòsadh
'S ann dhomhsa nach còir
A bhi brònach 'gad chaoidh

A nighean bhuidh' bhòidheach
'S do ghruaidh mar na ròsan,
Ma ni thu mo phòsadh
Is deònach bhios mi.

Do ghruaidh mar na caoran
'S do chneas mar an fhaoilinn;
A mheud 's thug mi 'ghaol dhuit
Cha 'n fhaodar leam inns'.

A MHAIRI MHIOGACH MHEALL-SHUILEACH,

Rinneadh an t-òran gaoil so le AILEAN MAC-AN-LEIGHA, do MHAIRI NIC-GILLEAIN as a Mhor-airne, agus i air dol do dh' America.

Luinneag.

A Mhàiri mhiogach mheall-shùileach
Cha tréiginn fhìn air cheannach thu;
Cha 'n 'eil mi sgìth dhe d' leannanachd
Ge fada fuireach bhuait mi.

Gur fada leam an ràidhe so
Gun neach 'ni prìs a' ghàire rium
O'n dhealaich luchd mo mhànrain rium
'S a dh' fhàg iad thar a' chuain mi.

Mar bhradan bòidheach min-lannach
'S e 'leum air uisge liomharra
Tha Màiri àlainn fhìnealta,
'S i 'm measg nam mìltean gruagach.

Do chùl donn daithte camagach,
'N uair chìreadh tu 's a' mhaduinn e
'S a' ghrian ag òradh dhaithean air;
'S gur fad' e thar do ghualainn.

Do ghruaidhean bòidheach min-dhearga
Mar ròs air chrannaibh fior-mhatha;
Sùil chorrach a's glan lionadh,
'S i fo mhala ghrinn gun ghruaman.

Gur binne guth na h-euchdaige
Na fiodhall theud 'n 'uair ghleusar i;
Mar iobhairi do dheudach
Is cha 'n éisd thu ri fear-fuadainn.

Troigh gheal mar shneachd' air dlùth-bharrach,
'S gur socrach am bròig shùmhail i;
Is math a thig an gùn dhuit
Ann am fasan ùr nan gruagach.

Is tu mar cala bhàin, mhaisich
A bhiodh air loch 's na fàsaichean;
Gur fada tilgeadh deàrrsaidh thu
'S do chruth 'cur àille snuaidh ort.

Is math a thig na làmhainnean
Air rìbhinn nam bas bàn-gheala,
Meur grinn thu air an t-snàthaid
'S tu an seòmar àrd a' fuaigheal.

Is tha thu aoibheil, iriosal,
Cha 'n fhaicear fraoch no frionas ort,
Do ghaol cha 'n fhàg mo chridhe-sa
Ge tric a dol thar cuain mi.

Tha fonn neo-throm r'a fhaicinn ort,
Gur lionmhor conn an taice riut;
Gur h-aoibheil ri luchd-aineoil thu,
Cha leig thu falamh bhuait iad.

Tha rùn nan ceud gun fhios agad,
'S cha léir dhuit e ged chithear e ;
Do bheul cha deanadh miodal rium
Ged bhiomaid ann an uaigneas.

'S e rìgh nan gaol a thàlaidh mi
'S a chuir a taobhsainn Màiri mi ;
'N uair shaoilinn a bhi 'n gràin oirre,
'S am bhidhinn làn de luaidh oirr'.

ORAN

Le fear ga 'leannan an déigh a bàis.

Gu 'n do choisich mi 'n oidhche
Dh' ionns' na maighdein bu bhoidhche.

Rinn mi corr is ochd mile
Anns an tìr 's gun mi eòlach.

'N uair a ràinig mi 'n t-àite
Cha robh iad mar bu chòir dhaibh.

Cha robh air' air luchd-gaoil ann,
'S cha robh saod air luchd-òil ann.

Cha robh mnathan ri fuaigheal,
'S gu 'n robh gruagaichean brònach.

'S ann a fhuair mi 'chraobh fhìnealt'
Na sìneadh 's an t-seòmar,

Bha i sìnte ann air déile
As a léine fuar, reòta.

Bha i sìnte fo 'n uinneig
Is cha chluinninn a còmhradh.

Dhomhsa b' aithne do bheusan
'S tu gun leumraich, gun mhòrchuis.

Ghlac thu ciall agus gliocas
Mòran tuigse agus eòlais.

Ort a dh' fhàs an cùl sniomhain
Bha mar dhìthein an eòrna.

'N uair a bhiodh tu ga chìreadh
'S fada chìte fiamh òir dheth.

Fhir a chruthaich an saoghal,
Cum mi saor bho fhàs gòrach.

Cum rium ciall agus gliocas
Gus an ruig mi ga d' fheòraich.

ORAIN A FHUAIR MI AN SUD 'S AN SO.

ORAN GAOIL

Le Domhnull Donn, mac Fhir Bhoth-fhiunntain.

Luinneag.

Thogainn fonn gun bhi trom
Air nighinn duinn a bha 'n Cat-thaobh :
Ghruagach òg a' chùil duinn
Dh' éireadh sunnd orm ri d' fhaicinn.

Latha dhomh 's mi siubhal bheann
'Falbh gu teann eadar chreagaibh
Thachair orm a' chruinneag dhonn
'M bun nan tom 'buain nan dearcag.
    Thogainn fonn &c.

O nam bithinn-s' air an fhéill
'S e do bhréid thigeadh dhachaidh,
Agus ribein maiseach, ùr
Ged bhiodh crùn air an t-slait dheth.

Ged is greannach leat mo cheann
'S ged is cam leat mo chasan,
Thogainn creach bho Thighearna Ghrannd
'S dh' òlainn dram 's an dol seachad.

Théid mi sios 'us théid mi suas,
Bheir mi ruaig do Lachaber ;
'S ged bhiodh Rothaich air a chal
Bheirinn pàirt de 'n chrodh bhreac bhuap'

Dheanainn banais a bhiodh mòr
Air 'm biodh geòidh agus cearcan ;
Bheirinn féidh dhuit as na glinn
Agus minn as na creagan.

B' fheàrr leam féin na mìle bò
'S na tha dh' òr aig Righ Shasuinn
Gu 'm bith'nn féin 'sa' chruinneag dhonn
'M bun nan tom 'buain nan dearcag.

'S tu mac-samhuil na gil-ghréin'
Moch ag éiridh 's a' mhaduinn ;
Nam bu leam-s' thu ann an còir
Gu 'm bu shòlasach m' aigne.

Mar an t-sirist tha do ghruaidh,
'S tha mo luaidh air do phearsa ;
Dh' fhàs do chuailean buidhe-dhonn
Feadh nan tom 'buain nan dearcag.

'S iongantach leam duine còir
'S mòran stòrais bhi aige
Nach d' chuir Beurla ann ad cheann
Agus danns' ann ad chasan.

Latha dhomh 's mi 'siubhal fraoich
Fhuair mi 'n fhaodail bha taitneach,
Nighean donn na mala caoil
Air a taobh 'buain nan dearcag.

Fhuair mi 'n t-òran so, air latha na bliadhn' ùire, 1877, bho 'n Taillear Abrach, an Antigonish. " 'S mise," ars' an Tàillear, " Iain mac Ghilleasbuig, mhic Aonghais, mhic Alastair mhòir, mhic Aonghais mhòir, mhic Alastair, mhic Iain Duibh, mhic 'Ic Raonuill na Ceapaich. B'e Dòmhnull Donn agus mo shinn-seanair, Alastair mòr, clann an dà bhràthar.

'S ann bho 'n Tàillear a fhuair mi cuideachd an rann mu dheireadh de 'n ath òran.

ORAN

Le Dòmhnull Donn, Mac Fhir Bhoth-fhiunntain, an oidhche mu 'n do chuireadh gu bàs e.

Is truagh, a rìgh, mo nighean donn
    Nach robh mi thall am Muile leat
Far 'm faighinn iasg is sithean fhiadh,
    'S a chiall, cha bhiodh oirnn uireasbhuidh.

Far 'm faighinn iasg is sithean fhiadh,
    'S a chiall cha bhiodh oirnn uireasbhuidh,
Gu 'm marbhainn breac air linne chas
    'S nach deanadh casan grunnachadh.

Gu 'm marbhainn breac air linne chas
   'S nach deanadh casan grunnachadh;
'S an coileach dubh air luth a sgéith,
   Mu 'n téid 'n a éideadh iomadh fear.

'S an coileach dubh air luth a sgéith,
   Mu 'n téid 'n a éideadh iomadh fear.
'S an earba bheag am bun nam preas
   Ge deas a chi 's a chluinneas i.

'S an earba bheag am bun nam preas,
   Ge deas a chi 's a chluinneas i.—
Ochóin, a Dhia, cum rium mo chiall,
   Cha robh mi riamh cho cunnartach.

Ochóin, a Dhia, cum rium mo chiall,
   Cha robh mi riabh cho cunnartach:
Chuir iad mi ann an leaba làir,
   'S an seòmar àrd cha chuir iad mi

Chuir iad mi ann an leaba làir,
   'S an seòmar àrd cha chuir iad mi:
Bidh mi 'màireach air cnoc gun cheann,
   'S cha bhi mo chàirdean furachail.

Bidh mi 'màireach air cnòc gun cheann,
   'S cha bhi mo chàirdean furachail.
A Rìgh nan gràs tog m' anam suas
   Gu bheil an uaigh ga cumadh rium !

A Rìgh nan gràs tog m' anam suas
   Gu bheil an uaigh ga cumadh rium.—
'S mòr b' anns a crònanaich nam fiadh
   Na Donnachadh liath le dhrumaireachd.

'S mòr b' anns a crònanaich nam fiadh
    Na Donnachadh liath le dhrumaireachd ;
A sios 's a suas bho shràid gu sràid
    Le bhalgan fàs 's dà bhioran aig'.

Bha Dòmhnull donn na dhuine briadha, na bhàrd
math, 's na chreachadair ainmeil. Mharbh e mac
Iain Luim ann an còmhraig-deise. Bha meas aig
air nighinn Thighearna Ghrannda, agus bha ise
toileach a phòsadh. Ghlac a càirdean e le foill agus
chuir iad gu bàs e. Tha an t-òran anns a' bheil e 'g
innse mu 'ghlacadh ann an leabhar no dhà. Tha e
a toiseachadh mar so :—

    Mìle mallachd do 'n òl ;
    'S mairg a dheanadh dheth pòit ;
    'S e mo mhealladh gu mòr a fhuair mi.

ORAN GAOIL.

Rinneadh an t-òran so le gille-stàbuill a bha aig
UILLEAM ABERARDAIR. Bha e 'suiridh air nighinn
a mhaighstir, agus b' fheudar dha teicheadh. Bhag-
air a mhaighstir a shracadh as a chéile eadar dà
each.
    Fhuair mise an t-òran so bha EALASAID NIC-AN-
TOISICH bho Thaigh an Fhraoich an Aberardair, a

bha pòsda ri Dòmhnull mac-Coinnich an Tom an t-
Sabhail, 's a thàinig do 'n dùthaich so 'sa bhliadhna,
1822.   Tha cuid deth an leabhar Mhic-an-Tuairneir.

Ochain, ochain, mar tha mi,
'S mi gach là ga do chumha ;
'Gheug nam meall-shuilean tlàtha,
Chuir do ghràdh mi an cunnart.
Cha an urrainn mi d' àicheadh
Ged-a dh' fhàgainn a' chruinne ;
'S truagh a rìgh nach bu bhàs dhomh
Air na tràighibh gun fhuireach.

'S truagh a rìgh nach bu bhàs dhomh
'N uair bu phàisdean beag òg mi,
Mu am facas bean t' aogais
Is nach d' fhaodar do phòsadh.
Troigh chruinn am bròig chumhainn
Gun bhi leobhar no dòmhail,
Fo do chalpanann mìn-gheala
Nach ìslich am feòirnein.

'S mairg nach iomraich an copan
Le làimh shocraich 's e dearlan ;
Cha 'n e sin a rinn mise,
'S ann a bhrist mi fein beàrn as.
Gur h-e 'n t-iomadaidh uaigneas
'Ni dhe 'n ionracan meirleach ;
Chuir sud mise gu saothair
Far nach cluinn mi mo chàirdean.

Ach Uilleam Aberàrdair
Bu tu 'm bàilidh gun tròcair
'N uair a dh' iarr thu mo spoltadh
Le luchd-geard Mhic-an-Tòisich,
Mo thoirt timchioll a' chabhsair,
'S gun mo chàirdean am chòmhdhail :—
'S mòr gu 'm b' fheàrr a bhi 'n gainntir
Na bhi 'n lathair a mhòid ud.

Thig an Samhradh le 'fhlùir,
'S thig a' chubhag á Eirinn,
Thig gach eun bharr na machrach
'Chumail caidreimh r'a chéile,
'S a thoirt ciùil as na crannaibh,
'S iad air bharraibh nan geugan,—
'S ann bhios mise 's mo leannan
A sior-theannadh bho chéile.

ORAN UR AIR SEANN SEIST.

Le Lachainn Mac-Gilleain.

Lachlan MacLean was born in Coll. He was an enthusiastic Gaelic scholar. In his "Adhamh 'us Eubh" he attempts to prove that Gaelic was the language of Paradise. He wrote a learned history

v

of the Celtic language. He contributed to the
Cuairtear over the signature of MAC-TALLA. He
was in the hosiery-business in Glasgow.

SEIST,—" *Alainn Duinn, nach till thu 'n tùbh so.*"

L u i n n e a g.

'S iad na Gàidheil féin na diù'laich ;
Ho ho, hi ri il ù oh !
'S iad na Gàidheil féin na diù'laich.

'S'iad na Gàidheil féin na gaisgich
'S fad' 's is farsuing a chaidh cliù orr'.

Faigheadh iad cothrom na Féinne
'S co air réi'lean a bheir cùis dhiubh ?

B' éibhinn an sealladh an còmhlan
'N àm togail nan sròl am Mùideart.

Dh' éirich an t-àrdan 'n an gruaidhean
'N uair a chual iad fuaim an t-siunsair—

Gach cridhe 'g at, 's lann an dòrn,
A' dol a dh' agar còir a' Phrionnsa!

Bha 'n iolach mar mhìle leòghann,
No 'n cuan mòr, an déigh a dhùsgadh!

Chriothnaich na beanntan le uamhas,
'S thàinig gruaman air na dùilean!

Chriothnaich an crùn a bha 'n Lunnainn,
'S cha mhòr gu 'n d' fhuirich ar ciùine.

B' aoibhneach Gleann-Finain an là ud,
'S a mhactall 'gáir le dùrachd.

'Stàilinn air mhire gu còmhrag,
Gu 'n téid Teàrlach òg a chrùnadh!

Olamaid uile 'n deoch-slàinte;
'S balach nach tràigheadh gu grunnd i.

Eilean Chola, 1843.

ORAN DO NA GRÙDAIREAN.

Le Domhnull Mac-Gilleain.

Donald M'Lean was a brother of John M'Lean the poet. I took down a few of his songs from his daughter Anna in Tyree in 1863. He was by trade a cooper and was commonly called Dòmhnull Cùbair. He died in 1868, in the 98th year of his age.

The occasion of this ditty was as follows :—The cooper was one evening at the brewery, but was not asked in; shortly after he had left, some of the kegs were found to be in a leaky condition, and he was immediately sent for to tighten them.

Luinneag.

'S an fheasgar cha do chuireadh mi ;
Bha 'n cùbair dubh gun fhuran ris ;
Ach 'nis gur h-e 'n t-aon duin' agaibh,
Bho 'n dh' fhàs na buideil ao-dion.

Gur tric mi dol a chùiltearachd
Le banaraich nan grùdairean ;
'S 'n uair théid mi tuille 's dlùth oirre
Bidh 'n cùbair air a ladhran.

Bu bhinn leam féin a gleadhar
An uair shìnte dhomh fo chobhar i ;
'Se 'n rud a dh' fhàgadh fodha sinn
An clodha 'chur 'sa' chaochan.

Tha Mor-a'-chadail beadarach
'S a' bhuaile air an eadaradh ;
Le uisge beath' nam feadanan
Gu 'n leigeadh i na daoine.

Cuir fòid a stigh gun dàil foipe,
Is tarruing caol stuth làidir aisd';
Biodh fios againn ma sgàineas i
Mu 'n tèid an ceàrd do 'n Chaolas.

Gu fòil thuirt Iain mac Dhùghaill rium
A ghaoil cha 'n ann ga chaomhn' tha mi
Ach eagal 's gu 'm bi smùid oirnn
Is gur ni gun chliù an daorach.

ORAN GAOIL

Air Anna Buchanan, nighean ministeir an Sgire
Nuig 'an Ros, le Seumas Mac-Griogair, 1785.

The reverend James M'Gregor, D.D., the rever-
ed apostle of Pictou, was born at St Fillan's at the
head of Loch Earn in Perthshire in December 1759.
He studied at the university of Edinburgh. He was
a minister of the Presbyterian Church. He be-
longed to the Anti-Burgher branch of the Secession
Church. He arived in Pictou, July 20, 1786,

At the time of Dr M'Gregor's arrival, Pictou was a new settlement, and the people very poor. He travelled about from place to place a great deal. In the winter he had to travel by snow-shoes. His bed was frequently only some straw placed on the floor before the fire, and his food nothing but potatoes and fish. The hardships he endured were very great. He was the only minister in the Eastern part of Nova Scotia for nine years. He died March 3, 1830. His life, by his grandson, the Rev. George Patterson, D.D., is a very interesting work. It is largely autobiographical.

Dr M'Gregor's hymns, *Dàin a chomhnadh cràbhaidh*, are well-known wherever the Gaelic language is spoken. His Gaelic manuscrips include a translation of the Confession of Faith, the Psalms in metre, his hymns, and a few songs. His version of the Psalms is well worth publishing. From his poetic talents and his knowledge of the Hebrew language, he was well qualified to make a good version. As a specimen I give the first Psalm :—

'S e fear an àigh nach gluais an rùn
Nan aingidh lùbach dàn,
An slighe pheacach fiar nach seas
'S nach suidh am feasd le càil
An cathair luchd na fanaid bhaoth,
Ach 'g am bheil gaol 'us gràdh
Do lagh an Tighearna ro naomh
Ga smaointeach' oidhch' 'us là.

Bidh e mar chraoibh tha suidhicht' dlùth
Do 'n t-sruth 'thèid ciùin a sìos ;
'Bheir meas na h àm am pailteas mòr
'Sa duille' fòs nach crion ;

Bidh soirbheas aige anns gach nì.—
Cha bhi mar sin na 'daoi :
Ach mar am moll 'dol h-uig' us uaith,
Air 'fhuadachadh le gaoith.

'Us uime sin na h-aingidh thruagh,
Cha seas iad suas 'sa' bhreith ;
No peacaich an co-thional naomh
Nam fìrean caomh gu seth.
Oir 's fiosrach Tighearna nam feart
Air slighe cheart nam saoi.
Ach slighe fhuar nam peacach cli
Tur sgriosar i a chaoidh.

Dr M'Gregor's writings in English were published
in 1859. They include a defence of the imprecations
in the Psalms, an Essay on the Millenium, and a
work on Baptism.

The Rev. Patrick Buchannan was a native of
Callander in Perthshire. He was for thirty-eight
years minister of the Secession congregation in Nigg.
He died in 1802 in the 81st year of his age. His
daughter, Anna, the subject of this song married a
Mr M'Bean. It seems she was unwilling to come
to the wilds of America. She was distinguished for
her personal attractions, and was a most amiable
and pious woman. She died before her father. She
left a young family. The Bard who sang her praise
was married twice.

Fonn—*"Màiri bhàn Og."*

Gur mise bheir gràdh gu bràth do 'n chailin
A dh' fhàg mi' sealan a'm' dhéigh ;
Tha aice os chàch gach àgh 's gach barrachd
'Mar àilte gealaich measg reul.

Si sèamh-osag fhann an t-sàmhraidh chaoimhneil
'Bheir gleann is coille fo bhlà ;
'S le dui-neoil a' gheamhraidh 's ànnradh gaillinn
Cha 'n annsa fanail r'a sgà.

Tha d' aghaidh, le fàilt, mar fhàir na maidne ;
Mar dhealra deàrrsaidh na gréin';
Gu'm bheil thu gu nàrach, màlta, caoimhneil ;
Gur àluinn, banail do bheus.
Thàinig gathan o d' shùilibh dù-ghorm, flathail
A dhùisg dhomh farum mo chléibh,
'N uair theannain riut dlù bu chùbhraidh' d'anail
Na ùbhlan abaich air ghéig.

Gruaidh dhearg mar an ròs, is pògan meala ;
Cùl òr-bhuidh, maiseach nan teud ;
Beul meachair, 'sa' cheòl mar smeòraich coille ;
Geal, bòidheach, daingeann do dheud ;
Do bhràighe glan caomh mar mhaothan eala
Air caolas mara a' snàmh :
Cneas gràdhach, sèimh, caoin ; is gàirdean canach ;
Meòir chaol', bas gheal, is mìn làmh.

Calpa cruinn, lùthar, ùr-gheal daingeann ;
Gur ciùine, farasd do cheum,
Troigh chuinnir a shiùbhlas dlù air choiseachd ;
Cha lùb do chasan am feur.
Do chumadh o'd' bhàrr gu d' shàil, gun chron air,
Ach sàr-dheas, cothromach, grinn ;
Gu meal thu do shlàint' le àgh 's le onair,
Le d' ghràdh ge d' robh mi gu tinn.

'S leat inntinn nam buadh 'dh'fhàs uasal, ceanalt'
'S gach buaidh tha ceangailt ri mnaoi ;
Ge mòr 'tha de dh' uaisl' 'm fuil sluaigh do
    shloinne,
Cha truaill thu boinne dhi chaoidh.

Do ghliocas gun bheud ; do chéill gun mhearachd;
Is ré do d' aithne gach gniomh ;
Do thuigse co gheur ; do reusan barraicht',
Gun éis, gun char ann, gun ghiamh.

'S beag tùirse no gruaim 'tha 'n gruaidh na h-
    ainnir ;
Is fuath leat sgainneal is beum ;
Is coma leat tuaileas shuas an domhain,
Gach uabhar dona, 's gach beud.

Cha 'n 'eil thu a' d' ghaoithein aotrom caileig ;
Ciall aosd' tha agad le d' òig ;
Gu h-iriosal, aoidheil, faoilidh, farasd ;
Gu gaolach, carthannach, còir.

Gu 'm bheil thu gu cràbhach, gràdhach, cridheil ;
Gu bàigheal cinneadail, caoin ;
Gur fialaidh do làmh, gur blà do chridhe,
Gur pàirteach bhitheadh mu d' mhaoin.

Gu 'n seasadh tu riabh gu fior le d' charaid ;
Rud crion cha 'n abair, 's cha dean ;
Gu piseachail, crionta, gnìomhach, rathail ;
Neo-dhiolt do mhath chur am miad.

Gu bheil thu gu teom air fòghlum banail ;
Gu h-òrdail, calamh, le snà'id ;
Gu'n dealbhadh tu còrr na h-eòin 's na cran-
    naibh
Le seòltachd ainneimh do làmh.

Cha tàinig riabh ceann air tionnsgna innealt
Nach ionnsaich ise ri luaths ;
Gu'n tàirneadh do làmhan peann le grinneas ;
'An cainntean thigeadh leat buaidh.

Cha 'n 'eil, 'ann mo leursainn, té air thalamh
Is beusaich', glaine na thu;
Cha d 'fhàs i fo 'n ghréin a' gheug, no 'n gallan
Do 'n géilleadh caileag mo rùin ;
'S tu féin an lùb àluinn ; dh' fhàs thu tlachdmhor,
'S tu 'n t-àbhal gasd' anns a' choill,
'S tu 'n ròs anns a' ghàradh, dh 'fhas thu
        maiseach ;
'S tu 'm blàthan, paisgte le sgoinn.

'S tu éiteag nan càrn, 's iad càch na clachan ;
'S tur sàr-leug thaitneach nam buadh ;
'S tu fhéin 'n eala bhàn, 's iad càch na lachaibh;
'S tu sgàthan maiseach gach uaills';
'S tu 'n cruinneachd glan ùr, 's leat cliù na chin-
        neas ;
'S tu 'n drùchd a shileas gu caoin ;
'S tu 'n gallan a lùb fo ùbhlaibh milis ;
Is tu na shirinn ri m' shaogh'l.

ORAN NAN GAIDHEAL.

Leis a PHIOBAIRE MAC-GILLEBHRATH.   Air do dh'
fhear de chuid mac diùltadh deise thartain a
cheannach.

L u i n n e a g .

Soraidh bhuam thar chuain air astar
Gu fir shuaicheanta nam breacan
'Chumadh suas gu buan an cleachdadh
Anns an reachd bu dual dhaibh.

'S iad na Gàidheil féin na gaisgich,
Na suinn chruadha, chuanta, sgairteil ;
Bhiodh an t-'éile grinn 's an gartan
Anns gach baiteal buadhach,
        Soraidh bhuam, &c.

Ciod i 'n tìr anns an Roinn-Eòrpa
Nach do chiosnaich feachd na Ròimhe
Ach sliochd dìleas *Chaledonia*
Chum an còir le 'n cruadal ?

'S ged bha Lochlanaich nam feachdaibh
'G iarraidh an dùthaich a chreachadh,
Thill iad na dh ' fhan beò dhiubh dhachaidh
Sia no seachd de dh' uairean

'S ged bu dianmhor gaisgich Shasuinn
'S lìonmhor sliabh 's an deach an sgapadh ;
Riamh bho dheuchainn Allt-nam-Breacag
Sheachainn iad na Tuathaich.

'S lionmhor sluagh dha 'n tug iad greadan,
Ach co chuala riamh mu 'n eagal !
Na fir uaibhreach 'théid gu beadradh
'Cluinntinn fead na luaidhe.

'N uair a dh' éireadh meamna nan spiorad
Bhiodh na garbh-bhuillich gun ghiorag
Mar choin gharg an sealg a' mhillidh
Ann am mire an fhuathais.

Bonn cha tais iad ri uchd stàilinn
Dol a chasgairt leis na claidhean ;
Beothail ladurn' agus làidir,
Builleach, sàitheach, ruaineach.

'S ged bu bheag orr' aon uair Deòrsa
'S iad gun chaoimh aca r'a sheòrsa,
Nise bho na fhuair e 'n còlas
'S iad a chòta cruadhach.

B' eòlach *Bonipart* 's na Frangaich
Air an spealtaireachd 's na campan ;
'S tric a rinn iad 'àrach fann
'S a dh' fhàg iad gann de shluagh e.

Cha robh streup 's an robh chuid armailt'
Eadar an Eiphit is a' Ghearmailt
Nach robh lodhainn treun na h-Alba
Le 'n cuid calg 'ga bhualadh.

'N *Waterloo* bha 'n tùrn ro-shoilleir,
Fhuair iad cliù bho 'n Diùchd mar thoilleadh ;
Choisinn iad gach cùis mu dheireadh
'S luchd na foille fhuadach.

Nise cha 'n 'eil ceàrn 's an t-saoghal
'S nach h-'eil meas orra mar dhaoine ;
'S balla làidir do 'n luchd-gaoil iad,
'S aognaicht' le 'n luchd-fuath' iad.

'S ged tha mise 'n dràst‘an taobh so
Tha'n teud nàdarra na dùsgadh ;
Dh' òlainn 'ur slàinte le dùrachd
Ged b' e bùrn an fhuarain.

John M'Gillivray was born in Muideart. He was piper to Macdonald of Glenaladail. He lived during the latter part of his life at Malignant Brook, Gulf Shore, Antigonish, Nova Scotia. He kept school for several years. He was a fair Gaelic scholar. He wrote down his poems. His house took fire a few years before his death and his manuscripts perished. He died in the Spring of 1862. He was about 70 years of age.

I have two of the Piper's songs in manuscript. I took them down from the recitation of his son, John, in the summer of 1875. They are the following :—

> "Cumha do dh' Fhear Ghlinn-Alladail." and
> "Cumha an déigh bàis triùir mhac da."

Two of his songs are in TURNER'S COLLECTION ; " *Stric mi tionndadh am leaba*," and " *Thug mi 'n oidhche 'n raoir 's an airidh*," the latter being well-known. A hymn by him, "Fulangas an t-Slànuigheir," will be found in the Appendix to John M'Lean's Hymns.

M'Gillivray is the piper referred to in the famous
Dubh-Ghleannach :—

"Dh' aithnich mi meòir ghrinn a' Bhràghaich."

He was a good poet.   I would like to see every
thing he wrote in print.

AN DUBH-LUIDEACH

'N cuala sibh mu 'n bhargain
'Rinn Aonghas is Dòmhnull
'N uair fhuair iad a chearbach
A cheannachadh le sòlas ;
Tha farmad 's cha 'n neònach
Air mòran is stuirt.
'N uair théid a cur suas
Airson cuain an deadh-òrdagh
Le aodach math ùr,
'S i fo chùram fir eòlach,
Ged shéideadh na neòil
Ni i seòladh 'chum puirt.
Mu 'n Mhaoil air a' chladach
Gu 'm b' fhad i na breochaid,
Gun ràmh, gun bhall acfhuinn
Gun acair, gun sròn-thaod'.
Chaidh 'm Piobair' ga calcadh
'S ga ceartachadh foipe ;
'S 'n uair sgriob e 'n taobh steach dhi
Bho chlachaibh 's bho òtrach
Cha rachadh neach còir
Air a tòir gu taigh-mhuc.

An deireadh a' Mhàirt
Théid an sàile fo 'n t-sròin aic'
Is tàirnear do 'n chamus
"Tha thall ud le ròp i ;
Ni 'n Rideach a bòrdadh,
'S théid còt' oirre muigh.
Gun sòradh air cosgais
Théid *copar* ga còmhdach ;
Théid croinn de dh' fhiodh gasd' innt'
Le slatan gun fhòtus :—
Gach ni bidh mar 's còir
Mu 'n téid gorag bharr stuic.
'S i-féin a bhios àluinn
Air sàile fo cleòchda
A falbh thun an iasgaich
'S fir iasgaidh ga seòladh.
Fo làimh a luchd-riaghlaidh
Bidh biadh de gach seòrsa :
Bheir Aonghas an t-àrmunn
Leis càis is min eòrna,
'S bidh Moipein aig Dòmhnull
Gu feòil agus Brusg.

De 'm fàth bhi ga sheanachas,
Bidh ainm oirr' 's na crìochan !
'N uair théid i gu fairg'
Cha bhi ainbhfhiach gun dioladh;
'S e 'n sealbh a thug sios iad
'Ga h-iarraidh chum puirt,
Nam bitheadh fir sgairteil
Bhiodh tapaidh gu gniomh ac',

Ri fairg' air an cleachdadh
'S gun ghealtachd gun fhiamh annt',
Cha sìneadh r'a cliathaich
Na dh' fheuchadh a chruit.
Na fir tha mu 'n chladach,
Am prasgan, cha 'n fhiach iad ;
'S ann 'sgriobhas sinn dachaidh,
'S thig caiptein á Grianaig,
A sheòlas le chairt
Ged is farsuinn i, 'chriosdachd ;
Ni eòlas le beachd
Air gach acarsaidh thiorail ;
'S cha 'n fhaicear am bliadhn' iad
Ag iasgach an truisg.

O'n fhuair iad deadh-bhàt'
'S iomadh àit' am bi 'n eòlas ;
'S ann 'dh' éirich an nàdar,
An àrdan, 's am mòrchuis ;
Gur stràiceil air bòrd iad,
Tha 'n stòras 's a' mhuir !
O'n Fhraing bheir iad branndaidh
An nall dhuinn le 'n geòla
Is *gin* a bhios blasda
O bhailtean na h-Olaint ;
Bidh pailteas r'a òl
De gach seòrsa de stuth.
Gu cùlthaobh na gréine
Le eud théid na h-òigfhir
A dh' iarraidh luchd sheudan
'Bhios feumail ri 'm beò dhaibh.

'N uair thig iad air ais
Ni iad beairteach an seòrsa ;
Théid cunntas do Shasunn
Air gaisge nan connspunn ;
Bidh iomradh gu leòir diubh
'S gur leòmach an guth.

Bha meat agus caiptein
Ac' maduinn Diciadaoin ;
Gu ghrad rinn iad deas
Gu bhi mach aig an iasgach
A ghaoth bha o 'n Iar,
'S i ro chiatach gu ruith.
Chaidh 'h-aodach a sgaoileadh,
'S bha saothair 's a ghniomh sin,
Ri iùbhrach an àidh,
'Dhol a shnàmh nan tonn iargalt':—
Bha craobh air an iarmailt,
'S e spionadh a chith.
Aig bun Allt' a' Bhorbhain
Bha 'n soirbheas a séideadh,
'S 'n uair dh'éirich an fhairge
Chaidh Aonghas gu éigheach,
'S bha Dòmhnull na shìneadh
'S e dìobhuirt na léine.
'S e 'n meat bha 's a chàs
'S a chuid làmh air a thréigsinn,
'S an caiptein a speuradh
Am Beurla, *Come, Reef.*

A mach 's an lòn mhòr
'S ann a thòisich muir-bàite ;
Le aineas a' chuain
Chuir e 'n uachdar an làthach,
'S bha uamhunn a' bhàis
Ann an càileachd gach fir.
Bha aon diù a chualas
'S an uair sin ag ràitinn :—
So 'n turas gun bhuaidh,
Och, mo thruaighe mar tha mi,
Ged 's luaineach air snàmh mi,
'S beag stà tha nam sgil.
Ma thàinig mo chrìoch
'S iomadh niouag 'bhios cràiteach,
Bhios gal-shùileach, deurach,
Mu sgeula mo bhàthaidh ;
Ach 's coma gu léir iad
Seach m' eudail mo mhàthair ;
Nach mi bha fo sgéith
Anns an éiginn so 'n dràsta ;
Ged bhuaileadh i stràc
Gheibhinn blàths mar bu tric'.

Bha 'n fhairg' air a maistreadh
Tiugh lachdunn mar ruaimle ;
Bha maorach a' chladaich
Ga shladadh mu 'n cluasan ;
Clach-shneachda 's gaoth tuath
Bha tighinn cruaidh air gach pluic.

w

Tha 'n t-aodach air sracadh
'S na slatan air fuasgladh ;
Tha gaoir aig gach aisne
An slachdraich an fhuathais ;
'S mu 'n casan tha 'gluasad
Sruth uaine air mhisg.
Tha 'm *Pump* air a thacadh
'S gun sgairt gu cur bhuaithe ;
'S an stiùir tha na sgealban
'S an fhairge mu 'n cuairt dhaibh.—
O'n mheat thàinig ràn,
Ged bu dàn e an cruadal :
An crann tha le 'acfhuinn
A mach thar a guallainn ;
Roimh chairteal na h-uarach
'S i 's uaigh dhaibh an t-uisg'.

Gun dàil thàinig fèith,
'S 'nuair bu léir dhaibh, 's a sheall iad,
De 'chunnaic iad faisg orr'
Ach *maise* na banntraich ;
'S bha aoibhneas do-labhradh
'S an àm sin nam measg.
Gu luath bha 'n Dubh-Luideach
Aig slugan an dàim ac',
Is dh 'fhàg iad aig port i
Aig drochaid a' mhuilleir ;
'S bu lag chuiseach fann iad,
'S gach ball diubh air chrith.

Le colg thuirt an Caiptein
'S i m' carail-sa tràth dhuibh
Gu 'n ionnsaich sibh marachd
Mu 'n ceannaich sibh bàta,
'S gun sùil thoirt air creuthaich
Bhios feumach air càradh."—
Thuirt iadsan le chéile
"Cha bhreug tha thu 'g ràitinn,
Cha téid sinn gu bràth
Ann am bàta 's am bith."

Two of the Piper's sons, Angus and Donald went to see a boat with the intention of buying it. Their brother, Alexander was at the time going to college, studying for the priesthood. They were teasing him and telling him when they would get their boat they would engage him as their cook. Their father went to see the boat and condemned it as utterly worthless. Upon coming home he said to Alexander, "Coma leat s', Alastair, am magadh aig Aonghas is Dòmhnull; bheir mise orra 's gu 'm bi ceannach ac' air a' bhata." He then composed this song. "Moipein" and "Brusg" were two little pigs.

EAS NIAGARA.

Rannan a sgriobhadh aig Niagara an Canada 's a' bhliadhna 1848, leis an Urramach D. B. Blàr.

The Rev. D. B. Blair, minister of Barney's River and Blue Mountain, was born in Strachur in Cowal, Argyleshire, July 1st, 1815. His father

was Thomas Blair, son of John Blair of Glendaruel.
His mother was Catherine M‘Gregor, daughter of
Ewen M‘Gregor of Strachur. His father was a
shepherd, and was employed as manager of the
sheep farm of Glenaladale near Lochsheil in Moy-
dart from 1815 till 1823. In the latter year he re-
moved with his family to Ardgour. He lived for
two years at Inverscaddle. Here the author of " Eas
Niagara " went to school for the first time. In 1825
Thomas Blair removed to the farm of Gallovie, near
Ardverikie in the parish of Laggan, Badenoch,—
the year in which Dr. Mackintosh Mackay became
minister of the parish.

In 1828 Duncan Black Blair entered the school
taught by Mr John Finlayson at Shiramore. He
had to travel three miles and a half to school. He
continued under the tuition of Mr Finlayson till
1833.   In May 1833, Mr Finlayson removed to
Strontian in Suanart where he taught the parish
school.   In November of the same year, D. B. Blair
became assistant teacher under him.   In this situ-
ation he continued for six months.   In the sessions
of 1834-35-36-37-38, he attended the university of
Edinburgh ; studying Latin under Prof. Pillans ;
Greek, under Prof. George Dunbar ; Logic, under
Dr. John Ritchie ; Moral Philosophy, under John
Wilson, the celebrated Christopher North, and
Natural Philosophy, under Prof. James D. Forbes.
In April, 1838, he went to the Isle of Skye, as
tutor to the children of Malcolm Nicholson, Esq.
of Ullinish, in the Parish of Bracadale.   In this
place he had an attack of typhus fever which con-
fined him to bed for ten weeks, and rendered him
so feeble that he was unable to prosecute his studies
at the university for two years.   During these two
years he remained at home with his father at Lublia,

in Laggan. Much of this time he spent studying
and writing Gaelic poetry. In November 1840 he
entered the Divinity Hall in Edinburgh. Here he
studied for four sessions under Dr. Chalmers, Prof.
Welsh, and Dr. Brunton. On the 1st of May, 1844,
he was licensed to preach the Gospel, at Fort
William, by the Presbytery of Abertarff.

Mr Blair was employed by the Presbytery of
Abernethy to supply the Free Church Congregations
in the parishes of Lagan and Alvie in Badenoch for
six months. He spent the greater part of the year
1845 in the Isle of Mull. On the 2nd of April, 1846,
he sailed for Pictou, Nova Scotia, where he arrived
on the 10th of May. He laboured in the Presbytery
of Pictou for twelve months. In May, 1847, he
sailed for Quebec. He arrived at Ottawa about the
beginning of June. Thence he went to the town-
ship of Breckwith, where he preached to a congre-
gation of Perthshire Highlanders for twelve months.
In June 1848 he went to the Presbytery of London,
and remained in the townships of Aldborough and
Dunwich till the month of September. It was
during this period he visited the Falls of Niagara
and composed the poem on that tremendous water-
fall. On the 15th of October, 1848, having returned
from Ontario, he preached at Barney's River, and
on the following Sabbath at Blue Mountain. Of
the people of these two places he has been the
pastor ever since.

In 1850 Mr Blair visited Scotland and in August,
1851, was married to Miss Mary Sibella, daughter
of Captain H. H. M'Lean of Brolas, in Mull.

Mr Blair is a first-class Gaelic scholar. He has
written several poems. He has translated the
Psalms of David into Gaelic metre. He has ready
for the press an excellent Gaelic Grammar. It is

to be hoped that both works may soon be published.
He is an able and evangelical preacher. He is a man
of thorough excellence of character, and is highly
esteemed by all his ministerial brethren in the
Synod to which he belongs.

A Thi mhòir a chruthaich na Dùilean,
    'S a shocruich 'an cruinne
Le d' ghàirdean cumhachdach, neartmhor
    Air a bhunait ;
Is glòrmhor an obair a rinn thu,
    Niagara ainmeil,
An t-Eas mòr a rinn thu chumadh
    'S an t-seann aimsir.
Sud an t-Eas iongantach, lòghmhor,
    Eas mòr na gàrraich,
Eas ceòthranach, liaghlas na smùidrich,
    'S na bùirich ghàbhaidh ;
Eas fuaimearra, labhar na beucail
    A' leum 'na steallaibh
Thar bhile nan creagan aosmhor
    Na chaoiribh geala,
Gu srideagach, sradagach, sneachd-gheal,
    'S a dhreach soilleir ;
A' teàrnadh o 'bhràighe gu iochdar
    Le dian bhoile ;
Sruth uaine briseadh m' a mhullach,
    'S e ruith na dheannaibh
Thar bhearradh nan stacan àrda,
    Le gàir mhaireann :
Le slachdraich ghailbhich a' tuiteam
    An slugan domhain,

Gu linnneachaibh dù-ghorm doilleir
    A' goil mar choire.

An t-aigeal 'ga thionndadh o'n iochdar
    Le fior ainneart,
'S an glas uisge brùchdadh an uachdar
    Le luathas saighde ;
An linne 'ga sloistreadh 's 'ga maistreadh
    Troimhe chéile,
'S i fosgladh a broillich ghlas-duibh,
    Ris na speuraibh.

B' iongantach an sealladh bhi faicinn
    Deataich lia-ghlais
Ag éirigh an àird anns an athar
    Ri latha grianach ;
'N uair shealladh tu fad air astar
    Air an ioghnadh
'S e theireadh tu gur bàta-toite
    A' bh' ann le smùidrich :

Ach 'n uair thigeadh tu 'm fagus da
    Ghabhail beachd air,
Throm-fhliuchadh an cathadh caoir-gheal
    Le braonaibh dealt thu ;
'S chitheadh tu 'm bogha froise
    Le dhathaibh sgiamhach,
Ged bhiodh side thioram sheasgair,
    Anns an iarmailt.

Am mìn-uisge tuiteam mu 'n cuairt duit
    Air an àilean
'S an fhaiche gu h-ùrail uaine
    Mar a b' àill leat :

Na craobhan a' cinntinn dosrach
   'S lusan ùr-ghorm
A' fàs le feartaibh na gréine
   Gu réidh fo 'n driùchd ud.

Na liosan a tha mu d' thimchioll
   Cha-n iarr uisge,
Cha-n aithne dhoibh idir tiormachd
   Ri aimsir loisgich.

Cha tuigear leò ciod a's ciall
   Do bhi gun fhliche,
Ged theannaicheadh gach àit mun cuairt daibh
   Mar chruas cloiche.

Tha 'n t-athar gun ghoinne gun chaomhnadh
   A' taomadh fheartan
A stòras do-thraoghadh na h-aimhne,
   Gu saoibhir, beartach :

Dh' fhàg sud aghaidh an fhuinn ud
   A dh-oidhche 's a latha
Gu h-ùrail uaine-fheurach àluinn
   A' fàs gu fallain.

'N uair théirneadh tu sios do'n t-slugan
   Gu oir an uisge,
Bhódhradh an tormanaich uamhaidh
   Do chluasan buileach.

N uair shealladh tu 'n sin mu 'n cuairt duit
   Air a' chas-shruth,
Chuireadh e do cheann 'na thuaineal
   'S tu 'nad bhreislich ;
'S an uair a thigeadh tu 'm fagus do 'n
   Phlaide lia-ghlais

Tha 'n crochadh ri h-aghaidh na creige,
  Bhiodh geilt us fiamh ort ;
'N uair shéideadh a' ghaoth gu làidir,
  'S an t-uisge frasach
'Ga chathadh gu fiadhaich a d' aodunn,
  Gach taobh g' an teich thu.
Mar latha gailbheach 's an fhaoilteach
  Le gaoth us uisge
A fhliuchadh am prioba na sùl' thu,
  'S a dhrùigheadh tur ort.
Mar osaig o inneal-séididh
  Fùirneis iarruinn,
'S amhluidh ghaoth sgalanta chruaidh ud
  Thig le dian-neart
Eadar a' charruig 's an steall a tha
  Nuas a' tuiteam ;
An còmhdach a th' air do cheann
  Is gann gum fuirich.
Shaoileadh tu gu 'n d'éirich doinionn
  Anns an iarmailt,
Ged tha 'n t-side ciùin mar bhà i,
  Dèarsach, grianach.

Ach trian cha-n urrainn mi aithris
  De gach ioghnadh
A tha ri fhaicinn air an Eas ud
  An t-Eas cliùiteach ;
Bu mhòralach greadhnach an sealladh
  E gun teagamh ;
Ma tha iongantais air an t-saoghal
  Is aon diubh esan.

Mìltean tunna gach mionaid
    A' tuiteam còmhlath
Thar bhile na creige do 'n linne
    'Na aon mhòr-shruth ;
'Us dlùth air ochd fichead throidhean
    Anns an leum ud,
O bhràighe gu iochdar na creige
    'Na seasamh dìreach ;

'S a' chreag ud gu h-àrd aig a mullach
    Air chumadh leth-chruinn,
Cosmhuil ri crudha an eich charbaid
    No leth cearcaill.

An t-uisge 'ga spùtadh na steallaibh
    A mach gu fada,
O bhonn na creige, 'san linne
    Fichead slat uaip ;
Chluinneadh tu thorman seachd mile
    Uaith air astar,
Mar thàirneanach anns na speuraibh
    Ri beucaich neartmhoir.

'S 'nuair bhiodh tu 'nad sheasamh làimh ris
    B' amhluidh thartar
'Us mile carbad air cabhsair
    Nan deann dol seachad.

Gu'n critheadh an t-athar mu 'n cuairt duit
    Leis na buillibh
Tha 'n t-uisge trom a' siorbhualadh
    Air o'n mhullach ;
Us maoth-chrith air an talamh throm
    Fo bhonn do chasan,

Mar mhothaichear latha stoirmeil
  Tigh 'ga chrathadh.
Ach ged bhiodh mìle teang' am bheul
  Cha-n innsinn uile
Na h-iongantais a th' air an Eas ud
  Mar sin sguiream.

MARBH-RANN

Do 'n Bhard Mac-Gilleain

Le Iain Camshron.

John Cameron was born in Dochanassie, Lochaber.
He came to this country, with his parents,
Alexander and Ann Cameron, in 1817. He was for
many years a merchant at Addington Forks, Anti-
gonish. He was intimately acquainted with the
poet, and speaks of him in the following verses as
he knew him. He died, November 16, 1858.

Ann an deireadh a' Gheamhraidh
Thug an bàs ort grad-ionnsaidh
'S dh 'fhag e sinte gun chainnt thu,
'S dubhach sinne ga d' ionndrainn,
Tha sinn uil' ann an teanntachd
Bho na chaill sinn an ceannard ;
'S mòr an diobhail do bhàs a thigh'nn òirnn.

Gu 'm b' e 'n teachdaire dàn
A thug an sgobadh gun fhàbhar ;
Cha robh mionaid de dhàil ann,
Ged bha càirdean a làthair
Guth cha d' fhuair e a ràdh riu ;
Dh' fhàg e sinne ro-chràiteach
'Bhi ga d' righeadh 's ga d' chàradh air bòrd.

Leam cha 'n ioghnadh do chéile
A bhi tùrsach mu d' dhéibhinn ;
Bha aic' aobhar air deuraibh
'N uair a chual i an sgeula
Thu bhi 'd shìneadh air déilidh
Is gun sùil ri thu dh' éiridh ;
Dh' fhag sin ise ann an éislean r'a beò.

Gur h-e deireadh gach duine
A bhi falbh air an turas
Dheth nach till iad ruinn tuilleadh,
Cha 'n 'eil aon a ni fuireach :—
Gur h-e aobhar mo chumha
Mac-Gilleain bho Dhubhairt
A bhi bhuainn an àm suidhe mu 'n bhòrd.

Có a nis 'bheir dhuinn eachdraidh
Mu gach fine 's ceann-feachda
'S tric a dhearbh ann am baiteil
A bhi cruadalach sgairteil ?
Dh' fhalbh a' Ghàidhlig ghrinn, bhlasda,
Dh' fhalbh a' bhàrdachd dheas-fhaclach
Bho 'n là chàireadh thu 'd laidhe fo 'n fhòid.

Anns an tung, dubhach, sàmhach
'Rinn na càirdean do chàradh
'Fhir a dheanadh na dànaibh
'Dh 'fheuchadh modhalachd nàdair ;
'S nach biodh cearbach le failinn;
'N diugh cha 'n 'eil am measg Ghàidheal
Bàrd le d' chomasan àrda-sa beò.

'S mòr am beud thu bhi bhuainn
An àm suidhe nan uaislean ;
'S tu gu h-ealamh a dh' fhuasgaileadh
Dhuinn na ceistean bu chruaidhe ;
Bha do sheanachas ro-luachmhor
'S tu gun àrdan ad ghluasad ;
Bu cheann-uidhe thu bha uasal mu d' bhòrd.

Bhiodh luchd-turais 'gad iarruidh
'Shàr-chinn-uibhe na biatachd ;
'S ged-a ruigeadh na ciadan
Rachadh aoidheachd dhaibh fhiachainn.
Bu tu cridhe na fialachd ;
'S gheibht' bhuait eachdraidhean ciatach ;
'S tric a dh' éisd mi deas-bhriathran do bheòil.

Bu tu 'n riaraiche dibhe
'N uair 'bhiodh d' aoidhean nan suidhe ;
'S gheibht' na h-òrain bu ghrinne
Gu ro-phongail bho d' bhilibh ;
Bha thu cliùiteach mar fhilidh
Measg nan Gàidheal 's gach ionad ;
Dh' fhàg do bhàs iomad cridhe fo bhròn.

Bha thu eòlach 's a' Bhiobul
Thug thu tlachd bho do chridh' dha
'S iomadh laoidh 'rinn thu 'sgrìobhadh
Ann am briathraibh ro-bhrìoghail,
Gu ar stiùireadh 's an t-sligh' sin
A chaidh fhosladh le Iosa
Le 'fhuil luachmhoir, do rioghachd na glòir'.

Tha mo thuireadh neo fheumail
Is nach till thu 'gu m' éisdeachd ;
Ruigidh mise 's gach creutair
'N uair a nitear ar n-eubhach,
Tha an tìm air a seuladh,
'S còir an fhirinn a leughadh
'S a bhi 'gluasad 'na ceumaibh gach lò.

Tha na mìltean ag ionndrainn
Gu 'n do chàireadh 's an ùir thu ;
Cha 'n 'eil neach anns an dùthaich
A bha riamh ann an diomb rint ;
Cha robh smal air do bhiùthas ;
'S fhad' an ùin' a bhios cuimhn' ort ;
Bha thu d' dhuine bha cliùiteach 's gach dòigh·

Gu 'n robh ìslean is uaislean
Uile measail mu d' bhuadhan.
B'e do chleachdadh an stuamachd,
Bha thu iriosal, trucant',
'S tu 's a' cheartas a' gluasad :
'S do gach nàbaidh mu 'n cuairt duit
Bha do chomhairlean luachmhor mar òr.

Do chuid tàlantan àrda,
Is na subhailcean àlainn
A bha fìght' ann ad nàdar
Dhomhs' cha chomasach àireamh ;—
'S truagh nach robh ann neach àraidh
A thoirt sgéil mar a b' àill leam
Ann am marbh-rann mu 'n bhàs thàinig òirnn.

MARBH-RANN DO 'N BHARD MAC-GILLEAIN.

Le Alastair Mac-Dhomhnuill.

Alexander M'Donald is a native of Moidart. He resides in Keppoch, Antigonish. He has composed several songs.

Feadh na dùthcha tha sgeula
'Rùisg mo theudan gu carachadh ;
Mheudaich m' airsneal is m' éislean
Bho 'n là thréig ar ceann-ealaidh sinn.
Air an rathad gu d' chéile
Bhuail an t-eug a gheur-shaighead ort ;
Mionaid dalach cha d' fhuair thu
Thug e bhuainn gu ro-ealamh thu.

Bha thu furanach, càirdeil
Ris gach Gàidheal 'fhuair sealladh ort ;
Mu 'n do ghluais thu thar sàile
Fhuair thu tàlantan 's lean iad riut.
Cha b' e 'm fuidheall bho 'n d' fhàs thu
Ach an t-sàr-fhuil ghlan Leathanach;
Dream a sheasadh an làrach
Mar àrd-ghàradh, gun taiseachadh.

Bu leat toiseach a chòmhraidh
Anns gach còmhdhail 's an tachradh tu ;
B' ullamh deas bha dhuit briathran,
'S tu nach iarradh r'an ceannach iad :
Oilbheum ealamh cha b' fhiach leat
Ged-a b' easgaidh do theanga dhuit ;
Bàigheil caoimhneil, mar 'dh' iarrteadh
Bha thu riamh ris gach aineolach.

B' i sud oidhche na dòruinn
'S goirt a leòn do luchd-taigheadais ;
Rinn thu 'm fàgail ad shlàinte
'S e na càirdean 'thug dhachaidh thu.—
Chuireadh dàin ann an clò leat,
'S thà roinn mhòr gun dol fhathast ann
'Bhios nan cuimhneachain bròin daibh
Fhad 's is beò air an talamh iad.

Bha thu barraicht' an eòlas
Anns gach seòl anns an gabhainn thu,
Mu do bhuadhannan òirdheirc
Bhiodh luchd-còmhraidh a labhairt rium.
Beul thu 'dheanadh na h-òrain
A bhiodh òrdail neòmhearachdach ;
Seanachaidh aineachail, eòlach,
B'e chùis-shòlais 'bhi maille riut.

'N vair a shuidheadh na h-uaislean,
'S tric a fhuair do dheas-labhairt dhuit
Iad 'bhi mùirneach mu 'n cuairt dhuit ;
'S bha do ghluasad gun mhearachd ann.
B' e caoin-stuamachd bu ghnàs leat
'Nàm 'bhi tràghadh nan searragan
Anns gach cuideachd 's am biodh tu,
Bhiodh toil-inntinn is carthannachd.

Cha robh dlùth dhuit ni suarach,
Bha thu uasal ro-cheanalta ;
Bha thu measail mu 'n ghluais thu
Far na bhuaineadh ad leanabh thu ;

Cha robh duine 'thug fuath dhuit
Fhad 's a chualas 's an fhearann so ;
D' uile-dhòighean bha fiùghail
'S bha gach sùil a toirt aire dhaibh.

Gur-a carach thu 'shaoghail,
Cha'n fhaigh daoin' ach geàrr-shealladh dhiot ;
'N uair nach bi sinn 'ga shaoilsinn
Thig an t-aog oirnn mar dhealanach.—

Biomaid daonnan ag imeachd
Leis an Ti sin a cheannaich sinn,
A toirt ùmhlachd d'a àintean
'S a toirt gràidh le ar n-anam dha.

ORAN GAOIL.

Le Tearlach Mac-Gilleain.

Charles M'Lean was the eldest son of John
M'Lean, the Poet. He was a man of intelligence,
good sense, and Christian principles ; and was held
in the highest esteem by those who knew him. He
was kind-hearted, and ever ready to sacrifice
himself for the good of others. He inherited some
of his father's poetic talents. He was an elder in
the Rev. D. B. Blair's congregation. When this
work went to press I cherished the hope that the
best friend I ever knew would derive some pleasure
from reading it. It was not however half through
the press when death laid its cold hand upon him.

x

He died June 27, 1880.   He was born in Tiree,
July 24, 1813.   He was never married.   He lived
in Glenbard.

Gur h-e mis' tha fo éislean
'S neo-éibhinn mo shunnd,
A' smaointinn mu d' dhéibhinn-sa
'Euchdag ghlan, ùr.
Le do bhòidhcheid 's le d' bhrìodal
Mo chrìdh' bhuam shlad thu,
Anns gach àite bidh d' iomhaigh
'Na m' inntinn, a rùin.

Gur h-e cumha do ghaoil
A dh' fhàg aognaidh mo shnuadh ;
'Se a dh' fhàg mi fo mhì-ghean
Mo mhìn-mhal' 'bhi bhuam.
Tha leann-dubh air mo lionadh
'S tha m' inntinn fo ghruaim
'S e bhi tuireadh mu d' dhéibhinn
A léir mi cho truagh.

'S beag an t-ioghnadh dhomh 'n tràth so
'Bhi stràchdte fo sprochd ;
Tha mo smaointinnean cianail,
'S gur piantach mo lot.
Mur-a till thu an gràdh rium
"Thé 's àlainne dreach
Bidh mi tuilleadh fo phràmh
'S mi gun slàinte, gun neart.

Cha 'n 'eil iocshlaint' aig léigh
'Dheanadh feum do mo lot
'S ann tha saighdean a ghaoil
Anns gach taobh dhiom gu goirt,

Gur h-e 'leigh'seadh gach creuchd
S' thogadh m' éislean gu gean,
Mi 'gad fhaotuinn air làimh
An còir theann mar mo bhean.

'S ann a thug mi 'n cion-falaich
Do 'n ainnir ghloin òig:
Té nam miog-shuilean meallach
Fo 'n mhala a's bòidhch'.
Tha do ghruaidh mar na caoran
'S tearc aogasg na h-òigh';
Tha i fìnealta, suairce,
Ciùin, stuama, gun phròis.

Tha i banail 'na beus.
Tha i céillidh na cainnt;
Tha i uasal na gnàths,
Tha i màranach grinn ;
Tha i furanach caoimhneil,
Gur h-aoibheil a gnùis ;
Tha gach buaidh oirre dh' iarrainn,
Oigh chiatach mo rùin.

ORAN GAOIL.

Le 'Tearlach Mac-Gilleain.

Fonn.—"*Iain Ghleann-Cuaich.*"

Thoir an t-soraidh so bhuam
'S dean a h-aiseag gu luath gu m' ghràdh ;
Thoir i null thar a' chaoil,
Agus innis do m' ghaol mar tha.

Gu bheil aiceid a'm' chré
'S nach dean lighich' dhomh feum no stà;
Mur-a faigh mi i-féin
Tha mi 'n cunnart dol eug gun dàil.

'S ann tha 'm fiabhras a'm' cheann ;
Tha mi iargaineach fann gun fheum
Le bhi 'smaointinn 's gach àm
Mu 'n òg-ainnir a's anns' fo 'n ghréin,
'S truagh nach faighinn air làimh thu
'An ceanglaichean teann bho 'n chléir ;
Rachadh m' airsneal gu làr,
'S bhithinn aighearach, slàn gun éis.

B' fhaoin leam airgiod no òr
B' fhaoin leam bailtean an còir le 'n nì
Seach a' mhaighdean ghlan òg s',
'S i mo roghainn thar òigh 's an tìr ;
'S i an smaoin tha 'gam chràdh
'S a' cur eagail a ghnà nam chrìdh'
Gur h-e fuath airson gràidh
A gheibh mise bho m' Mhàiri bhinn.

'S ann thug mise mo ghaol
Do na chailin a's aoidheil' gnùis ;
Gorm-shùil mheallach, chiùin, thlàth
Tha fo mhala chaoil mhàld' mo rùin.
Gruaidhean dearg mar an ròs,
Beul tana, deud còmhnard, dlùth,
Anail chubhraidh mar fhion,
Th' aig an ainnir a's fior-mhath cliù.

Tha i cuimir gun sgòd
Bho a mullach gu bròig a sios ;—
Uchd glan, liontach gu leòir,
'S geal mar shneachda 's e oirnn a tigh'nn.
Seang-chneas fallain gun ghaoid,
Calpa finealt', troidh aotrom chruinn ;
Basan réidhe nach cruaidh,
Is meòir chaola 'ni 'm fuaigheal grinn.

Gur h-e mise tha fo bhròn,
'S tric a snigheadh mo dheòir gu làr
Le 'bhi 'smaointinn mu 'n òigh,
Finne mhaiseach a' chòmhraidh thlàith.—
Mur-a faigh mi còir bhuan
Ort an ceanglaichean cruaidh, le d' ghràdh
'S e 'bhi 'cumha mo cheòl,
'S bidh mi tuilleadh ri m' bheò fo phràmh.

'Ainnir thaitneach nam buadh,
O nach gabh thu dhiom truas 's mi 'n càs ;
Gur h-e fiabhras do ghaoil
Tha 'gam fhàgail cho faoin gach là,
'S ga mo ghreasad an aois,
'S geur an t-saighead tha 'm thaobh an sàs,—
Gu bheil mise 'dol eug,
Airson gaol 'thoirt do m' euchdaig bhàin.

MOLADH AN EICH GHLAIS.

This song was composed by the Editor of this
work, when a youth going to college. It was
written for amusement and as a means of thanking
the owner of the horse for having kindly given him

to the writer to go from Lochaber to Sherbrooke, a
distance of about twenty-four miles. It was pub-
lished in the Antigonish Casket in April 1862.
" Grey Bill " belonged to Angus Stewart, Lochaber,
Antigonish, and was really an excellent horse.

Fonn,—"'*So 'n aimsir 's an dearbhar.*"

Aig Aonghas mac Sheumais
Tha 'n steud-each 's feàrr dealbh ;
Gu 'm foghnadh e 'n t-sàr *
Ann an Càrs a fhuair ainm.
Is bòidheach a ghluasad,
'S e cruadalach, calm';
'S gur mise bha éibhinn
An dé leis air falbh.

'Na chom tha deadh nàdar
A' tàmh, agus ciall ;
Cha bhreab e, cha ghreim e,
Cha leum e le fiamh ;
Cha teich e ma dh' fhàgar
Na àrd-cheann an t-srian ;
'S cha diùlt e an t-amull
A tharruing gu dian.

'N uair 'bhios e na mhaise
Gu bras anns an réis
Bidh tein' as na clachan
Mu 'chasan a' leum ;
Bidh saibhlean a' freagairt
Gu spreigeil d'a cheum,
Gu h-ealamh le farum
'Cur talaimh na dhéigh.

---

* General Williams, a native of Nova Scotia.

Biodh Aonghas 's an diollaid
'Us diar math na cheann
'S théid " Uilleam " cho luath
Ri gaoith chruaidh thar nam beann.—
A mhaighstir bidh éibhinn
Ag éiridh am fonn,
Gun eagal roimh thuill air
Gun suim aige 'n pholl.

Is ainneamh r'a fhaicinn
'S na bailtean a's mò
Each réise cho cuimir
Ri " Uilleam " 's gach dòigh.
Aig *Landseer* nam biodh e,
'S gach tìr 's an Roinn-Eòrp',
Bhiodh prìs air a dhealbh
'Us i ainmeil le còir.

Bras tha e mar bha
Na h-eich àrd-cheannach threun'
A theich le fuaim anabarraich
Ghailbheich troimh 'n speur,
'Cur bheanntaichean casa
Nan lasair mar chéir
'S a sgealbadh deadh charbad
Mor dealrach na gréin'.

'S math 'fhreagradh e'n eachraidh,
Cha 'n fhaicteadh na b' fheàrr ;
O, seall air 's e 'gluasad
Gu buadhach do 'n bhlàr :

Mar bhogh' anns na speuran
Tha threun-amhach àrd ;
'S mar dhealanach ealamh
Tha shealladh gun bhàigh.

Mar chreig dhainginn àird
Tha uchd' làn, leathan, mòr ;
Mar thàirneanaich bheucaich
Tha sèideadh a shròin';
'S a mhuing fhada sgaoilte
'S na gaoithibh mar cheò
'S a' mhaduinn a' gluasad
Air uachdar an fhèòir.

'N uair 'bhios e troimh 'n bhaile
Gu h-arronta 'gluas'd
Bidh daoine 's gach uinneig
Le sulas 's le fuaim,
A moladh a bhriadhachd
A sgiamhachd 's a luaiths :
'Se féin an teach ceutach
'Se 'ceumadh 'na uaill.

Leam b' ait, 'us òg-ghruagach
Ri m' ghuallainn 's an t-*slìgh*,
'Bhi 'n déigh an eich uasail
'S e 'gluasad gu réidh
Troimh ghleann a bhiodh blà
Le coill' àird nan dlù-gheug,
'S na cluig a' cur sòlais
Am òg-chridh' air leum.

Ged bhiodh tu air thuras
Le " Uillleam " fad mhios'
Cha 'n fhaiceadh tu fallus
Le mhala ruith sios.
Na chom cha 'n 'eil galair,
Gu 'm b' fhallain e riamh ;
'S tha bhrògan cruaidh, làidir,
Gun fhàilinn, gun ghiamh.

Fhad 's a bhios grian air na speuraibh
No gealach ag éiridh 's an oidhche,
No gaoth a séideadh 's na h-àirdibh
Bidh cliù nan Gàidheal air chuimhne.

AM BARD MAC-GILLEAIN.

A' CHRIOCH.

ARCHIBALD SINCLAIR, Gaelic Printer, 62 Argyle Street, GLASGOW.

www.ingramcontent.com/pod-product-compliance
Lightning Source LLC
Chambersburg PA
CBHW030910270326
41929CB00008B/636